「不当な支配」と「公正な民意」

日本教育政策学会・編

2019 日本教育政策学会年報 第26号

刊行にあたって

　日本教育政策学会年報第26号をお届けいたします。

　今号のテーマは、「不当な支配」と「公正な民意」としました。2006年12月の教育基本法改定によって教育行政の役割規定から「諸条件の整備確立」が削除されました。そのために、教育行政の役割が拡散されることによって教育と教育行政の関係のあり方が大きく変動してきており、教育に対する「不当な支配」をめぐる紛争が潜在的にはひろがってきています。本特集1では、市長経験者、教員経験者それぞれから、現場経験をふまえた「不当な支配」と「公正な民意」に関する課題提起、そして教育と政治の関係をめぐる教育政策研究の課題提起をこころみました。

　特集2の「グローバル教育改革モデルと教育の効果検証システム：英国 Ofsted の経験と日本の教育政策の路線」は、昨年度に専修大学神田キャンパスを会場としておこなわれた研究大会の公開シンポジウムを土台にした論稿になっています。英国における教育の効果検証システム（Ofsted）のこれまでの展開、特に全国的に収集され構築されてきたデータをもとにした訪問監査の合理化、および限られた資源を、困難な地域と学校に集中的に投入していくことによる支援方式への転換に着目し、その英国における制度設計と対比しながら日本の制度特徴を明らかにさせようとするものとなっています。

　特集3の「教育と福祉の統一的保障をめぐる教育政策の課題と展望」は、第9期の課題研究1年目となる論稿です。「子供の貧困対策推進法」の成立を受けて2014年8月26日に閣議決定された「子供の貧困対策に関する大綱」では、学校に「子供の貧困対策のプラットフォーム」としての役割が求められるようになりました。もとより「子どもの貧困」克服には、教育と福祉の統一的保障が必要だと考えられています。しかし、何をどのように保障することが教育と福祉の統一的保障と言えるのか、解決されなければならない課題が山積しています。本特集3では、教育と福祉の統合的支援をめぐる課題が論じられています。

　年報第26号は今回も、執筆いただいた方々をはじめ、編集委員、英文校閲者、幹事のみなさまに支えられて発行することができました。本年報が、教育政策研究をより活発にしていく媒体の一つとなることを、編集担当者としては願っています。

2019年5月3日

　　　　　　　　　　日本教育政策学会年報編集委員会　委員長　荒井　文昭

日本教育政策学会年報2019（第26号）—「不当な支配」と「公正な民意」—目次

刊行にあたって　　　　　荒井　文昭————003

I　特集1　「不当な支配」と「公正な民意」

特集1　企画趣旨　　　　　　　　　　　　　年報編集委員会————008
石原都政下の国立問題で見えた教育の課題　　　　　上原　公子————010
「民主」の民に子どもを含める教育と学校
　　——中学教師としての自分史と重ね合わせて　　　宮下　聡————025
教育と政治の関係をめぐる教育政策研究の課題——教育政治研究の視点から
　　　　　　　　　　　　　　　　　　　　　　　　荒井　文昭————042

II　特集2　グローバル教育改革モデルと教育の効果検証システム
　　　　　　——英国 Ofsted の経験と日本の教育政策の路線

教育の質の向上と Ofsted の役割そして今後の展望
　　　　　　　マイケル・ウィルショー（日本語原稿作成　広瀬　裕子）————058
日本にはなぜ Ofsted がないのか　　　　　　　　前川　喜平————068
エビデンス・ベースの学校評価への転換の模索——英国の経験に学ぶ
　　　　　　　　　　　　　　　　　　　　　　　　木岡　一明————072
英国 Ofsted の進化仮説：教育行政のインテリジェンス機関へ
　　——シンポジウム開催趣旨の背景モチーフとして　広瀬　裕子————082

III　特集3　自治体教育政策における構造改革と教育的価値の実現

学習支援における教育・福祉の統合的支援とその評価指標について
　　　　　　　　　　　　　　　　　　　　　　　　沢田　直人————090
学校は「子供の貧困対策のプラットフォーム」になりうるのか
　　　　　　　　　　　　　　　　　　　　　　　　勝野　正章————100
課題研究「教育と福祉の統一的保障をめぐる教育政策の課題と展望」のまとめ
　　　　　　　　　　　　　　　　　　　　　　　　中嶋　哲彦————109

IV　投稿論文

準市場における事業評価の影響の検討
　　——地域若者サポートステーション事業を事例に　小山田　建太————114
市区町村教育委員会による「授業スタンダード」施策の現状と課題
　　——位置づけ、内容、活用方法に着目して　澤田　俊也・木場　裕紀————128

V 研究ノート
戦後日本の学習塾をめぐる教育政策の変容　　　　　　　　　　高嶋　真之————146

VI 内外の教育政策・研究動向
[内外の教育政策研究動向　2018]
国内の教育政策研究動向　　　　　　　　　　　　　　　　　宮澤　孝子————158
カナダ・アルバータ州における高校中退予防のための教育政策　岡部　敦————165
[内外の教育政策動向　2018]
政府・文部科学省・中央諸団体の教育政策動向　　　　　　　濱沖　敢太郎————173
地方自治体の教育政策動向　　　　　　　　　　　　　　　　山沢　智樹————181

VII 書評・図書紹介
[書評]
久保富三夫著『教員自主研修法制の展開と改革への展望
　　——行政解釈・学説・判例・運動の対立・交錯の歴史からの考察』
　　　　　　　　　　　　　　　　　　　　　　　　　　　　樋口　修資————190
谷川至孝著『英国労働党の教育政策「第三の道」——教育と福祉の連携』
　　　　　　　　　　　　　　　　　　　　　　　　　　　　安宅　仁人————195
楊川著『女性教員のキャリア形成——女性学校管理職はどうすれば増えるのか？』
　　　　　　　　　　　　　　　　　　　　　　　　　　　　町支　大祐————199
ウェンディ・ブラウン著／中井亜佐子訳
　『いかにして民主主義は失われていくのか——新自由主義の見えざる攻撃』
　　　　　　　　　　　　　　　　　　　　　　　　　　　　佐貫　浩————203
神林寿幸著『公立小・中学校教員の業務負担』　　　　　　　波多江　俊介————208
[図書紹介]
前川喜平著『面従腹背』
前川喜平／寺脇研著『これからの日本、これからの教育』　　二宮　祐————212

VIII 英文摘要————216

IX 学会記事————226
第25回学会大会記事／日本教育政策学会会則／同・会長及び理事選出規程／同・年報編集委員会規程／同・年報編集規程／同・年報投稿・執筆要領／同・申し合わせ事項／同・第9期役員一覧／同・年報編集委員会の構成

編集後記　　長島　啓記————238

I

特集 1
「不当な支配」と「公正な民意」

特集1:「不当な支配」と「公正な民意」

特集1 「不当な支配」と「公正な民意」 企画趣旨

日本教育政策学会年報編集委員会

　今回の特集1では、テーマを「不当な支配」と「公正な民意」とした。教育に対する「不当な支配」とは何か、教育行政における「公正な民意」のあり方とは何かというこの課題は、教育と政治の関係を問うものでもある。2011年発行の年報第18号「教育と政治の関係再考」が教育理念、特に教育権論における教育と政治の関係を再検討することに焦点をあてていたのに対して、今回の特集では、教育実践に対してより直接的に影響を及ぼしうるであろう、基礎的自治体レベルの教育機関と教育行政の現場体験者（首長と教員）に、その経験をふまえて、"「不当な支配」と「公正な民意」"に関して課題提起をしていただいた。また、それらの課題提起を教育政策研究の課題としていかに引き受けていくことができるのかについての課題提起をこころみた。

　教育に対する「不当な支配」が、裁判で争われる事例が戦後続いてきている。たとえば、都立七生養護学校での性教育実践に対して、一部都議会議員と東京都教育委員会職員によりおこなわれた一連の行為が争いとなり、それらが「不当な支配」にあたることが、2013年11月28日の最高裁による上告棄却決定により認定されてきた。あるいはまた、さいたま市三橋公民館では、いわゆる9条俳句の公民館だより掲載可否をめぐり裁判となった。この裁判は教育に対する「不当な支配」が直接的な争点になったわけではなかったが、公民館の中立性確保を理由として、世論を二分する内容の俳句を「公民館だより」に掲載しなかったことは、俳句の作者に対して「思想・信条を理由に不公正な取り扱い」をしたことになるとして原告に損害賠償を認める判決が、最高裁の上告棄却決定により2018年12月20日に確定している。しかし、教育に対する「不当な支配」をめぐる紛争は、裁判にならないかたちでは現在も各地で続いており、教育政策研究としても引き受けるべき課題の一つとなっている。

　他方で、教育行政における「公正な民意」のあり方をめぐって、これまでい

くつかの議論が起こされてきている。この「公正な民意」という用語は、もともとは教育委員会法第1条につぎのように規定されていたが、この法律は周知の通り1956年に廃止されてからすでに60年余りが経過している。「この法律は、教育が不当な支配に服することなく、国民全体に対し直接に責任を負つて行われるべきであるという自覚のもとに、公正な民意により、地方の実情に即した教育行政を行うために、教育委員会を設け、教育本来の目的を達成することを目的とする」（1948年教育委員会法第1条）。ここに示されているとおり、「公正な民意」は教育行政に対するものであったが、しかし現在使われるようになった「民意」は、つぎのような言説に象徴されているように、教育行政だけではなく教育そのものにまで拡大されて使われるようになってきている。「教育行政からあまりに政治が遠ざけられ、教育に民意が十分に反映されてこなかった結果生じた不均衡な役割分担を改善し、政治が適切に教育行政における役割を果たし、民の力が確実に教育行政に及ばなければならない」（2011年9月大阪維新の会議員団提出「大阪府教育基本条例案」の前文より）。ここでは、意図的であるか否かはともかくとして、教育と教育行政の区分をこえて、「民意」が反映されなければならないことが強調されている。

　もとより、教育は「不当な支配」に服してはならないものではあるが、教育専門家だけの判断でおこなわれるものでもないであろう。しかし、2006年12月の教育基本法改定によって教育行政の役割規定から「諸条件の整備確立」が削除され、自治体には「教育に関する施策を策定し、実施」することが義務づけられるようになった。そのために、教育行政の役割が拡散されることによって教育と教育行政の関係のあり方が大きく変動してきており、教育に対する「不当な支配」をめぐる紛争が潜在的にはひろがってきている。「人格の完成」を目的とする教育にはその自律性が求められると考えられるが、その自律性を支えることのできる教育行政のあり方、教育機関の管理運営のあり方が問われている。言いかえれば、教育実践の自律性を支えることのできる民主主義のかたちとは何かが問われている。

　今回の特集では、こうした「不当な支配」と「公正な民意」にかかわって、（1）市長経験をふまえて上原公子氏（元東京都国立市長）、（2）教員経験をふまえて宮下聡氏（都留文科大学、元都内公立中学教員）それぞれから課題提起をしていただき、（3）教育と政治の関係をめぐる教育政策研究の課題提起を荒井文昭（首都大学東京）によってこころみた。　　　（文責：荒井　文昭）

特集1：「不当な支配」と「公正な民意」
石原都政下の国立問題で見えた教育の課題

上原　公子

はじめに

　1999年4月石原慎太郎知事が誕生して以来、東京都、S新聞、右翼がまるで連携するかのように、国立の教育に介入し破壊を始めた。それは、国立の教育が自主的かつ民主的な歴史を積み上げてきたことに対する、なりふり構わぬ政治的壊滅作戦のようでもあった。上原が市長になったのは、石原都知事誕生2週間後である。つまり、石原攻撃による、不当な支配にさらされてきた立場にある。ここを軸に、教育問題の課題を見る。ただ、すでに職を去って、10年以上がたち、資料もほとんど残っていない中の検証であることを、ご了解いただきたい。

1．国立の民主化の教育の歴史
（1）理想の学園都市誕生

　そもそも、国立のまちの成り立ちは、日本の中でも極めて特殊である。西武王国の創始者である堤康次郎は、1922年の関東大震災で千代田区にあった一橋大学が倒壊したのを機に、1924年国立に100万坪を買収し、一橋大学を誘致して理想の学園都市構想を打ち立てた。

　面積がわずか8平方キロメートルの小さなまちに、1963年ごろには、公立学校のほか、国立音大、桐朋学園、東京女子体育大、東京キリスト学園、NHK学園、中央郵政研究所、郵政大学校、滝乃川学園（障がい者施設）など、実に様々な分野の特徴を持った教育文化施設が開設され、学園都市としての形が整えられてきた。それにともない、学園都市の環境重視のまちづくりは、教育関係者や文化人も住民として呼び込んだ。

（2）「まちづくり」という言葉を生み出した文教地区闘争

　国立の学園都市としてのまちづくりの方向性を決定づけたのは、なんといっても1950年に始まった「文教地区指定運動」である。

　当時、朝鮮戦争が勃発し、隣町立川の歓楽街は米軍景気で賑わっていた。まもなく国立にも影響が出始めた。米兵相手の売春婦が街角に立ち、学生相手の下宿屋が、次々に売春宿に鞍替えするという有様であった。学園都市が変貌していく様を危惧した市民に、学生、大学教員なども加わり、歴史的な「文教地区指定運動」は、子どもの教育環境を守る運動へと展開していくことになった。

　1951年町議会で、わずか1票差で文教地区指定が確定した。指定された文教地区は、実にまちの面積の3分の1を占めるものであった。広範囲にわたり市民発意で文教地区指定を決めたのは、国立が初めてであった。

　この運動をつぶさに見てきた一橋大の増田四郎教授が、論文の中で初めて「まちづくり」という言葉を作る[1]。「まちづくり」の言葉は、国立市民が、まちの方向性を自ら決定する市民自治の運動から誕生したものである。

　今なお新しい課題である「開発による経済発展か、環境優先のまちか」を、市民は学園都市としての環境を選択した。市民はこの運動を誇りとし、「国立市基本構想」の都市像は、「まちづくりの伝統をふまえ、都市像を『文教都市くにたち』とする」として、現在も継承されている。

（3）市民自治で文教都市を育て上げる

　「文教地区運動」は、単にまちのインフラの方向性を決めただけではなく、運動にかかわった人たちを中心に、多くの市民が政治や教育に関心を持ち、自己決定権を発揮した市民自治のまちへと歴史を重ねていく。

　1952年文教地区運動後、初めての公選制度による教育委員の選挙が行われた。5人中3人が文教派からの教育委員会となった。そして教育委員長は、文教地区運動のリーダーの一人であった早坂禮吾と決まった。早速、ありのままの実態を市民に公開したため、教育問題は、市民の関心事になった。1956年には、お母さんたちが、町の予算を勉強し分析する「火曜会」をつくる。

　自由に議論し、みんなでまちをつくり上げる努力をしていく。そんな情熱がみなぎった国立に、憧れと期待をもって移り住む人も増えていった。当然、文教地区運動は政治の世界も変えていった。

　文教地区指定後の初めての選挙で、新町長を誕生させることに成功し、町議

会員選挙でも、定数26人中、文教派から17人、火曜会からも3人が当選した。
　堤の描いた理想の学園都市は、市民自治実践の文教都市へと成長を続けた。

（4）勤評闘争を町ぐるみで支援―4町方式の顛末

　1995年、上原は一人の職員から勤評闘争時の、早坂禮吾教育委員長の裁判証人陳述の記録を渡された。速記者であった彼女は、証言に感動し市の職員になったという。「文教都市国立」は、教育の自立性と民主性をいかに育んできたかが、この早坂証言によってよくわかるので、証言をもとに、勤務評定に対する教育委員会の決定の経緯とその背景について、少し詳しく述べることにする。
　1957年都道府県教育長協議会は、勤務評定試案を発表した。早坂は、任命制になって教育委員長が教育委員会の代表にもかかわらず、勤務評定の責任を負っている地方教育委員会が無視されて、物事が進んでいくということに対し疑念を持った。早坂は常々、教育委員会制度が非常な勢いで中央集権に戻りつつあると感じていた。この流れを教育委員会として何とか防がなければならないと思っていた矢先に、勤務評定問題が起ったのである。
　そこで、北多摩教育委員会連合会として、1958年1月6か条の「勤務評定に関する要望」を東京都に提出した。しかし、これに対する何らの回答もないまま勤務評定は実施されることになった。実施しない場合は、人事課管理の執行が極めて困難になるという都の強硬な意向であった。これに対し、8月に国立町教育委員会は、当分実施しないとの決議をし、砂川、谷保、清瀬も同じ行動を決意していた。これがいわゆる「4町」といわれるところである。
　しかし、こうした国立町教育委員会の決意は、決して独善的判断で行ったわけではない。教育の民主化を目指してPTAや市民との信頼関係を築き上げる努力をしてきたことが、まちぐるみで勤評問題を子供の教育問題としてとらえようとする動きに展開していく。第三小学校のPTAは、3月には臨時運営委員会で「勤務評定対策委員会」の設置を決定する。ところが、4月には都教育委員会が勤務評定規則を制定するとの告示に対し、都教職員組合の教師たちが一斉休暇闘争を実施したことで、ことの深刻さを保護者や市民が実感することになる。
　勤務評定の実施に向け、日教祖は、9月に勤評阻止第一次統一行動を決める。ただならぬ流れに、それまで各校のPTAが単独で行動していたが、勤評問題は教師の問題にとどまらず子どもの教育にも重要な問題であるととらえ、8月

に三小の勤務評定対策委員会が公立小・中に呼びかけ、新たに教育問題を話し合う「国立町公立学校PTA連絡協議会」を発足させた。国立のP連は、勤評闘争の産物として誕生したのである。P連と教育委員会との懇談会の席上、早坂教育委員長が勤務評定の人格評定や教育効果の評定に疑義があるので、当分の間実施を見合わせると表明した。P連も教育委員会の態度を了承することとし、P連も勤務評定実施延期の声明書を出した。

　PTAと教育委員会の信頼関係には驚くが、教員組合との関係もおもしろい。東京都教職員組合は、9月の統一行動のために、授業を午前11時で打ち切り地域ごとに大会開催することを決めた。国立町教育委員会は勤評を実施しないのだから、授業打ち切りをしないように組合に申し入れたが、組合は参加を主張。そこで、PTAも加わって話し合いをし、PTAが教員の代りに大会に行き、授業をするよう提案がされた。教職員組合は、これを受け入れ、全教員170人に代わって母親たち170人がプラカードを片手に大会に参加し、授業は平常通り行われた。

　市民もこの判断と行動を高く評価し、PTA、婦人の会、教職員組合、政党などの団体と有志で「国立民主教育を守る会」が結成された。会の目的は「勤評問題における国立町教育委員会の方針を支持し、現在の教育問題を学習研究し、その実情を町民に宣伝啓蒙していくこと、並びに国立町教育委員会が万が一外部の圧力を受けた場合には町民の総力を結集して、これをバックアップする[2]」であった。

　こうした市民の応援を得て、10月には町議会でも満場一致で、町教育委員会の態度を支持する決議をする。

　こうした、町ぐるみの応援を受け、最も疑問に感じた5段階評価、人格評価を書かない勤務評定（4町方式）を提出することになった。

　その理由を、問題が二つあるとして、早坂禮吾はこう証言している。「このやり方は、一種の恐怖というものを利用するやり方になります。（中略）しかし私は、そういう恐怖の原理で教育を考えるということは、本質的に間違えであると思います。」「勤評は、教育的なことで出されたと言われますが、専ら日教組対策ばかりが表に出て（中略）政治的問題が奥に流れていると考えざるを得ない[3]。」

　こうして、一応勤評問題は決着した。教育委員会の判断を、PTA、市民、議会と、町中が支持するという勤評闘争になったその底流に流れるのは、子ど

もにとっての最善の利益の立場に立って、みんなが議論し研究し理解し合い信頼を築く努力を惜しまないという、教育委員会の一貫した姿勢であった。予算をつくるときも、一方的要求ではなく、教育委員、PTA、教員は、いつも話し合いをしているから友人のような関係だった。

　教育基本法第10条「教育は、不当な支配に服することなく、国民全体に対し直接に責任を負つて行われるべきものである」を、実践的に行ってきた国立町教育委員会の成果が最も発揮されたのが、勤務評定騒動だったかもしれない。

　もっとも、早坂禮吾教育委員長という優れたリーダーの存在が大きく寄与していた。しかしそれに加え、すべての教育委員のみならず、多くの市民が文教地区運動を通じて、まちづくりは自分たちの手で決定していくという自信と希望がまちに満ち満ちていたことと、まちの目標が、教育環境を守ると明確であったこともその原動力となったに違いない。民主主義社会とは、育ちあうことなのだ。

　ここに、私たちが学ぶべき民主的な教育のありようのヒントがある。

2．石原都政に始まる国立教育の解体
（1）国立市内公立学校では、日の丸・君が代なしの式典が伝統

　石原都政がなぜ国立つぶしにかかってきたかは、それまでの国立市における日の丸・君が代の取り扱いを背景として述べておきたい。

　国立市内の公立小・中学校、都立国立高校・一橋大学などでは、入学式・卒業式、また、成人式でも、国旗掲揚・国歌斉唱も一切行われていなかった。もちろん、文部省からの圧力はあったが、市民と議会で、教育委員会を後押ししてきた。

　1989年、昭和天皇の容体が取りざたされる頃、半旗掲揚を機に日の丸掲揚の圧力が強くなると懸念した市民と教員が連携し、各校の校長に揚げないように要請行動をした。

　懸念したとおり、平成元年の成人式で初めて日の丸が壇上に張り付けられた。市民との約束を破った教育長に市民が詰め寄り、教育長が成人式欠席という事態になった。その直後に、新学習指導要領に国旗・国歌の義務化が明記された。それでも、国立市議会では「新学習指導要領の撤回を求める意見書」を採択し、1990年（平成2年）には「卒業・入学式における日の丸掲揚、君が代斉唱の強行のとりやめを求める付帯決議」を可決した。P連でも毎年「掲揚、斉唱を強

制しないように」の要望書を出し続けた。こういった市民とPTA、議会のねばり強い運動を背景に、国立市教育委員会は「決議や要望書の存在を踏まえ、式典での混乱を避ける」との立場を維持してきた。（ちなみに、議会は保守派市長の与党多数時代である）

（2）2000年二小問題から始まる、都とマスコミと右翼の攻撃

　1999年4月、石原都知事が誕生した。そしてこの年、「国旗国歌法」が制定される。

　2000年3月卒業式から、いよいよ国立に対する猛攻撃が始まる。二小問題については、数多くの報告書が出ているので、ここでは概略を述べる。また、その後の教員処分問題等の教育委員会内の議論は、上原には詳細な報告がなく事実関係はよく把握していない。上原が知る範囲で問題点のみ述べることにする。

　東京都教育委員会は、2000年1月末、都立学校の全校長を集め、卒業式・入学式での日の丸掲揚と君が代斉唱を強く指示した。都指導部長は、「命令と考えてほしい」「従わない教員は、服務上の責任を問われることがある」とまで発言した。おそらく、各自治体の教育委員会にも同様の圧力があったに違いない。公立小中全校で実施していない国立市教委は、各校に適正に行うように通知を出した。3月の中学校の卒業式では、混乱を避けるために式場での日の丸、君が代はなかったが、全中学校で屋上に日の丸が揚げられた。小学校での卒業式でも中学校と同様の措置が取られた。国立市民にとっては、これまでの伝統を破るとんでもない事態であったが、一連の事件にまで拡大させたのは、S新聞の4月5日の「児童30人、国旗降ろさせる」「校長に土下座要求」の大見出し記事であった。実はこの6日前に二小校長が、市教育委員会に提出した「卒業式実施報告書」に内容が酷似していた。報告書を上原も見たが、実に異例なもので、子どもとのやり取りがシナリオ形式で書かれていた。録音されたわけでもないのに、そのようなものが、果たして信頼に足り得るものなのか。なにより、子どもを守るべき校長が、いかにも子どもが詰め寄ったかのように、子どもの発言をなぜ詳細に書いたのか。誰もが疑問に思う報告書を、市教委は受け取っている。それにしても、S新聞は異様なほど二小問題を誇大広告し続けた。6月末までに30回以上の記事を出し、特に5月末には5日連続1面トップで取り扱った。しかし、逆に彼らの考えもよくわかる。その一部を紹介しよう。「何も知らない幼稚な頭で自分が反対するものは行われるべきではないと駄々

をこね、自分が担任教師に迎合して、その主張に盲従しているに過ぎないことにすら気づかない子供たちを生み出す恐るべき偏向教育の実態が、ここに暴露されている[4]。」などなどである。子どもの意見表明権などはないと、彼らは思っているのだ。これに連動するかのように、右翼が入学式に押しかける。黒い服を着て大きな旗を持った5～6人が学校正門の前に立ち、「二小の卒業生は出てこい。お前らは赤か、朝鮮人か」とがなり立てていた。4月28日は、63台の右翼の街宣車が、市役所を取り囲み、「市長出てきて腹を切れ！」とわめくだけわめいて、大音量でゆっくりと市内を回っていく。おそらく、全国に招集をかけたのだろう。そして、5月には学校に脅迫状が届く。上原の自宅は夜8時ごろから朝7時ごろまで1時間おきの警察の警邏が始まり、2か月続いた。

　そんな最中、国会や市議会で教員の処分が取りざたされ、政治圧力の中で、8月都教委は国立の2校の教員17人の、異例ともいうべき処分を決定する。国旗国歌に対する抗議の「ピースリボン」を着用して式に出席した7人を文書訓告。リボンに加え、国旗を屋上に掲揚したことに対し、校長室を訪れ抗議し、児童の目の前で謝罪するように求めたことが、信用失墜行為の禁止（33条）、職務専念義務（85条）違反とした。文書訓告の服務監督権者である市教委でも、文書訓告処分を決定した。通常だったら、全く問題にならない行動が処分になることによって、教員はめったなことを言わない、しない自粛の体制に追い込まれていくのは当然である。また、PTAや市民も、教員と連携をした行動が迷惑をかけることになれば、おいそれと共同することも難しくなる。

　この異例づくしの処分に至るまでの出来事は、最初から描かれていたことかもしれない。定例記者会見で、石原知事は処分問題に触れ「都教育委員との懇談の席で国立の教育が話題になり、あそこを解決することで一点突破じゃないけど、日本の教育の改革の大きなよすがにしようじゃないかと話した[5]」と語った。

　国会を始めとした、圧倒的な政治の圧力、S新聞の大々的な集中キャンペーン、右翼の攻撃。これはどう見ても教育への不当な支配に違いないが、それを跳ね返すことが、果たして国立だけでできたのだろうか。対抗する他社のマスコミの動きはほとんどなく、右翼が参入したことで市民は恐怖にさらされ、組合も全国的運動を展開して支えたようには見えない。要するに、偏向教育を受けた子どもたちと称して、傷つけられた子どもたちを救済するために、不当な支配を許さない世論作りができない社会になっていたのだと思う。

3．旧教育基本法第10条から見た教育の課題――不当な支配を許してきたもの

　この圧倒的な力で教育への介入があったにしても、その状況を許してきた原因は、一体どこにあるのだろうか。

　改正前教育基本法前文で「（憲法の）この理想の実現は、根本において教育の力に待つべきものである。」とした。民主社会は、教育の力がいかに重要かを示している。そして、教育基本法は、政治に翻弄されない「個人の尊厳」が基本理念であった。その絶対的前提として、教育基本法第10条（教育行政）が置かれた。この意味を、教育基本法に関わった文部大臣田中耕太郎は、つぎのように述べている。

　「従来の我が国における教育は、あるいは政治的にあるいは行政的に不当な干渉のもとに呻吟し、教育者はその結果卑屈になり教育全体が委縮し歪曲せられ、その結果軍国主義及び極端な国家主義の跳梁を招来するに至ったのである」「教育基本法第10条は教育行政の根本方針を規定している。教育は一方不当な行政的権力的支配に服せしめられるべきではない。それは教育者自身が不羈独立の精神をもって自主的に遂行せらるべきものである[6]。」

　教育に求められたのは、①政治に翻弄されない毅然とした独立性と自主性であり、②かつ直接国民と向き合う民主性である。この２点から問題を探ってみる。キーを握るのはなんといっても、教育委員会の存在である。

（１）教育委員会の独立性を阻害する要因

　教育委員会が形骸化し、単に名誉職として存在することの弊害は、これまでさんざん取りざたされてきた。教育行政の充実を考えると、選任権を持つ行政の長が、それを委ねられる教育委員を選ぶことの責任がある。しかし、そこに落とし穴もある。選任に当たっての同意権を持つ議会との関係。実質的に教員人事権を持つ都から派遣される学校指導課長の存在。地域に定着しない校長会の存在などの絡み合う構図が、地域教育の自立性を阻み、東京都教育委員会＝都知事の意向に向かっていくものとなっている。

①教育長と首長の関係

　早坂禮吾教育委員長時代のような、文教都市国立の復活のための人探しが、上原の当選後最初の仕事だった。紹介されたのは、東京都教育庁施設部長経験者であり大学の講師もしていたＩ氏である。当初は、三春町で大胆な教育改革を果たした元教育長武藤義男氏を尊敬していると熱く語り、議会でも沈着冷静、

答弁も実に巧み、よく勉強している信頼できる人物であった。

　２小問題が起こってから、教育長に少しずつ変化が表れ始めた。２小問題の処分について、上原が「ピースリボンごときで、処分の対象にはなりませんよね。」と教育長に問いただすと教育長は、処分はしないという意思のように見えた。しかし、結果は前例のない処分の敢行であった。教育長が、たびたび都に出向くようになり、石原知事と懇談して気にいられたとも聞くから、彼の中で何かが動いたのかもしれない。Ｉ教育長の豹変が顕著になるのが、Ｓ教育委員の任期満了のころからである。2001年教科書選定で、各地域で扶桑社教科書問題が取りざたされた時、国立でも、それまで実質教員たちの研究をもとに教科書選定を行ってきた前例を破り、３人の教育委員が扶桑社を選びそうな動きになっていた。この時は、市民と右翼が押しかけ大変な騒ぎの中、市民の力がかろうじて圧して、扶桑社教科書は外れた。選考の教育委員会で、扶桑社の教科書を推したＳ氏を、上原は再任しなかった。代って障がいを持ちながら、全国で活動をしていたＡ氏を候補者とすることにした。庁議でその発表をすると教育長は、Ａ氏は石原都知事批判の本を辛淑玉氏と共著で出しているとのメモを、野党議員に回し、Ａ氏には右翼からの脅迫が届くようになる。

　そして、上原２期目の選挙が近づいたころ、Ｉ教育長が市長室に来て、「私に市長選出馬要請があります。私が出れば全国から応援が来て、あなたを潰すのは簡単だ」とぞっとするような話をした。自分の再任が危ういとみての捨て台詞だったのだろうか。もちろん、Ｉ教育長の再任はしなかった。その後、Ｉ氏は「新しい教科書をつくる会」が分裂して作られた「教科書改善の会」のメンバーになったというから、Ｉ教育長時代の教育委員会のあり様が想像できる。

　教育委員の選任権を持つ首長と、事務方といえども実質教育委員会をリードする役割を持つ教育長との関係は、極めて難しい。もちろん首長の教育に対する思いを実現する人として教育長を選ぶので、ともすれば限りなく首長に迎合する教育長になる場合も起こりうる。そこには、教育行政の独立性はなく、首長の意のままの教育委員会になって行く。その典型が東京都教育委員会である。そして、都知事の教育介入という強い権力になびく、国立市教育長の存在が、教育委員会の姿を変えることになる。首長の選任権という強い人事権と教育委員会の独立性は、そもそも相反するものだからこそ、それぞれの立場の覚悟が必要である。人事が政治的意図に組み込まれないために、第三者（市民）がどう絡んだらよいのか、大きな課題である。

②教育委員人事は実質的に議会が握る

　教育委員の人事に関しては旧「地方教育行政の組織及び運営に関する法律」第４条により「地方公共団体の長が、議会の同意を得て、任命する。」として、発案件は首長に専属している。ただし、中立性を図るために、「４　教育長及び委員の任命については、そのうち委員の定数に一を加えた数の二分の一以上の者が同一の政党に所属することとなってはならない。」と条件が付いている。これは至極当然のことであるが、議会との関係でいえば、またここがネックとなる。いつの時期からか、議会の同意と、政治的バランスに配慮するあまり、教育委員は与党間で決められてきた経緯があるようである。また、議会がそれを要求してきたことも慣例となっていたようである。

　2001年９月議会はＳ教育委員の再任をしないことで、教育委員人事に対する徹底した議会の反撃が始まる。議会を開会したが、一切審議に応じない野党議員たちの抵抗の中、会期が終了し、すべての議案が流れてしまう「自然流会」という異常事態となった。提案を反対した議員の言い分はこうである。「教育委員推薦には、長年『会派枠』というものがある。市長は３会派の推薦した委員を提案する権限しかない」「会派枠」とは、保守市長時代の与党（自民・公明・民主党）のことであって、当時の野党には推薦の権利がないということのようである。では、上原与党に推薦枠が移ったのかというと、枠はそのままというのだから、何とも二重に奇妙な理屈である。まさに人事は政争の道具に化しているということである。いかに政党に偏らないと言えども、市長与党にしか配慮しないのでは、中立とは言えない。したがって、議会の同意権が人質となり、与党の会派が論功行賞的に教育委員を選んできたと、自ら暴露しているようなものである。これでは、教育委員会の中立性が失われるだけでなく、独自性をもって民主的運営を図る責務を負う本分は果たしようがない。議会の人事不同意が続く中、2003年任期切れとなるＩ教育長と、空席のままになっていた教育委員１名の計２人の教育委員の選任の打開策として、全国公募制の導入を行うことにした。公募制導入に当たっては、長年、中野区の教育委員の開かれた選考制度の研究をされていた、教育行政学専門家の明治大学三上昭彦教授（当時）とともに、最も透明性が高く、かつ高レベルの専門性を人選できるシステムを研究した。

　導入の目的を①選考過程の透明性の確保、②市民に開かれた選任方法、③広く人材を求めるとして、市民説明会を希望のあった６カ所で開催した。選考は、

要件として3人の推薦文を付し、2つのテーマで各4000字の論文の提出。論文はすべて市内3カ所で公開。論文の選考は、学校教育・社会教育・教育行政のそれぞれの専門家3人に担当してもらう。各5人ずつに絞られた候補者について市長、助役、教育次長の3人で面接を行うとした。選考終了後に、事前非公開とした選考基準を公表。全国から44人の応募者があった。

　より民主的な教育委員の選考制度として実施したが、教育委員候補の一人は東大教授であったことから、さすがに拒否権は発動しにくかったのか認められ、教育長候補者は不同意となる。ただ、公募制で選考過程をすべてガラス張りであれば、不同意を続けることは困難と悟ったのか、以後、公募制を議会は拒否し、教育長不在が続く。ついに任期満了に伴う空席が3人に達しようとしたため、やむなく、自民党にも信頼のある1人と公明党からは、学校保護者の推薦を依頼した。この意味では、拒否権を持つ議会の「枠」に屈したことになる。

　本来議会は、執行権者である首長部局のチェック機能としての決定権、同意権を持つが、議会と首長の対立があると、人事を含めすべての議案が人質となって取引の材料とされてしまう。そのつけはすべて市民に回るのであるが、市民の議会監視がなければ、数の力が横行する。

　教育行政の要となる教育委員人事は、人物主義ではなく、首長の思惑と議会のパワーバランスの中で取り決められるのが、実態である。

　③教員人事を握る指導課長の存在が都の意向を強くする

　国立の教育が、東京都の強い介入によってつぶされていった要因の一つが、都から派遣された学校指導課長の存在である。二小問題勃発以前から、M氏が指導課長として君臨していた。小規模の自治体にとって、行革が進められる中、固有の教育専門職のポストを維持するのは大変困難なことである。そのことから、都からの出向はやむを得ないものではあるが、任命権者としての自治体教育委員会と、短期で移動する指導課長との地域に対する認識のずれは明らかに大きい。しかも、都教育委員会の意向を強く受けて動くことは、市の教育委員会に大きな影響をもたらす危険性を持っている。その点、M指導課長の働きは凄まじかった。

　4月の教員任命式に、市長はゲストとして呼ばれる。年々市外からの異動が増えて不審に感じていた。ある年、M指導課長はうれしそうに「今年は、まるで新設校のようにごっそり入れ替えましたから」といった。上原は思わず「新学期が始まって学校に来てみたら、知らない先生ばかりになっていた子ど

もの気持ちを考えたことがありますか？」と声を荒げた。M指導課長が、都教育委員会の意向を受けて、実質組合つぶしを図ったとしか思えない人事であった。

　国立は、これまで述べたように、民主的な教育に力を注いできた歴史がある。心がいつも都に向かう指導課長によって、転々と異動させられる教員が、地域になじむはずもない。かつて、20年間国立の小学校で教員をした人は「学校の親たちと、定期的に読書会をしていた。長いこと続けて、生涯の友人たちとなった。」と語った。こんな地域になじむ教員の姿は、望むべくもないのである。

　④校長会が地域を閉ざす

　二小問題の「事故報告書」を書いた校長を始め、国立の子どもたちが散々傷つけられている状況を、学校責任者の校長たちは、一体どんな気持ちで見ていたのだろうか。短期間で次々に移動させられる校長は、難なく学校運営ができるようにするだけで、下手に地域に開いてことをややこしくしようとはしない。要望に訪れる市民に心を閉ざし、いかに都教委に睨まれないように汲々とするのが本音であろう。そんな校長たちが、地域に愛着を持つはずもなく、実質人事権を握る都教委におびえながら、排除の論理が先行していく。そうであっても、やはり校長会は「子どもの最善の利益」に立って、学校の子どもと教員を守る立場にあるべきであろう。校長会そのものが、都教委に動かされていると感じる出来事があった。一人の教員が上原に１枚の要望書を持ってきた。中学校長が、下書きとして書き、ごみ箱に捨てたものらしい。そこには、ある教育委員を解任するようにとの教育長あてのものだった。ある教育委員とは、社会教育が専門の大学教員で市民でもある。おそらく二小問題、処分について、市教育委員会の中でかなりの抵抗をしていたのだろう。こともあろうことに、校長が教育委員の人事に口を出すとは、校長会はここまで歪んでしまったのかと驚いた。直ちに、I教育長を呼び出し、「法にも抵触しかねないことを校長がやろうとするのは、国立の恥である。」と校長を説得させた。これはたまたまの発覚に過ぎない。おそらく、上原の知らない動きが校長会には渦巻いていたのだろう。

　教育長と都教委との力関係、都の意向に沿う人事を願う議会の拒否権の乱発、都から出向の指導課長による人事権で教員を地域からはがし都教委の意向を実施していく、校長会の都教委しか見ない委縮した組織が地域を拒絶する。幾重に張り巡らされた疎外という壁が、教育の独立性と自主性を阻んできたのは間

違いないことである。

（２）教育を孤立させるもの

　国立における教育民主化の歴史は、中央権力に対する抵抗の歴史でもある。それを可能にしたのは、間違いなく教育委員会を孤立させない市民一丸となっての意思決定である。
　では、教育を孤立させたのは、教育委員会なのか、学校なのか、市民なのか。
　①1980年代の教育委員会は、すでに事務局の提案する議案をこなすだけで、積極的議論があるようには見えなかった。また、常に市民要望の多いまちであるが、市民とひざを交えて議論をするという姿勢は、全く失われていた。
　1983年、国立第七小学校では校舎の裏側の校庭内を貫通する市道の計画が発表され、教員と保護者がまさにPTAとして、大きな運動を展開し、凍結状態に持ち込んだことがある。PTA臨時総会で、教育長に釈明を求めたところ、「首になった時に私の給与を保証していただくならやります」と言い放ち、教育委員会とは、決して子どもを守るところではないのだと皆は愕然とした。PTAの教育委員会への信頼は失墜し、要チェックの対象に過ぎなくなっていた。
　さらに、二小問題は個人情報に関わることを多く含むため、教育委員会は非開示になりがちであった。原則公開で、それまでP連や市民が傍聴を欠かさなかったが、これを機に、教育委員会の秘密会議が増えていくことになる。教育委員会が閉じれば、市民は懐疑的になり、教育委員会を責め立てる。負の連鎖が加速して信頼関係は崩れ去る。閉じた教育委員会を、市民は支えられない。
　②学校は、むしろ1980年代までは懸命にPTAや市民運動とつながり、教育の民主化に努めていたようである。第七小学校の道路問題のように、ことが起れば、教員と市民は連携できた。
　1989年の天皇逝去に伴う半旗掲揚でも、市民と職員が一緒になって半旗を揚げないよう校長に交渉した。校長が半旗を揚げようとした時、市民は阻止しようと竿を握り、職員は職務上手を出せないことから、市民と校長を囲み「校長、国立の歴史にあなたの手で泥を塗るのですか」と涙を流しながら声をかけ続けた。また、市民は毎年卒業式、入学式の日の丸君が代を行わないようにと、学校に要請行動をしていたが、ある小学校の女性校長は、にっこり笑って「私は、エピキュール育ちですから、皆さんのご希望通りになると思いますよ」と答え

た。エピキュールとは、かつて国立駅前にあった喫茶店で、そこにはいつも大学教員や若者、市民が集まり、盛んに議論をする文教都市のサロンであった。エピキュール育ちが街中にいて、教育環境に社会問題に関心を持ち続けていた。だから、ことが起こると国立ではすぐに運動になった。1990年ごろまでは、その名残は学校の側にもあった。障害児の普通学級への受け入れや、男女混合名簿に最初に取り組むなど、教員による教育の民主化の努力は、内外に高く評価されていた。

　しかし、教員の大量移動が始まると、市民とのつながりは薄くなり、むしろ保護者からのクレームを気にするようになっていく傾向がみられた。学校という施設は、本来地域の文化の核ともいわれたものだが、安全管理優先で、固く門扉を閉ざして、市民に開放させることは容易ではない。学校の塀の内と外で責任を分けたがることが、学校による地域の分断の壁となる。上原の経験からも、PTA活動で出会った親や教員は、生涯の友人となり得る。学校が子どもを通して、地域の仲間づくりにも寄与していることなど、教員はすっかり忘れている。

　③市民側からは、経済成長期に、環境汚染が社会問題として様々な運動が起る。その一環として、学校給食の安全性にも関心が高まる。多摩地域では給食のネットワークがあり、運動が盛んであった。国立の学校給食はセンター方式ではあったが、給食センターの運営に当たっては、PTA参加で、すべてが決められていた。つまり学校という空間に問題をとどまらせず、社会問題と連動させることで、多様な世代もかかわっていった。しかし、環境運動が沈滞するにしたがって、学校内部の問題として特化されていく傾向が出てくる。共働きの家庭が増えることで、PTAの役員が決まらない。当然ながらPTAは子どもが卒業すると、情報が入らないから教育問題への関心は薄れていく。そんな時代の流れは、国立も共通している。1999年に上原が市長になって「景観問題」で再び国立市民が立ち上がって、歴史的な運動を展開するが、PTA世代があまり関わっていないし、景観問題には、桐朋学園の日照問題が大きな争点になっていたにもかかわらず、P連で、この問題を議論したようにも見えない。学校の問題を、社会の問題へと展開する運動は、起こしにくい時代になっている。

　今は、PTAはモンスターペアレントと思われるのを嫌い、学校に問題提起はしない。学校も保護者を恐れ、それぞれが委縮の中で触らぬ神にたたりなし

の状況に陥っている。そこにはもはや、公論によって信頼を築き上げようとした民主主義の学校の姿はない。勤評闘争を支援するために組織化された国立のP連は、数年前に解体されたという。

　こうして、石原都政の組織的不当な支配は、人事権をフルに発揮しながら国立の教育を解体していった。軍国主義への反省から、国の政治に翻弄されない教育の独立性と自主性を確保するためには、地域の市民との直接対話による開かれた教育の必要性があったが、教育委員会のその認識のなさが市民を遠ざけ、早坂教育長が勤評闘争の疑問とした、「恐怖政治で組合つぶし」そのものの手法で、中央集権の教育行政に逆戻りしていった。

　教育の一方的支配から解放させ、独立性・自主性を支えるのは、市民自治力である。公正な民意とは、それをさす。そして、それを育成する場としての、公民館や図書館といった教育施設の充実が併せて重要であるが、教育施設の民営化が進む中、どうしたら教育が未来へのカギとして認識を新たにできるか、これから歩む道は険しく遠い。

　　注
（1）増田四郎「都市自治の一つの問題点」『都市問題』43(2)、1952年。
（2）国立市史編さん委員会編『国立市史　下巻』、1990年5月、458頁。
（3）銀河書房編『信州白樺』11号、1973年、125頁。
（4）「産経新聞」2000年5月26日版。
（5）「産経新聞」2000年12月23日版。
（6）田中耕太郎『新憲法と文化』国立書院、1948年。

（元国立市長）

特集1：「不当な支配」と「公正な民意」

「民主」の民に子どもを含める教育と学校
―― 中学教師としての自分史と重ね合わせて

宮下　聡

はじめに

　1947年制定の教育基本法（以下「教基法」）は、その前文で「（憲法の）理想の実現は、根本において教育の力にまつべきもの」であり、「日本国憲法の精神に則り、教育の目的を明示して、新しい日本の教育の基本を確立するため、この法律を制定する」と宣言した。その教基法10条の「教育は、不当な支配に服することなく、国民全体に対して直接に責任を負って行われるべきものである」に込められた「不当な支配」の言葉は、教基法全体の文脈から次のように理解される。即ち、教育は国民、その本人のために行われ、その営みは教える人と学ぶ人との関わりにおいて成り立つものであって、国家や行政、政治家がこれを支配することはあってはならないというものである。筆者はこの教基法の時代に東京都の公立中学校教師となった。しかしその後、2006年の「改正」によって、「不当な支配」という言葉は残ったものの真逆の文脈に変えられてしまった。「改正」教基法によって、国家や行政そして政権の意向が強く反映されるようになった結果、旧教基法が戒めたはずの行政による不当な支配は、今や堂々と学校現場に入り込んで居座っている。「憲法の理想」を実現するためとして制定された1947年の教基法のいう「不当な支配」とは具体的に何を指していたのか、またそれはどのようにして学校に入り込み学校を変えているのか。それを旧教基法の下で教師となり、2006年の教基法「改正」を挟む、1977年～2015年までの36年間子どもと教育に関わってきた筆者の「自分史」と重ね合わせながら、そしてまた現在の学校の現実も踏まえて検証していく。

「第三の非行ピーク」の1970年代、職員室の民主主義はあった

　筆者が教師になった1970年代後半は、「第三の非行ピーク」と言われた時期で、学校では学習指導よりも生活指導に追われる日々だった。今日は無事で帰

れないかもしれない、今日は入院かという思いで、学校の秩序から逸脱した生徒たちと文字通り「体を張って格闘」する毎日だった。しかしながら、地域、保護者、教師、子どもが知恵と力を出し合って学校行事をつくり、部活動指導では子どもが向上していくのが嬉しかった。授業も部活動も生徒会活動も真剣に考え学び、目の前の子どもを基準に指導法や教育活動を研究し構想した。うまくいかないとき、どこに問題があるのかどうしたらいいのか、夜の職員室で自由闊達に議論した。先輩も後輩もなかった。生活時間のほとんどは子どもと共にあった。騒いで話を聞かない子どもたちに担任のメッセージを伝えようとして発行した日刊学級通信は、ある年200号を優に超えた。それでももっと子どものために使う時間がほしかった。今考えると工夫と挑戦はいっぱいしたが、失敗もいっぱいさせてもらった。青年教師の挑戦は、先輩の教師や保護者の支えで成り立っていた。

　学校現場には若い教師を育てる力があった。目の前の子どもをどうするか、とことん話し合って事実を共有し、知恵を出し合ってみんなで実践した。校長は細かな指図はせず、教職員が動きやすいように行政とかけあった。生徒間暴力など深刻な事件が起きたときは、生徒がいなくなった夜に職員会議を行うこともあった。家庭を持っている女性の教師はいったん家に戻って家事をしてから夜の会議に参加した。若い教師も自由に発言し意見は尊重された。一部生徒のやりたい放題の所業に対する指導について議論したときに若い教師とベテラン教師の間でかわされたやりとりは今も鮮明に記憶に残っている。若い教師の「先生はベテランなんだから、こんなときどうすればいいか教えてください」という言葉に、老教師は「お前の方こそ年齢が近いんだからアイツの気持ちが分かるだろう。オレに教えろ」と応じた。

　校長、教頭以外に職階のない「鍋蓋組織」といわれる当時の学校現場では、年齢や経験年数にこだわりなく知恵や力を発揮していくという民主的な「チーム学校」の運営が行われていた。「校長は、校務をつかさどり、所属職員を監督する。教諭は、児童の教育をつかさどる」という学校教育法（以下「学教法」）第28条のことは意識しなくても、こうした学校という職場にいたことで、自分も教育の専門職としてこの学校の教育を「つかさどっている」、その責任を果たすためにはもっともっと学ばなければならないという自覚は自然と培われていった。教育は、全体の奉仕者（教基法6条）として教育をつかさどる教員（学教法6条）が、国や行政ではなく国民に対し直接責任を負っておこなう

（教基法10条）ものであるという、当時の学校教育の原理原則は日常の教育実践を通して自分の中に自然と「涵養」されていった。

　だが、学校の「荒れ」を恐れるあまり、「非行の芽は早いうちに摘み取れ」「子どもの変化を見逃すな」などとして、子どもより高い立場から問題行動に対してはあるべき姿を求め、非は非として一歩も引かずに毅然たる姿勢で臨み、ときには暴力的な脅しも含めた対応もしていた。子どもを制御できない指導力不足教師と思われることを恐れていた。逸脱させない、見逃さないことが大切。もし逸脱があれば小さいうちに発見し行為を正させることが優先課題となっていた。その子の思いを聞きとり受けとめるのは後回しだった。民主教育とは、教育の専門家である教師集団が子どものことを考えた計画を立て、地域や保護者にも学校の考え方や情報を伝えその力に依拠しながら一緒に進めていくものだと思っていた。方向を決める主体はあくまでも学校、それは専門職・専門機関の責務と権利だと思っていた。こうした乱暴な指導はやがて「対教師暴力」という形で自分自身に返ってきた。脅しや暴力によらずに子どもの行動を変える指導方法を模索し始めるきっかけとなった。

　30歳を過ぎて異動した2校目の学校では生活指導主任という役割についた。主任は学年や分掌内の互選によって決められていた。主任となって心がけたことは、情報の共有と意見交流の場づくりだった。目の前の子どもの問題行動への対応だけでなくどんな生徒に育てたいかということ、そのための教育課程づくりや生徒指導上の合意づくりに知恵を使った。意見を言う場があってその意見がとりあげられることで学校づくりを担う一員としての実感があった。自分の思い通りの合意には至らなくても、教職員集団の合意で学校づくりをすすめる民主的な状態をなくしてはならないと思っていた。

　しかし、子どもたちは学校の中だけでなく地域でも問題行動を起こし、そこでの人間関係が学校の中に持ち込まれさらに大きな問題となっていた。地域で起きる子どもの問題を教師の指導だけで解決することには無理があった。地域の問題は地域に返し、地域の子育て課題として考える仕組み作りが必要だった。それまで、PTAの組織は学級を基礎に選ばれた委員で構成されるのが一般的であったが、この学校では地域を基盤にした委員選出の方法も追求した。学区域を8つの地域に分けてその地域ごとに代表を選び、この地域代表によって構成される地域活動部をつくる。各地域には何人かの連絡員を決め地域の状況や全校の子どもの情報を共有するようにした。その結果、この学校のPTA組織

は学級を基礎に選出される委員と、地域から選出される委員の2つのルートで構成されるようになった。学級を基礎にしたPTA組織が学年ごとの保護者のつながりであるのに対して、地域活動部は学年を超えた保護者のつながりをつくった。保護者と教職員の懇談会も、学級を基礎にした学級学年懇談会と地域懇談会の2本立てとなった。懇談会では学校への要望が出され、それは学校長も参加するPTAの代表委員会で共有された。保護者、地域の大人たちの声が直接学校に届くようにするシステムづくりの一つの形であると考えられる。しかしこの時点では、教育は教師が生徒を正しく教え導くという意味での補導の対象としてしか位置付いておらず、学校の主人公は子どもと言いながら、子どもの意見を学校づくりに反映させるシステムはできていなかった。

あるがままの姿を受け入れることから始める

　1994年に着任した3校目の学校も子どもと直接関わる教師としては「不当な支配」を感じない「民主的」な学校だった。しかし、この学校ではこれまでやってきたような是々非々の生徒指導が通じなかった。新入生も入学式の日から落ち着きのない集団で、子どもたちの中のまともな主張が通らない。チャイムが鳴っても中に入らない、忘れ物は多く、やるべきことはやらない。その一方でさまざまな事件が次々に起きる。問題行動に対して是々非々で高圧的な「指導」をすればその子は心を閉ざして話を受けつけなくなる。しかし、優しい態度で接していると、被害を受けた子やそれを見ている子たちから「あてにならない教師」と信頼を失う。一般の生徒は自己防衛で余裕がなく、協力を呼びかけてもしらけた反応しか返ってこない。これまであたりまえとされてきた指導あり方を根本から問い直すことが求められていた。

　結局行きついた結論は、まずその子の思いを受けとめその子に見えている「風景」が何かを理解することから始めることだった。もちろん、子どもの思いを聞いて理解し問題行動を容認するということではない。子どもとの対話による指導のスタートとして必要だということである。さらに、指導といっても、「○○しなさい」「○○してはいけない」を子どもに要求し納得させ従わせようとするのではない。問題をその子に返し受けとめさせた上で、どうしたいか、どうしたらいいかをその子自身に考え決めさせることに重点をおいてすすめていった。「迫力ある指導」ではなく、「とにかくまず話を聞く…」である。子どもを未熟で大人が正しく導いていく対象としてみていると、子どもの言い分は

考えの足りない自分勝手なものに思えてしまう。しかし、今という人生の瞬間を精一杯生きている一人の人間としてとらえると健気でいとおしい姿に見えてくる。また、こちらがそういう目で見ていると、子どもも次第に警戒心を解いた表情で向き合ってくれるようになっていくものである。

　これは、問題行動が頻発したときに子どもの自由を制限し監視と管理を強めることで困難を乗り越えるというよく行われがちな学校の指導ではなく、子どもたちに選択の自由を拡大しその子自身が問題を自分のものとして受けとめられるようにするという大きな方針転換であった。それは、教師の指示に従わせる指導から子どもの自己選択、自己決定、自己責任を迫る指導へ、「あるべき姿」のワクの中に子どもをあてはめようとする指導から「あるがままの姿」を受け入れることから始める指導への指導観の転換である。子どもの行動にはその子なりの事情と思いがある。そして子どもの成長にはその子なりの道筋がある。それを無視して一律にコントロールしようとするのは、その子の育ちへの「不当な干渉・支配」である。当時よく使われた「民主的な学校」という言葉の意味を、職員室内の民主主義から保護者地域住民参加の民主主義へと広げ、その「民」の中に「子ども」が位置づく段階に入ったといえる。それは教育理念によってではなく、そこにいる子どもたちによって導かれたことであった。

　この1994年は我が国が子どもの権利条約の締約国となった年であり、学習主体としての子どもの権利を考えれば遅すぎたともいえる気づきであった。この発想の転換は個別の生徒への対応だけでなく、学校づくりにも影響を与えた。

意見を言ってとりくめば学校・社会は変えられることを学ぶ

　前述したように、この学校では学習以前に健康で安全に生活するという人間としての最低限の権利さえ脅かされる状況があるにもかかわらず、これを変えようと教師が呼びかけても子どもたちは動かない。これまでの生活を通した学びの中で子どもたちに培われていたのは、「自分たちの行動で現状は変えられる」「こうやればできた」という実感ではなく、逆に教師や大人たちから言われるあれやこれやの指示に対する不満や、こうすればうまく逃れられる、押し切ってしまえば大丈夫という実感であったのではないか。自治的活動の場としての生徒会は活力を失っていた。子どもの中のあきらめ、しらけ、経験不足をどうするかが大きな課題だった。どうやって生徒会を活性化させるのか。その答えも「子どもの権利条約」にあった。生徒会が子どもにとって必要な組織な

のか、その活動が魅力あるものになっているのか、多くの子どもたちの願いを実現するための「やりたい仕事」ではなく先生のいう通りに動く「やらされる仕事」になってはいないか。この視点で生徒会活動を問い直した。これが当たり前という決めつけを解いて、生徒はどう感じているか、子どもにとってはどうかと考える。「子どもの問題は子どもに返す」である。これは前述の「あるがままの姿」を受け入れることから始める立場と重なるものだった。

　まずそれまで行われていた生徒会役員選挙の際に生徒が学校に対する要望を出し合い、そこで出された要望をもとに候補者が改善要求としての政策を持って立候補できるようにしてはどうかと考え、当時の生徒会執行部にこの話を持ちかけた。この会は「生徒会意見交換会」と呼ばれ、参加者はクラス代表とせず、全くのオープン参加で行った。全校19クラスの学校で当日は約50名の生徒が参加し、30近くの要望が出された。そして、要望実現に向けてとりくむこと、意見交換会をこれからも開いてほしいことなどが確認され、これらは役員選挙の際の公約となった。

　選挙を経て誕生した新執行部は、公約に掲げた要望の中から、「夏服にポロシャツを認めてほしい」「昼休みに体育館で遊びたい」を取り上げて活動を開始した。この二つの要望に絞った意見交換会・アンケートの実施を経て、学校長宛ての要望書をつくり、クラスと中央委員会の決議を経て学校長に試行実施の申し入れをするなど、手順を踏んだ全校的な動きの中で実現させることができた。

　これは活動を進めた執行部の生徒たちの大きな自信になったのはもちろん、意見表明・署名・決議・要望提出などの権利行使の方法を学び、また、運動によって要求が実現していくという点で一般の生徒の学びにもなった。この活動は生活指導だよりで保護者にも広報し、地域掲示板にも掲示して広く意見を交流した。生徒の意見表明の動きは、その後体育祭などの学校行事に事前アンケートを実施して要望を提出するなど、校則以外の問題にも広がっていった。校則改定を中心とした生徒要求から始まって身につけた合意づくりと権利行使の学びの結果といえる。

子どもをなりゆきまかせの客体から、自らの歴史をつくる主体へ

　その2年後、このとりくみに参加した当時の1年生は3年生になり、「ポロシャツ実現」を経験した最後の生徒となっていた。したがって、1・2年生に

してみればこの学校の「自由」は入学したときにはすでに存在しているあたりまえのものであって、自由獲得に至る手順や苦労、自由の価値を実感する機会はない。むしろこの学校は自由だから何をやってもいいんだという誤解を持つ者も出てきていた。持ち帰るはずのジュースパックが放置され、校庭保護のため登下校時に校庭横断はしないという約束も破られるなどの勝手放題が起き、生徒会執行部からの再三の呼びかけも無視される事態となっていった。学校はグラウンド保護と安全確保の点から校庭横断の原因となる「南門」を閉鎖する決定をした。ところがそれに対して、生徒会執行部や１・２年生は学校のこの措置への不満は口にしたものの、それを意見として表明し手続きを踏んで要望していくという動きには至らずにいた。卒業を間近に控えた３月のある日、全校集会の後３年生有志が「南門をあけてください。僕たちは校庭横断をしません」と題した署名用紙を示し１・２年生に行動を呼びかけた。この署名は翌日には全校の３分の２を超えるクラスの分が集められ校長に届けられた。不都合な決まりは、勝手に破るのでなく意見を言ってとりくめば変えることができる…。これは「ポロシャツ経験者」である３年生が後輩に伝える最後のメッセージとなった。教師側もきちんと表明された意見にはきちんと応えることを示すべきと判断し、臨時的措置として卒業式当日のみ「南門」は開けられた。その後、手続きを踏んだ意見表明ととりくみによって南門は正式に開けられることとなった。

　学校は子どもが体験を通して様々なことを学ぶ場である。「ポロシャツ」を実現させるとりくみは子どもにとっての貴重な学びではあるが、そのことを体験した子どもはやがて学校を卒業し、新しい未経験の子どもたちが学校に入ってくる。先輩たちの自由を拡大した体験的「学び」の成果も、後輩にとっては「すでにあるもの」であり、先輩たちの努力は「歴史上」の出来事に過ぎない。そして、とりくみの価値も語り継ぐだけでは、歴史の「教え込み」になってしまう。創りあげられた伝統という枠の中に子どもを組み込み教え込もうとするのではなく、そのときそこで起きる問題を自らの問題として引き取り、当事者としての体験を通して考え解決していく学びの場を保障することが必要だ。そのことで学校は子どもの深い学びの場となる。その出発点は子どもの思いである。この活動は未来への準備となる権利としての学びであると同時に、生活環境としての学校をよりよくするという今を生きる者としての権利である。これまで、「民主的な学校」といったときに「民」の中に子どもは考慮されていな

かった。それは、子どもの感じ方や主張が判断力の育っていない者の「わがまま」として一段低く見られてきたことによると考えられる。

　自分に関係することが決められるときには、自分の意見を表明し決定に当ってそれが考慮検討されるというのは、大人であれば当然のことである。しかし、子どもの場合はそうはなっていない。子どもを大人と同じ人権主体としてみる子どもの権利条約では、自分に関係する決定に際しては、その子にとっての利益が最優先で考慮され（第３条）、そのために子どもは意見を表明しその意見は考慮される（第12条）となっている。もちろん、３条も12条も子どもが意見表明したことは何でも叶えてあげなければならないという趣旨ではない。その子の利益が何であるかについては子ども抜きで大人が考え決めるのではなく、子どもの意見を聞いた上で決めていかなければならないということであり、子どもの問題を子どもに返すというのは、自分たちの問題について考え意見を言うということだけでなく結果責任までも含めて考えさせるということである。

　生徒会活動の「意見交換会」で出された30近い要望は、子どもの努力によって実現されるもの、教師の努力でできるもの、学校の判断で実現できるもの、保護者地域の協力が必要なもの、自治体の措置が必要なもの、国の政策に関わるものと様々であった。この分類を教師と子どもたちがともにすすめ、要求の妥当性とともにどうすれば実現するかを検討することは、主権者としてこの国をつくっていく学びへと結びつく可能性を持っている。

　こうしたとりくみは、地域や保護者の意見も取り入れながら進められた。学校のやり方に理解を求めようとするのではなく、子どもの声を聞き、保護者・地域と意見を交換し、それぞれが主体者として関わりながらすすめる学校づくりをめざした。子どもの指導に追われながらも、みんなで学校をつくっているという実感にあふれた日々だった。この時期、生徒会校則改正委員会ができ生活の決まり改善はここで話し合うことになった。PTAにも校則を考える会が生まれ学校生活について話し合う場となった。このことで生徒が守るべき生活の決まりは、「守るか破るか」ではなく「守るか変えるか」へと意味が変わった。学校、保護者、地域そして子どもが一緒になって学校の今を考え環境を改善すること、それが子どもの主権者としての学びつながっていく。そんな学校づくりの可能性が見え始めていた。「学習活動はあらゆる教育活動の中心に位置づけられ、人々を、なりゆきまかせの客体から、自らの歴史をつくる主体にかえていくものである」という、「第４回ユネスコ国際成人教育会議（パリ）

の宣言（1985.3.29）」を実践しているというワクワクするような実感があった。

校長先生が「先生」ではなくただの「校長」になって

　ところが、この学校のそんな動きが急に変わり始めていく。東京都が校長の権限強化を強調し始めたときだった。具体的な例を一つ挙げてみる。そのころ昼食時に持ってくる飲み物をこれまでのパック飲料だけでなくペットボトルも認めてほしいという子どもの声をもとにとりくみがすすみ、実現される方向になっていた。しかし、それまで「子どもにとってどうか」という論点ですすんできた職員会議の議論は、「ペットボトルは環境保護という市の方針に反するので認められない」という校長判断によって終結した。このときの「私は行政側の人間ですから」という校長の言葉は、もはや校長は先生ではなくなったという宣言に聞こえた。「校長は、校務をつかさどり、所属職員を監督する」という学教法の文言は、校長が今後ますます学校の代表ではなく、行政機関の末端として教諭の動きを監視する役割であるものとなっていくことが暗示された。それは、新人教師時代から「教員は全体の奉仕者として教育をつかさどり、国や行政ではなく国民に対し直接責任を負っておこなう」という教育理念の中で生きてきた者としては、この時期「不当な支配」によってこれまで積み上げてきたものが根こそぎにされるのを見る思いだった。

　この学校の流れが変わる前後の1998年、東京都教育委員会（都教委）は「学校管理運営規則」改定を行い、職員会議を協議と合意形成の場から教職員の意見を聞くのみの場へと性格を変えさせた。その結果、年間計画から職員会議が消える学校も現れた。翌年、事案決定規程や文書管理規程が作られた。学校の教育活動は担当者（起案者）が「起案書」をつくり、校長または教頭（当時）という決定権者の決済ですすみ、文書取扱規定に基づいて管理保管されることになった。このことで集団論議は必須ではなくなった。実施計画とは別に「起案書」を書くという作業は、教職員に新たな負担を生んだし、学級通信や学年だよりにも起案書をつけ規程に基づく決済を受けなければならなくなった。管理職のチェックが遅れたり何度も書き直しをさせられたりする担任もいて、この状況下ではこれまでのような年間400号というようなタイムリーな学級通信を使った学級づくり実践は困難になってきた。

　人事考課など全国的な制度の他、東京では「期限付教員」採用や「統括校長」「主幹・主任教諭」なども設置され、子どもとかかわる先生にさまざまな

格差がつけられるようになった。「OJT」も、若い「主任」教諭が経験豊かなベテランの「ヒラ」教諭を育成させられるという矛盾を持った制度で、現場に混乱を持ち込む結果になった。この一連の「改革」の出発点となった校長の職務権限強化は、学校に様々な変化をもたらした。異動が決まって次の学校で着任前に行われた面接の中で、校長から「あなたは来年の人事構想にありません。この一年で異動してもらいます」と言われた、秋の面接で「あなたは私の考えに異議を唱えたので出てもらいます」と宣言されたなどの事例は枚挙にいとまがない。学校運営において、「意見は聞きます。しかし、決めるのは私です」と教職員に言い放つ校長。教職員の話し合いや合意の積み重ねはこの一言で一蹴されてしまう。

　これは校長にすべての権限が集中したかのように思える。しかし、校長の「権限」は強化されたりしてはいない。実際は校長の権限も奪われている。「そんなことを言ったら次の異動で遠距離通勤が待っている」「校長の権限強化というけれど権限なんてない。あるのは結果責任だけだ」という、校長のつらい立場も語られている。「おまえは教師に向いていない。辞めて実家に帰れ」と言って若い教師のミスを責め休職に追いやった副校長も、成果主義と失敗の許されない過密業務に追われていた。低い業績評価に納得できないある教師は、「どうすれば評価が上がりますか」と校長に尋ねたという。校長による業績評価が給与や昇進に反映するようになって、これからの教師は「子どもにとってどうか」ではなく「校長の目にどう映るか」を基準に教育を考えるようになっていくことが考えられる。教師の意識は、全体の奉仕者ではなく行政への奉仕者に変わり、国民に対する直接責任ではなく国や行政に対する責任を意識するようになっていくことが懸念される。これまで教育の専門職たる教師が目の前の子どもを出発点にして構想してきた教育は、政治の意向を受けた「行政の側にいる校長」が指示し監督するものへと舵を切ったといえる。教基法改定によって「国民全体に直接責任を負って行われる教育」に対する「不当な支配」から「この法律及び他の法律の定めるところにより行われる教育」に対する「不当な支配」へと構図が逆転されたことが現実化したものといえる。

　「不当な支配」を学校に貫徹するための制度づくりはさらに進む。2003年に主幹制度が導入されると、学校の企画運営は管理職と主幹の中で話し合われるようになり、職員会議の議題は報告事項と連絡事項のみで、討議事項という言葉が消えた。学校によっては職員会議そのものが予定から消えたところもある。

自分の勤務する学校について、一般の教員は意見を言うどころか、いま何が起きているのかという情報さえも十分に把握することができなくなった。自分の高校が単位制に移行するという計画があることを、校長も含めてマスコミの報道で初めて知ったという話もある。議会で「過激な性教育」が問題にされると、子どもの寝ている保健室に市議会議員が入ってきて書棚の性教育に関する「不適切な本」を調べ上げるという事件も起きた。図書室にある「不適切な本」も点検し廃棄対象となった。

子どもをいじめ解決の当事者に

しかし、このように制度が変わっていっても行政が直接的に「支配」することができない場面が学校にはある。それは、「教諭は、児童の教育をつかさどる」という学教法の規定に関わること、即ち個々の教員が授業や学級指導で子どもと直接かかわる場面である。いかに行政が支配しようとしても、担当者が教室に来て直接子どもに指導することはできない。直接的に「教育をつかさどる」のはあくまでも教諭である。教育は、子ども一人ひとりを「平和で民主的な国家及び社会の形成者」（教基法1条）、即ち民主主義の担い手として育てることを目的としている。シチズンシップ教育ともいえるこの課題は学級などにおけるいじめ指導においても位置づく。

これまでいじめが起きたときの対応といえば、多くの場合、いじめが認知されたらいじめられた子から事情を聞き、いじめた子にいじめはいけないと諭して謝罪をさせ、両者の人間関係を修復させて落着という指導パターンが多くとられている。だがこれでは十分ではない上に、いじめを一層みえにくくし深刻化させることになりかねない。それはまず、表面上は解決したようにみえても、いじめる側の事情が変わらず、さらにいじめをしやすい環境も変わらなければ、いじめはみえにくく深化していくからである。初期のいじめを学校が認識していながら重大事態に至らせてしまった事例の背景にはこうした問題があると考えられる。もう一つの大きな問題は、いじめ解決の主体から子どもを外すことによって、将来社会で出会う対人トラブルを解決するための学びをつくれないからである。いじめがあったら先生や大人に言う、それ自体は間違いではない。だが、そうすれば大人がいじめを何とか解決してくれるはずという思いが子どもに育ったのでは民主主義の担い手として育つ学びにはならない。いじめ解決の主体者はあくまでも子ども（たち）であり、子どもにはいじめ解決にとりく

むという自らの体験を通して、やがて大人社会で出会う大きないじめ（人権侵害）を克服する力をつけていく権利があるからである。それは子どもの学びの権利である。もちろん、いじめられている子どもの心身の安全確保は第一義的な重要課題である。だが、それとともに加害者、被害者、共犯者、傍観者と呼ばれる子どもたち、即ちすべての当事者をいじめ解決の主人公にした学びへとつながる実践が求められる。

　筆者は、いじめられている子を支える、いじめている子の背景に迫ることを第一に考えながら、「傍観者」を当事者・共感者に変えるために精神的なサポーターになってもらうことや、匿名の意見集を作ってみんなのいじめに対する考えを交流するとともに、楽しい共同作業を通して互いを理解し合う活動をすすめた。このことによって時間はかかったが、クラスは活力を取り戻しいじめはなくなっていった。これは、教師の監視や管理でいじめをなくすのではなく、子ども一人ひとりの持つ前向きなエネルギーを発揮できるよう援助することでいじめを乗りこえた実践である。いじめに直接関わらない子どもたちは「傍観者」と呼ばれる。しかし、いじめが起きているクラスに「傍観者」はいない。全員が「当事者」である。クラスにいじめがあることによって、誰もがその影響を受けるからだ。これは、政治と市民のあり方に置き換えることができる。政治の影響が及ぶ社会で生きる市民は常に当事者なのである。深刻化してしまった段階はともかく、初期の段階のいじめは、自分が所属する社会の出来事を自分自身の問題に引き寄せて考えるようになっていく上での生きた学習教材である。当事者を当事者として機能させる教育実践がいま求められている。しかし、この実践は効果がみえるのに時間がかかる。これを認めず、即効性ある表面上の解決をさせようとして、第三者の介入と強制で事態を収拾し指導完了としてしまうならば、子どもたちの中に人権尊重と民主主義実現の学び体験をつくり出すことはできない。

　教育は何のために行われるのか、教育によってどのような国民を育成しようとしているのか、このことは今、教育の専門家や子育てに関わる人だけでなく、すべての国民に厳しく問われている。

学校スタンダードとゼロトレランス

　ここで述べたいじめへの対応では、「教育をつかさどる教諭」として「不当な支配」を受けることなく教育実践を進めることができた。授業の場面、生徒

指導の場面、それは専門職としての教師一人ひとりの創意工夫とチャレンジができる「最後の砦」ともいえる。しかし、いまやその「最後の砦」さえも脅かされるようになってきている。

実際、ここで紹介したいじめと向き合う実践の過程で、職員会議の場で経過と指導の見通しについて報告するように求められたことがあった。私が現状分析と指導方針をしたところ、あるベテラン教師から「それで、今いじめはなくなったんですか？」と質問を受けた。「まだなくなってはいません。でもやがて必ずなくなります」と答えると、「なくなっていなければ指導したことにならない」と返された。このやりとりは、現状に合わせてじっくりと実践していくことの困難性を示している。当時筆者はこの学校で最高齢であったため、この指摘を受けとめつつも時間をかけ、子どもが主体者となっていじめ解決に挑む実践をいていくことができた。だが、若い教師であったらそれは困難だろうと考えられる。特に初任者の場合、指導担当教員にこのような「指導」をされれば従わざるを得ない。校長がこのような考え方であればなおさらのことである。若い教師たちと対話すると、そうした自由な実践ができない現実に対する悩みが語られる。

それは最近全国的なブームのようになっている「〇〇スタンダード」という動きである。子どもの学習や生活場面での教師の指導の基準や方法を統一することを「宣言」するとともに、「何年生では、これができる」という到達目標を提示するものだ。たしかに、すべての教師がどの子にも同じ指導をすれば子どもが混乱しなくてすむという意味では教育技術の可視化・共有化という点では意義はあるだろう。また、教師にとっても個別の事例を前にしていちいち悩む必要がなくなるという意味で、メリットとして受けとめられる可能性もある。さらに「約束＝決まり」として周知し、これに依拠していれば、保護者から苦情が来ても「本校ではこうなっています」というように説明責任も果たせるし責任回避もできる。

「スタンダード」として、細かな立ち振る舞いまで細かく指示し、それぞれの家庭や子どもの個別の事情を無視して問答無用でやらせるのは明らかに理不尽である。例えば、「黙働」「黙食」というスタンダードを実施している学校がある。黙働とは清掃などの作業は声を出さずに行うこと、黙食とは食事中は声を出さないということである。学校給食法第2条の2は「学校生活を豊かにし、明るい社交性を養うこと」と学校給食の目標を定めているが、「黙食」でどん

な豊かな学校生活や明るい社交性が養われるというのか。さらにスタンダードを逸脱した場合は、問答無用の「ゼロトレランス」による処分が用意されているから問題だ。

　スタンダードとゼロトレランスは、子どもばかりでなく「教育をつかさどる」権限を持つ教師にとっても大問題である。指導内容ばかりか指導方法までも一律に決められてしまうということは、「何を教えるか、どう教えるかはあなたが判断することではない。それはこちらである。あなたは、ただ言われたことを言われたとおりの方法でやればいい」と言われているのに等しい。

　実際、この「黙働」というスタンダードで子どもと教師を評価すると、おしゃべりをしないで教室を移動する子たちは立派であり、教師は指導力があるということになる。しかし、よく見てみると黙働ができている学年では学年が進むに従って不登校の子が増えていき、黙働のできない学年には不登校の子がいないという例もある。しかし、黙働という現象には目が行くが不登校というもう一つのことには光が当たらず、検討事項にもならない。スタンダード推進者やそれを支持する世間の目もきちんとした姿を第一優先とし、学校評価の基準となる。ここにも問題がある。

「不当な支配」と「公正な民意」

　本稿で述べた40数年前の学校にあっては、「公正な民意」は保護者や子どもが直接ではなく、その側に立って実践しようとする教育の専門職である教師たちによって表明され、「不当な支配」はそれに対する行政の介入や支配として現れていた。それが、子どもの権利条約時代となって、「公正な民意」は学習主体の子どもたち一人ひとりのものであり、「不当な支配」はそれを後回しにして教育内容や方法を決めてしまう教師を含む大人たちすべてを指すものへと進化した。また、三者協議会、四者懇談会をはじめとして、生徒、保護者、地域、学校が学校の具体的な問題について意見を出し合うというとりくみも行われるようになった。

　ところが、こうした新しい挑戦はその後困難に直面してくる。上意下達の「スタンダード」「ゼロトレランス」で子どもの「公正な民意」はないがしろにされ、教職員の発言さえも許されない状況が生まれてきている。東京のある自治体の教務主任会議の場で、担当指導主事から出された指示に対してベテラン教務主任が異議を唱えたところ、休憩時間に若い教務主任が担当校長に「あん

な下克上のような発言を許していいのか」と質したという。納得できないことに対する意見表明を「下克上」とする教師の感覚に、違和感を超えて危険な思いすら感じる。1970年代、子どもの権利が十分に認知されていなかったとき、それでも子どもの立場に立って考え実践を進める教師たちがいた。前述した今日の「スタンダード」「ゼロトレランス」は、「一致して、毅然と、是は是非は非」とかつて合い言葉のように語られていた言葉と重なって聞こえる。だが、今日の状況は教師たちの合意づくりや創意ある実践自体が困難になっている点で、当時より事態は深刻であるといえる。

　教育における「不当な支配」とは何か。1990年台後半から徐々に始まり、それが2006年の教基法改定で明確になったことによって、子どもの教育をつかさどる専門職としての教師の判断や実践に対する政治的介入は法的根拠を得た。しかし、もっと重要なのは今や「不当な支配」の矛先が、家庭教育や地域のあり方にまで向けられていることである。例えば、家庭教育支援法は、「家庭スタンダード」を国が決めて実行させることになるという問題が指摘されている。次には「地域スタンダード」が出てくることも懸念される。この「スタンダード」が、学校を縛り、家庭を縛り、地域を縛るものとして機能することは憲法の精神とは相容れない。

　こうした事態の中で示される希望は何か、それは子どもたちだ。それを表す事例として、校長主導でゼロトレランス、寛容度ゼロ、例外なしの教育を推進してきた広島県福山市の中学校で起きた出来事を、雑誌『教育』2016年6月号に掲載された北川保行の論考より抜粋して紹介したい。

　教室で生徒同士のいざこざがあり、止めに入った校長とSS（スクールサポーター・元警察職員）が2人を抱えて、教室から出ようとした。そのときSSに抱えられた生徒が、相手生徒を抱えていた校長を蹴りズボンに足形がついた。これが対教師暴力にあたるということで、校長が警察に通報し、現行犯逮捕。そして異例の早さで家庭裁判所送致となったのである。これらはすべて校長一人の判断だった。…（略）…生徒たちは逮捕事件をきっかけに校長への反発をあらわにするようになった。そして生徒の一部が「教室立てこもり」行動を起こしたのである。結局校長は2学期から病休に入らざるをえなくなった。新たに配属された校長は、「生徒の話を聞きほめて育てる、教職員の思いを聞く」という方向に学校運営の舵を切った。

　この報告は、子どもはそんなにヤワな存在ではないことを示している。「第

３の非行ピーク」を経験した者として、こうした不当な管理、不当な支配は必ず行き詰まると確信する。昔のような「非行」という行動に出る子どもたちは少なくなったとしても、いろいろな形で子どもたちは異議申し立てをするだろう。あとはそれを公正な民意として受け止める大人たちがどれほどいるのか、そしてその共感をどのように広げるのかということが問われてくる。

「公正な民意」の権利と義務

　国家や行政による「不当な支配」は直接的には学校現場に及ぶが、子育ての権利と義務を負う保護者にも、教育に向かう権利（子どもの権利条約28条）の主体である子どもに対しても及ぶ。そのとき、学校・教職員や保護者は「不当な支配」を受けるだけでなく「不当な支配」をする側にもなる。「民意」の主体も子どもの権利条約批准を機に、保護者地域から子どもへと拡大して考えるようになっている。

　学校という教育機関にあって教育の専門職である教師が教育計画を立て教育実践を行っていくとき、学習主体である子どもと養育義務を負う保護者や地域住民の「民意」、それと教育をつかさどる立場にある教師の「専門的判断」はどのように関係づけられていくことになるのだろうか。紙幅の関係で、この問題については、医療の専門家としての医療従事者と医療を受ける側の患者や家族の思いとの関係と対比しながら一つの論点を提示するにとどめる。医療の専門職である医療従事者は患者や家族に病状や治療方針について十分な説明し理解を得た上で、双方の理解と協力で病気の克服を目指していく。これがインフォームドコンセントである。患者や家族は痛みなどの症状についてしっかりと伝え、医療従事者はそれを受け止めて治療方針をたてる。患者や家族は、治療については専門家である医療従事者の見解を尊重することになるが、どのような治療を進めるかについての最終の決定権は患者と家族にある。これを学校教育におきかえるとどうか。教育の専門家として、教師はそれぞれの子どもの状況を踏まえた教育の課題や方針を説明し理解を求める。子どもや保護者は、教育を受ける側の権利として学校や教師に対して子どもの状況を伝え指導方針についての改善を求めるということになる。そのとき教育の専門家ではない地域、保護者そして子どもは必ずしも具体的な対案を出す必要はない。苦痛や悩みを訴え、疑問を投げかければそれでよい。それを受け止め解決策を示し理解を求めるのは教育専門職である学校教職員の仕事である。しかし、実際の学校は、

様々な制約の中で教育活動を行っており、制度上の問題もあって子ども、保護者の要望すべてに応えることはできない。それは、医療においても同様である。医療生協では、「患者の権利章典」「いのちの章典」を策定し、医療における患者の権利を明らかにしている。その最後にはどちらも「参加と共同」という項を設け、それぞれ「主体的にいのちとくらしを守り健康をはぐくむ活動に参加し、協同を強めてこれらの権利を発展させます」「社会保障制度を改善し健康に暮らすことのできるまちづくりをともに進める」という患者の義務について言及している。教育における「不当な支配」と「公正な民意」を論じるとき、国や行政、学校・教師の責任論としてだけではなく、子どもの問題は子どもに返し、保護者地域の問題は保護者地域に返すことを求めた上で、起きている問題を共有して共に学校と教育をつくるという、民意の側の負うべき責任と義務も明らかにしていく必要がある。

　教育における「公正な民意」は、子どもを育てる権利を有し義務を負う保護者や地域市民と、教育政策をすすめる側、すなわち国や行政との関係において使われるのが一般的かもしれない。その認識は間違いではないが決して十分とはいえない。すべての人はかけがえのない存在としてこの世に生を受け学び成長しながら自分の人生を自らつくっていく人権主体であり、それは子どもにもまったく同じことが言えるからである。したがって、子どもは「公正な民意」の「民」から決して外すことのできない存在である。だとすれば、その子どもの思いや感じ方を無視した他者からの「教化」の働きかけは、子どもの学びと成長にとっては「不当な支配」となり得る。そのことに教師を含む大人たちは常に留意すべきである。国や行政はもとより「国民全体に対し直接に責任を負って（旧教基法）」「教育をつかさどる（学教法）」立場にある教師は、自らそうした「不当な支配」を行う存在となることがないよう自らを戒めていく必要がある。前述した「民意の側の負うべき責任と義務」とは、国や行政の不当な支配に対する監視とともに、「教育をつかさどる（学教法）」立場にいる学校・教師がたとえ国や行政の末端に位置づくとしても、子どもの「民意」の側に立って教育を行えるようにしなければならない。そのためには、学校・教師の現実をしっかりと捉え教師と学校を戒め支え励ますことが必要であり、その第一歩は子どもの声を聞いてその思いを受けとめ尊重することである。

（都留文科大学）

特集1:「不当な支配」と「公正な民意」

教育と政治の関係をめぐる教育政策研究の課題
―― 教育政治研究の視点から

荒井　文昭

1．教育における政治的裁量領域を、だれがどのように調整してきたのか？

　教育実践が「不当な支配」にさらされることなく、その自律性が保たれる教育機関運営のあり方を明らかにするためには、教育と政治の関係を把握するための概念装置が必要となるように思われる。教育における政治的裁量の領域（＝紛争を伴う、教育をめぐる集合的意志決定たる教育政治の領域）がこれまでも存在し、そしてこれからも存在するものなのであれば、課題とされるべきはその民主主義による統治のあり方であろう。

　教育実践に求められる自律性を支える民主主義のあり方を、本論では「不当な支配」と「公正な民意」を糸口にし、東京都国立市で市長を経験された上原公子氏、東京都内の公立中学校で教員を経験された宮下聡氏それぞれからの課題提起をふまえながらさぐってみたい。なお、埼玉県鶴ヶ島市で教育長を担われた松崎頼行氏も、今回の特集を組むにあたって開催された研究会に参加されており、そのときの発言なども本論では検討に加えていきたい。

2．間接民主主義化による教育政治の不透明化

　本章ではまず、間接民主主義化という点から、紛争を伴う教育に関する集合的意思決定過程の検討を行いたい。教育政治が不透明にされた原因が分析されなければ、教育と政治の関係をめぐる研究はすすめられず、教育実践に求められるはずの自律性が危機にさらされている事態を変えていくことはできないと考えられるからである[1]。

　上原論文、宮下論文でともに指摘されていたのが、都内基礎的自治体の教育政治に対する東京都教育委員会からの影響力の強さである。論者が過去に収集した資料も使いながら、国立市を事例としてまずこのことを確認しておきたい[2]。後にみるとおり、文教地区指定運動などから1960年代にかけて形成さ

特集1:「不当な支配」と「公正な民意」——043

れた国立における自治体内教育政治は、1990年代に入ると大きく変容していくことになる。すなわち、国立の学校教育政策に大きな影響をもつ学校指導課長職への東京都教育委員会からの派遣制度導入が1980年代からはじまり、このことと連動して1990年代になると、市内小学校長の人事異動パターンが変化することによって、国立市校長会の性格に変化が起こった。その一端を本論でもふれておきたい。

(1) 都派遣制度を介した、教員人事に対する都教委の影響力

　まず確認しておきたい点は、上原論文でも指摘されていた国立市教育委員会事務局内におかれている学校指導課長ポストについてである。このポストは実質的に、市内公立小中学校の教職員人事について大きな裁量をもっている職である。

　国立市における学校指導課長職は、もとは指導室長と呼ばれていたポストであり、この室長職は、国立が町制から市制に移行した翌年1968年に設置されたものである。そして、このポストは、1982年からは学校指導課長職となり現在に至っている。表1は、国立市における指導室（課）長の設置・異動を一覧にしたものである[3]。

　国立の場合の室（課）長人事異動でまず注目されるのは、1984年T課長以後、その任期がより短期化され、かつ、規則的な人事異動となっていることである。すなわち、国立では、室長設置後の初代から3代までは、その任期がそれぞれ5年、6年、5年であったが、1984年以後は、3年で異動するポストとなっている。その理由は、1984年から、国立市の学校指導課長職に、東京都教育庁指導部管理課の主任指導主事が、地方自治法によって派遣されるようになったからである。

　国立の場合においては、指導室長設置期に、その後3期12年間つづく石塚一男市政のもとで、国立の教職員人事に影響力をもった教員系職員を、国立市が固有に採用していたが、それも3人までで終わり、谷清市政の2期目にあたる1984年からは、派遣制度が導入されている。そしてそれは、国立市学校指導課長人事が、都レベルの教員系職員の異動サイクルに組み込まれることによって、より短期化していく過程でもあった。

　上原論文でも指摘されていたことであるが、派遣制度を導入することは、指導室（課）長の異動が、広域化し短期化することを意味している。これは、指

表1　市指導室（課）長の設置／異動経過

年代	指導室課長	首長	教育長	年代	指導室課長	首長	教育長
1955		田島町長		1979	A室長	谷市長	
56			五十嵐教育長	80			
57				81			北島教育長
58				82			
59				83			
60				84	T課長		徳永教育長
61				85			
62				86			
63				87	Y課長		
64				88			
65				89			
66				90	S1課長		
67		石塚市長		91		佐伯市長	
68	K室長			92			志茂教育長
69				93	N課長		
70				94			
71			近岡教育長	95			
72				96	S2課長		堀田教育長
73	I室長			97			
74				98			
75				99	M課長	上原市長	石井教育長
76				2000			
77				01			
78			河合教育長	02	H課長		

　導室（課）長職が、当該自治体固有の教育政策立案過程に対して、より長期間にわたって寄与することを困難なものにすると同時に、実質的な人事権を持つようになる東京都教育委員会の政策意図を、派遣された指導室長が担うことにつながる危険性を生み出している(4)。

（2）学校長異動の変化

　つぎに確認したいのは、国立市校長会の性格変容についてである。1985年から2002年までの市内公立小学校長の異動を一覧にして調べたところ、派遣された学校指導課長が着任しておこなったと思われる校長の人事異動を、その任期毎に見てみると、1990年代から変化が生じていたことがわかった。T学校指導課長期（1984－1987）には小学校長異動した7人中、5人が市内からの異動となっていたのに対して、1991年以降は、市内異動校長が、各課長期に1人、もしくは一人もいなくなっており、他市からの転任校長が増加している。1980年代までは国立市内での勤務経験を重視する校長任用が続けられていたが、

1991年を境にして、任期が終わると市外に転出させていく人事に変化してきていた。

　上原論文ではM課長の行動が生々しく記されているが、校長が短期で異動させられるようになれば、校長は地域に学校を開いていこうとはしなくなる。むしろ、実質人事権を握る東京都教育委員会の意向を忖度するようになるであろう。国立における自律的な教育意志決定にはたす校長会の役割は少なくないと思われるが、この国立における校長会の性格転換が1990年代からおこっていた可能性が高い。しかも、これら校長と教員の異動に実質的に大きな裁量をもっている学校教育課長の行動や、その結果生じてくる校長の学校運営方向に対する影響や国立市校長会の変容などは、保護者や地域住民からは見えにくいものとなっている。こうした、学校教育課長の裁量は、教育行政過程内における紛争調停のひとつの手段として実際には存在しているが、そのあり方はきわめて不透明なかたちになっているのである。

　校長人事の決定過程には、政治的裁量の領域がこれまでも存在してきた。1956年に教育委員会法が廃止されて以降、それが不透明なかたちとして教育行政過程内で存在してきたために見えにくかっただけであり、この教育行政過程内で紛争が調停されていく統治のあり方は、教育と政治の関係の、一つのかたちとしてとらえられるべきものであろう。

（3）1998年以降「東京の教育」政策による影響

　以上、国立市を事例として、都派遣制度による指導室（課）長を介した教員人事に対する実質的な影響力行使、およびそのことによる基礎的自治体内校長会の性格変容について述べてきた。これらの点は上原論文だけではなく、宮下論文でも指摘されていることである。すなわち、子どもの権利を中核にした学校づくりの取り組みが、あたらしく着任した校長の判断で終息していったことが宮下論文でふれられていた。そのことが宮下論文では、"校長が行政側に立つようになった"と表現されていた。

　この一連の政策が具体化される契機となったのが、1998年3月に東京都教育委員会から発表された『都立学校等あり方検討委員会報告書』であった。この報告書は、1997年12月に東京都教育委員会事務局内に設置された教育長の諮問機関である都立高校等あり方検討委員会から、翌1998年3月にまとめられたものであった。この報告書には、（一）「開かれた学校の推進」（授業公開、学校

運営連絡協議会の全校設置、新しい学校評価制度の導入)、(二)「校内意志決定プロセスの明確化」(職員会議を意志決定機関と定めている現行の内規を廃止し、職員会議を校長の補助機関として位置づけることを管理運営規則に明記するほか、人事委員会や予算委員会などの慣行をなくし校長がそれらを決定できるように改める)、(三)「学校運営体制の強化」(教頭の管理職機能の強化、主任の任命を東京都教育委員会がおこない、履歴搭載事項とするほか、主任経験を管理職選考の資格要件として位置づける、事務室が校内予算の管理について主導的役割を果たせるようその機能を強化する) などが項目として並べられていた[5]。

　これらの内容はその後、つぎつぎと具体化されていった。たとえば1998年7月の東京都教育委員会では、職員会議を校長の補助機関として位置づけ、教頭の権限を強化し、主任の任命方法を改定する「東京都公立学校の管理運営に関する規則」、および「東京都区市町村立学校の管理運営の基準に関する規則」の一部改定が決定された。そして、7月から9月にかけて、都内市区町村教育委員会でも、同様の学校管理運営規則の改定が、実質的な審議のほとんどないまま、つぎつぎと決定されたのである。2001年10月には、数値目標による学校管理を求める報告書が「都立高校マネジメントシステム検討委員会」から提出され、学校ごとに教育目標が数値目標として掲げられ、その達成度が毎年評価される学校管理方式が実施されるようになった。この時には同時に、教頭補佐職の都独自設置も提言され、2003年度から実際に「主幹」が設置された。さらに、2001年4月からは、官製校長会とも言うべき「都立高校長連絡会」が、任意団体である東京都高等学校長協会とは別に設置された。

　これらの政策と平行して、1998年7月には、学校運営権限の細分化と明文化をはかる「事案決定マニュアル」が東京都立学校事務長会によって編集され、構内分掌などがこの次案決定マニュアルに沿って行われるようになっていく。2000年4月からは、人事考課制度(自己申告)が一般教員へも導入されるだけではなく、この時期には同時に、「キャリア型校長」とも言うべき新しい教育管理職の任用制度も導入されている。これらの政策が実際に学校現場に与えた影響については、宮下論文で述べられているとおりである。

　以上のように、東京都では1990年代末から2000年代前半にかけて、教育行政の固有性としてそれまで認められてきたさまざまな慣行が、ことごとく崩されてきたのである。この流れは以後、より強固なものとして確立され、都内市区

町村の教育政策に強い影響力を現在も与え続けている[6]。

3．教育実践の自律性を支えることのできる民主主義のかたち

　現在は東京都教育委員会がきわめて大きい影響力をもち、そのことによって基礎的自治体内の教育政治裁量は制限されてきているように思われるが、そんな東京都内市区町村にあっても、一定の条件によっては基礎的自治体内教育政治が機能していた時期が存在してきたことも事実である。つぎに、上原論文が指摘していた「国立の教育」について、論者が調査した資料も重ね合わせながら検討してみたい。

（1）文教地区指定運動における紛争調停の実践

　勤務評定を当分実施しないという、国立町教育委員会の1958年8月30日決議（いわゆる4町方式）を支えたものこそが、国立における学校教育の自律性を一定程度確保し得た土台になっていたと考えられるが、この決議を支えた社会的力について検討を加えようとする時、まず検討されるべきは、上原論文でも述べられていた文教地区指定運動の存在である。

　1951年11月30日、国立町の文教地区指定が東京都都市計画審議会で可決され、つづいて、1952年1月6日には、建設大臣から文教地区指定の認可がなされた。そして、1952年2月1日には、国立文教地区協会が結成されている。この文教地区指定にあたって本論で注目したいのは以下のいくつかの点である。

　第一は、1951年に谷保村から町制に移行するに際して生まれた、町名をめぐる自治体内での紛争とその調停過程である。1947年4月、戦後初の選挙で谷保村長に選出された佐藤康胤氏は本村出身であり、村長を支える与党が多数であった村議会は、1949年に新町名を「国保町」としたが、その後、国立地区住民による反対運動がおこり、結局、「国立」という町名に変更となった。この時の経験が、文教地区指定運動が起こった時に、議会の中では文教地区推進派が少ないにもかかわらず住民の力を動員できたことにつながっていると、元国立市議会議員の三田正治氏は、その回想録に書いている[7]。

　実際、1951年4月23日に行われた、国立町議会議員選挙で選出された26名の議員の中には、この三田正治氏をはじめ、次の選挙で新町長となる田島守保氏や、松岡きく氏らが上位に当選し、これらの議員が、議会の中では、その後の文教地区指定運動において重要な役割を担っていく。

第二は、1952年10月におこなわれた教育委員選挙についてである。1952年10月の教育委員選挙では、文教派から立候補した３人が全員当選している。この文教派として教育委員に選出され、公選制教育委員会の委員長となった早坂禮吾氏は、この時の経過について、つぎのように述べていた。
　「教育の環境を守れる人を教育委員に選びたいというので文教地区を推進した人々の中から二人の婦人が推薦されて立候補されました。ところが驚いたことに、それに先んじて男の人が三人立候補されたのですが、それが全部土建屋さんでありました。（略）その土建屋さんたちは先ほどの文教地区問題に対して反対の立場にありました。そこでどうしてもその人たちに教育を握られるということは困るということで、私が推薦されたのだと思います[8]」。
　早坂禮吾氏が委員長をつとめる国立町教育委員会は、その後、国立の基礎を形づくる教育政策を実行していった。この間、さまざまなサークル活動が平行してすすめられ、たとえば、1953年７月には、国立会、国立婦人の会、文教地区協会、土曜会などにより公民館設置促進連合会が結成され、1954年１月には土曜会が「みんなの本棚」として図書館を開設するなどしている。そして、1955年11月３日には国立公民館が開館し、初代館長に早坂禮吾氏が着任している。

（２）町政懇話会による自治的協議による紛争調停

　そして第三は、1955年４月の地方選挙において、田島町政を誕生させた町政懇話会という自治的協議組織が一定期間に存在した点である。
　この選挙において、田島氏は、教育委員長であった早坂氏に対して、以下の通り、たとえ公選制から任命制への制度変更があったとしても、教育委員会の権限をそのまま残すことを約束していた。
　「町長は、当選の暁には、教育に関しては教育委員会に一切の権限を委ねるであろうということを言いました。そういうことが一つのポイントとなって、非常に接戦でありましたけれども現役の町長を破って今の町長が立ったわけです[9]」。
　1954年11月21日に成立された「国立町政懇話会」は、1955年４月30日の地方選挙において、田島町長を選出させ、また、26名中12名の議員を誕生させた。この12名の議員と、社会党として当選した２名を加えた14名が、田島町政第１期の与党を形成している。この町政懇話会派議員の中には、国立地区住民だけ

ではなく、本村からの議員も含まれていた。町政懇話会は1960年代初頭に解散していくことになるが、1967年から田島市政を引き継ぎ、新市長となるのは、このときに社会党議員であった石塚一雄氏であった。

　1958年8月30日の国立町教育委員会決議の意義は、たんに、国レベルでの与党政策に対して、基礎的自治体レベルから国とは異なる政策を立案し実行し得たという点にあるだけではない。その意義は、教育委員会制度の改定後においても、首長は教育に関する政策決定の権限を教育委員会に委譲し、そして実際に、教育委員会がこの教育政策の決定をおこなうことにより、教育委員会の一般行政からの独立性が保たれたということにあると思われるが、それを、可能にしたものは、教育をめぐる紛争の調停を、基礎的自治体において実効あるものとしておこないうる協議のための仕組みが、国立において構築されたことにあると言えるであろう。各種サークルや団体と連携をもった、いわゆる「文教派」をおもな母体とする町政懇話会に、国立駅周辺の住民だけではなく、本村出身の住民も加わって議論されていたことは、その象徴であると思われる。

　国立における教育行政の特質は、地教行法システム下においてもなお、教育に関する意志決定のあり方を自律的に形成させてきた経験を、国立の教育委員会がもっていたことにある。この経験の出発点とそのエッセンスは、国立の元教育委員会委員長の早坂禮吾氏が裁判で証言として述べていた、つぎのことばに象徴されていると言えるだろう。

　「教員と父兄、いわゆるPTAの人たち、それから教員と教育委員、教育委員とPTA、こういう人たちが非常に楽に話合いをしている。そしてわれわれもほとんど友だちづきあいで、先生たちの要求をきき、われわれの要求を話すという場を作り得ることは、一つの大きな効果だと思います[10]」。

　教員と父母、教員と教育委員、そして教育委員と父母とが「楽に話し合い」をしながら、双方に要求を出して話し合う場をつくり得るという早坂氏のこのことばには、その関係を支えるだけの自治体内教育政治のあり方が国立においては形成されてきたことに裏づけられたものと言えるであろう。

（3）紛争の自治的協議による調整組織の存在

　このように、国立における町政懇話会の事例は、「充実した地方自治[11]」を実践するものと言えるものであり、一定期間存続し得た国立の教育を支える、国立固有の自治体内教育政治のかたちを形成する核となった取り組みであった

ように思われる。その特徴は、多数決とは異なる、協議による調整をより高い次元において行い得たという点にあるだろう。

上原論文で指摘されてる、「教育委員会を孤立させない、市民一丸となっての意思決定」、あるいは同じく上原論文で紹介されていた「私は、エピキュール育ち」（駅前の喫茶店にはいつも、大学教員や若者、市民が集まり議論しており、ことが起こると国立ではすぐに運動になった）というエピソードは、国立における"教育の地方自治"の一端が示されているもののように、論者には読めた。そしてこれら国立における、教育の地方自治に基づいた教育政治のあり方が、教育の中立性観念とは異なる、教育と政治の、より高次での調停を支えていたというべきではないだろうか。

このことは、埼玉県鶴ヶ島市教育長として、「鶴ヶ島の教育」実現のために、教育審議会を条例設置し、学校協議会を市内の公立学校ごとに導入していった松崎頼行氏による取り組みにも共通する点があるように、論者には思える。その要点は、教育は市民自治に基づくものであるということである。松崎氏は社会教育主事として鶴ヶ島に専門職採用されて以来、社会教育畑をながく歩まれ、教育長を担ってからも、話し合いによる決定の重要性を説き、それを教育政策として実現させていった教育長であった。その政策の一つが学校ごとに設置された学校協議会の取り組みであった[12]。

本特集に向けて開催された昨年末の研究会において、松崎氏は、学校協議会導入に対しては、教職員からも、校長会からも難色を示されたエピソードが語られた。すなわち、教職員からは「だれが来るかわからない」し「地域ボスの下請けになる」と批判され、校長会からは「とにかく学校にまかせてくれ」と主張されたとのことであった。これに対して松崎氏はまず、現行法では学校運営については校長が決めることになっていても、大事なことは校長がだれのどんな意見を聞いた上で決めるのかであって、関係者と話し合って決めることが重要であることを話したとのことであった。社会教育畑出身の松崎教育長は、公民館運営審議会の制度など社会教育には設置されていた各種協議会制度を経験されていた。しかし学校にはそれがなかった。その影響で、校長も教員も学校の運営に地域の人々を入れたがらなかったのだろうと論者は予想しているが、いずれにしても、松崎教育長は「市民を信用した方がいいよ。市民はそんな甘いものではない」と話しをされて、学校協議会導入に理解を求めたとのことであった。

多数決とは異なる、協議による調整をより高い次元においておこないうる取り組みは、宮下論文ではさらに、中学生たち自身を子どもの権利主体としてとらえて協議をおこなっていくものにもなっている。すなわち、「荒れない学校」にするために教員からの指導を徹底する1980年代までの学校運営を、1990年代からは子どもの権利を位置づけて、「子どもが生き生きできる学校」を目ざすことに転換させていく。この取り組みは、学校運営をめぐる協議の場に、子どもたち自身を当事者として位置づけようとするものになっていた。宮下論文で述べられていた実践事例、たとえば「生徒会意見交換会」などの取り組みは、校則を守らせる指導から、校則自体のあり方を子どもたちに考えさせるものへ転換させることにより、学校生活にかかわる協議の場を生徒たち自身でもつくり、さらに教職員とも話し合う場を設置することが目ざされていた。この取り組みは、PTA組織のなかにも校則を考える会を誕生させ、おとなと子どもによる話し合いの場を設ける実践にもつながっていく。

4．「公正な民意」が反映される教育機関のあり方をめぐる論点
（1）直接的な民主主義
　上原論文では、"「公正な民意」とは市民自治力をさすものだ"と述べられている。上原氏のこのことばには、つぎのような意味が込められているように論者には読み取れる。すなわち、"教育実践の自律性"を支える正統性は、公職選挙法により選出された首長と議員、より正確に言えば、議会の承認をふまえて首長により任命された教育長と教育委員という、一般政治の公選による正統性によって確保されたものによって保たれるものではなく、より直接的な民主主義の力によってこそ確保されるものである、という意味である。この、より直接的な民主主義が機能しなくなれば、教育をめぐる紛争は硬直化せざるを得なくなり、教育の自律性は保たれにくくなってしまう。「首長の任命権に対する議会の同意権のあり方でも、実質的には与党の会派が教育委員を選んできた実態がつづいており、市民の監視がなければ、そこでは数の力が横行する」という上原論文の指摘は、そのことを指しているだろう。民主主義が機能不全になれば、教育に関する一方的な支配の構造が「民意」として立ち現れてしまうのである。

　同様に、宮下論文で指摘されている「私は行政側の人間ですから」という校長のことばには、より直接的な民主主義が機能しにくい状態のなかで、首長と

議会与党会派の意向によって動かなければならなくなった教育管理職の置かれている状況があらわされていると、とらえるべきなのではないだろうか。1980年代までの校長が、曲がりなりにも教育専門職として判断しながら学校運営を担ってきたのに比べて、1990年代以降になると校長は、"民意"を反映させたとされる行政の方針にしたがって学校運営をおこなうように転換してきている。しかもこの"民意"とは、実質的には首長と議会与党の意向を背景とした"政治の意向"によるものであって、それが形式的には教育委員会の決定した教育政策として現れてきているのである。

　このような、言ってみれば一般地方政治権力によって支持された教育理念によって、子ども一人ひとりの状況とは関係なく各学校の管理運営方針が決められてしまうと言うことは、子どもの学習権をよりよく保障していくうえで問題があると言わざるを得ないが、より直接的な民主主義が機能しない状況下（上原論文の言い方では「市民自治力」が機能しない状況下）では、「民意」は硬直的なものとして教育現場には立ち現れざるを得なくなってしまうのである。

（２）公論による信頼構築をめぐる課題

　ただし、だからといって、宮下論文が実践をふまえて課題を提起しているとおり、教育専門家としての校長と教師のみの判断によって学校の運営が決められて良いというわけではないであろう。学校運営の当事者は、校長と教師などの専門職だけではないからである。子どもも当事者であり、その保護者と地域住民も学校の当事者としての役割があり、学校運営は、それら当事者間での協議によって決められていくべきものであろう。

　上原論文でも、教育委員会が閉じれば、市民は懐疑的になり責め立て、負の連鎖が加速して信頼関係は崩れ去るという指摘がされていた。閉じた教育委員会を市民は支えられないということばは、そのまま学校にも適用されうるだろう。すなわち、閉じた学校を市民は支えられない、と。学校は「市民自治力」によってこそ支えられるべきものであるが、その学校が閉じれば、市民からの信頼関係は崩れる。

　学校の運営を、硬直化した「民意」によっておこなうのではなく、同時に教育専門家のみによっておこなうのでもない、そのようなあり方は、いかにして可能なのであろうか。この点で、上原論文と宮下論文ともに指摘されていることは、学校運営の場を閉じないで開いていくということである。そしてこの、

学校運営の場を開いていくという意味は、学校運営の当事者たちによる公論によって、相互の信頼関係を築き上げていくということになるだろう。

しかも、学校当事者たちによる公論によって相互の信頼を築き上げていくためには、その協議自体が硬直的なものにならないための仕組みの必要も、上原論文では指摘されていた。その仕組みとは、市民の学習環境を整えるということである。「公正な民意」（＝市民自治力）を涵養するには、市民の学習環境を整える必要があるという指摘は、研究会に参加された松崎氏からも指摘されていた点である。協議自体を硬直的なものにさせないためには、わからないことについてはみんなでわかるように学習しあえる仕組みが必要であることを、松崎氏は研究会で述べられていた。実際に松崎氏は教育長として、各種の教育審議機関の委員研修を重要視されてきた。

（３）「不当な支配」が排除され、「公正な民意」が反映される学校運営のあり方

専門職たる校長と教師だけで決めるのではなく、子ども、保護者、地域住民と、学校運営について"いっしょ"に考える。この学校運営に関するとらえ方は、言い方としては実践現場でこれまでもよく言われてきたものではあろうが、そのことばの意味は、上原論文や宮下論文、あるいは研究会での松崎氏の発言に示唆されていたように、専門職である校長と教員だけで学校運営のあり方を決定してはならないという強い意味がある。学校の側が決定するやり方に理解を求めようとするのではなく、まずは子どもの声を聞き、そして保護者・地域住民と意見を交換し、それぞれが主体者として関わりながら学校づくりをすすめていくことを、示したものである。しかし、これまではそれが実際に実践される事例はきわめて限られてきたと言わざるを得ないであろう。

こうした状況に登場してきたことばの一つが「民意」であった。教育委員会と校長が、教員の前に"行政の側"として現れてくる根拠は、学校の管理運営が地方自治、言いかえれば「民意」をふまえたものでなければならないものだからであると思われるが、この教育における地方自治のあり方、教育における民意のあり方は、東京において1998年以降から進められてきている教育政策に示されるような、教育現場から遠い間接民主主義による、硬直的なものに現在はなってしまっている。しかしそのあり方は、より直接的な民主主義によるかたちもあり得る。実際に、それぞれの基礎的自治体にはこれまでも、紛争を協

議によって自律的に調整する経験が一定程度蓄積されているのであって、それを市区町村の首長と議会与党会派の教育意思をもって代弁させ、ましてや都道府県教育委員会の教育政策によって代弁させることは、教育実践に求められる自律性を萎縮させるだけであろう。一人ひとりの学習者が幸福追求権としても追求する、教育目的である「人格の完成」をゆがめるような行為は、その主体がいかなるものであろうとも「不当な支配」にあたることは、最高裁判例でも確認されてきていることであり、教育における「民意」もそのあり方によっては、教育に対する「不当な支配」となり得ることは、現在においても変わりはないはずである[13]。

教育実践の自律性を持続的に維持していくことは、子どもの顔が見える学校現場ごとでの、より直接的な協議による運営によって可能になるものであろう。そしてそのより直接的な協議の過程には、わからないことことについては当事者同士のあいだで、調査をもとに学習をしあっていくことも組み込まれる。上原論文や宮下論文にある、子どもの問題は子どもに返す。家庭の問題は家庭に返す。地域の問題は地域に返す。そしていっしょに学校運営を担っていくということは、そういうことなのではないだろうか。

「不当な支配」が排除され、「公正な民意」が反映される学校運営のあり方をさぐることは、教育にふさわしい政治との関わり方をさぐるという、実践的にも理論的にもいまだ未解明な、これからの課題となっている。

注
（1）荒井文昭「図書紹介　小玉重夫『教育政治学を拓く　18歳選挙権の時代を見すえて』」『教育学研究』84巻2号、2017年6月。
（2）本論で使用した、国立における指導室（課）長人事、および公立小学校長人事に関する資料は、いずれも以下の論文を加筆修正したものである。荒井文昭「国立市における学校『指導』行政と派遣制度」日本教育学会東京地区『東京の教育を考える（2001年度日本教育学会東京地区研究報告書）』2002年7月、127頁から136頁。
（3）表1は、以下の資料から、論者が作成した。東京都教育委員会『都内学校名簿（1955-1965）』『東京都学校名簿（1966-1991）』『東京都の教育（1952-1991）』『教育関係団体-教育庁名簿』、東京都総務局『東京都職員名簿』『東京都幹部職員名簿』、都政新報社『都政人名鑑』、東京都教職員組合ほか『東京都公立学校教職員名簿』、『東京新聞』『日本教育新聞』。
（4）荒井文昭「分権改革下における東京都区市部指導室（課）長人事の広域化

をめぐる問題」『教育行政学会年報』27号、2001年、56頁－69頁。
（5）荒井文昭「『都立学校等あり方検討委員会報告書』の波紋」教育科学研究会・社会教育推進全国協議会（太田政男・長澤成次・荒井文昭）共編著『教育、地方分権でどうなる』国土社、1999年3月。
（6）荒井文昭「公立学校に関する政策の構造変容－東京都の事例分析から－」『日本教育政策学会年報』9号、22頁－35頁。
（7）三田正治『人生は出会い』1998年11月15日（自費出版）。
（8）早坂禮吾「証人」『信州白樺』11号（1973年8月）105頁。この発言は、1960年7月18日、東京地方裁判所での被告側証人として発言したものとされている。この裁判は、1958年4月23日におこなわれた、東京都教職員組合による勤評闘争をめぐって起こされたもので、引用文は、その時の速記録がその後同雑誌に掲載されたものである。なお、この裁判では、1962年4月18日、全員に無罪判決がでている。
（9）同上、108頁。
（10）同上、125頁-126頁。
（11）杉原泰雄『地方自治の憲法論―「充実した地方自治」を求めて（補訂版）』勁草書房、2008年（初版2002年）。
（12）松崎頼行氏が教育長として取り組んだ「鶴ヶ島の教育」については、松崎頼行「第5章　鶴ヶ島・教育改革への挑戦」池上洋通ほか編著『市民立学校をつくる教育ガバナンス』大月書店、2005年などを参照されたい。
（13）1976年5月21日、事件番号：昭和43（あ）1614、最高裁判所大法廷判決。

(首都大学東京)

II

特集 2
グローバル教育改革モデルと教育の効果検証システム
――英国 Ofsted の経験と日本の教育政策の路線

特集2：グローバル教育改革モデルと教育の効果検証システム

教育の質の向上とOfstedの役割そして今後の展望

マイケル・ウィルショー
（日本語原稿作成　広瀬　裕子）

はじめに

　1968年、21歳の私は教員資格を取得して新人教師としてロンドン東部の港湾地域の中等教育学校（11〜18歳対象）に赴任した。当時ロンドン・ドックには活気があり、埠頭には荷物の積み降ろしの喧騒と匂いがあった。地域としてはこの辺りは都市の貧困地区であり、港湾での職は不安定で危険で低賃金である。受け持ちのクラスの子どもたちはほとんどが港湾労働者の子弟である。15歳で離学後はドックで非熟練の仕事に就き家族と生きる以外特に望み得ない、逞しい、しかし可愛い子どもたちだ。

　若く理想に燃えた青二才の英語の教師であった私は、彼らに高い志と視野を与えるべく、英文学の面白さを伝えようと意気込んでいた。14歳クラスでシェイクスピアのベニスの商人のポーシャの美しい演説の一説を扱ったのは、教員生活最初の週である。教科書を片手に、「慈悲は強いられるものではない。天から降り注ぐやさしい雨の雫のようなものだ。」と読み始めた。しかし子どもたちは反応しなかった。教室内はざわつき、あくびが始まった。突然、トレーシーという大柄の少女が手をあげて大きな声で言った。「先生。こういうのじゃないのは無いんですか。」クラスはドッと笑い、隣の教室から教務主任が駆けつけて混乱を収めてくれた。

　私はその夜、眠れなかった。教職には向かないのかもしれない。しかし、校長と教務主任に支えられて新たな挑戦に踏み出すことができた。感謝している。おかげで今の私がある。その後、私は教師が身につけるべきこと、知識の伝達には優れたコミュニケーションスキルが必須であること、教師の人格、生徒たちに感情移入する力も大事だということを学んだ。

　50年前のこのエピソードから、次の3つのことを想起したいと思う。

　第1に、学校には馴染まなかった少女トレーシーは、何の資格も得ず15歳で

学校を離れドックランドの霧の中に消えた。その後は低賃金の非熟練の仕事に就いたのだと思う。半世紀前の学校は、明るく快活な彼女の能力を正当に評価することができなかった。彼女だけではない。数えきれない子どもたちを見捨て失望させたはずだ。グラマー・スクール（文法学校）に選抜されなかった子どもたち、私立学校に行けるような裕福な家庭の出身ではない子どもは、それぞれの力に応じた目標を与えられて見守られるような場を得ることはできなかった。

　第2に、ロンドン・ドックも過去50年の間に変化した。ドックランズは、高額家賃で知られる場所に変わっている。例の学校の周辺カナリーワーフは、今は金融、IT、保険会社が集まるビジネス成功者たちの街だ。知的で教養があり数学能力や資格やコミュニケーション能力のある人でないと仕事が得られないような場所だ。2018年の今日の教育制度は一部の人のものであってはならず、しかし同時にこうした21世紀の世界、つまりアナログではなくデジタルの世界に対応したものでもなければならない。若者が各国を股にかけてプロフェッショナルとして渡り歩き、急速な経済情勢の迅速に対応する世界を生きられる教育でなくてはならない。

　第3に、悲劇的なことは、英国が、国の経済や福祉を盤石にするためには強い教育と技術的土台が必要だという現実に目覚めるのに、30年もかかったということだ。

教育改革の30年

　私が教師になった頃、政治は教育に関心を持たなかった。だから首相が教育改革について批判されることも、子どもや若者など消費者の権利が保障されないといって非難されることもなかった。1970年代初頭、首相のハロルド・ウィルソン（Harold Wilson）が、すべての子どもを対象にしたグラマー・スクールの創設を楽観的に語った。その具体的プランであるコンプリヘンシブ・スクール（総合制中等学校）は様々な問題をもたらし、結果的には失敗した。この方法ではすべての者に高い水準の教育を提供することはできなかったのだ。

　1976年に、ウィルソンの後継者であるジェームス・キャラハン（James Callaghan）は、オックスフォードのラスキン・カレッジで、親や雇用者の意向を汲んで、いわゆる教育大討論（the Great Education Debate）の端緒となる演説を行った。彼の問題提起は、教育メディアや教員組合からは強い批

判を浴びることになったが、キャラハンが提唱したカリキュラム、リテラシー、数学能力の水準の向上は、今では当たり前のことだ。しかし、当時は勅任主席監査官（HMCI）を始め、専門家たちは教育に首相が介入したと批判して終わった。教育に関する騒動は、その後、経済不安、産業不安、アイルランド反政府活動などの問題の陰に隠れた。教育政策は停滞し教育大臣の重要さが認識されることはなかった。転機は、ケネス・ベイカー（Kenneth Baker）の任用である。ベイカーが80年代半ばの優れた教育大臣であったことは疑いがないが、彼の環境省から教育省への移動は当初は降格だと考えられた。

　教育改革は社会状況と無関係に構想できないものだ。高次の政治的リーダーシップも必要である。1979年に政権を取ったマーガレット・サッチャー（Margaret Thatcher）は、一連のラディカルな改革の一環として教育改革を始動させた。サッチャーが教育大臣に任命したケネス・ベイカーは、矢継ぎ早にナショナル・カリキュラム、全国テスト制度、教師に対する研修の義務、学校への予算権限移譲制度を導入していった。政権交代後の労働党政府のトニー・ブレア（Tony Blair）首相も傑出していた。「私の政府には優先事項が3つある。それは教育、教育、教育だ！」という所信表明演説は有名である。学校教育に相当額の予算がつぎ込まれ、また、イングランドの最も恵まれない地域の重篤な困難校の再生にアカデミー施策（国家から直接公的資金を得る独立した学校）が導入された。

　ブレアおよび後継の連立保守党政府のキャメロン（David Cameron）政権下で改革は加速し、ブレア、キャメロンそれぞれが任命した教育大臣デイヴィッド・ブランケット（David Blunkett）およびマイケル・ゴーブ（Michael Gove）は、リテラシーや数学能力施策、カリキュラムや試験制度の強化を行った。アカデミー化施策はゴーブの下で急速に拡大し、今では、ほとんどの中等教育学校がアカデミーになり地方当局の統制から完全に離脱している。

　こうした改革によって、教育の水準は向上し学校運営の自律性が重視されるようになった。高水準のアカウンタビリティを可能にするためには高度の自律性が必要である。学校が子どもたちに高い水準の教育を提供する責任を全うするためには、学校が官僚的統制から離れて教師、校長、理事が資金、資源、権限を手にするのが理想的である。

　ロンドン東部ハックニー（Hackney）にあるモスボーン・アカデミーはブレア政権下の2003年に設置された、初期のアカデミーの1つである。イングラ

ンド最低の学校と言われたハックニー・ダウンズ校が閉鎖された後、その再生によって誕生した学校であり、わが国最低の学校が最高の学校に生まれ変わった事例としてよく知られている。政府はビジネスマンとして成功したクライブ・ボーン（Clive Bourne）をアカデミーのスポンサーとして招聘し、地方当局によっては成し得ない類の挑戦と支援を委ねたのだった。私は、2003年から2012年まで同校の初代校長を務めた。校名の Moss はクライブの父親の名前から取ったものだ。クライブ自身は十分な教育を受けていなかったが、ハックニーのような政治的腐敗、教育の失敗、ネグレクトの代名詞となるような地域、そして親の50％が子どもが11歳になると地元（＝ハックニー）以外の学校に通わせるような地域の子どもたちの人生を変えるには、教育しかないという信念を持っていた。クライブの口癖は「マイク、私は教育については素人だ。だが、リーダーシップとマネジメントでは成功する方法を知っている。私がおかしいと思ったらはっきりそう言うから。」だった。そして事実彼はそうした。

　モスボーン校では貧しい家庭の子どもたちが優秀な成績を上げて、何人もがオックスフォード、ケンブリッジその他著名な大学に進学している。学校の高い自律性と集中ガバナンスが大きな成果をあげた事例だといってよい。われわれの二人三脚、校長とスポンサーのパートナーシップについては、過去10年間のアカデミー・ムーブメントの中で厳しい検証に晒されその効果は確認されている。われわれは教育水準の向上に広く貢献したと自負している。

アカウンタビリティ重視の文化と Ofsted の役割

　教育改革の軸の一つはアカウンタビリティである。アカウンタビリティは、英国の教育システムの日常になってきている。学校は、アカウンタビリティを担保することで、地方当局から独立して中央政府から直接資金を得ることができる。校長や統括校長（executive principal）もかなり高額の給与が得られるようになる。

　アカウンタビリティは次の３つの仕組みで担保される。

1．7、11、16、18歳の各年齢段階の全国試験の結果、生徒たちの成績向上率、進路（大学、継続教育、見習い制度など）情報の公表。
2．学業成績リーグ・テーブルの全国公開。この情報は、親が子どもの学校選択を行う際の判断材料になる。キー・ステージ間の成績向上率は付加価

値測定（value-added measures）となっており、成績優秀者が多く入学する学校だからという理由でリーグ・テーブルの上位に掲載されることはない。

3．教育水準局（Ofsted）による監査

　英国は監査については長い歴史を持っているが、学校を定期的に監査するようになったのは教育水準局（Ofsted）が誕生した1992年以降である。全学校を数年に１度悉皆的に監査する制度が作られた背景には、先に触れたハックニー・ダウンズの失敗を含む数々の学校スキャンダルがあった。政府はOfstedを設置するにあたって、監査を通じた教育制度の改善、および国内の学校その他教育機関の状況を議会に報告することを期待した。

　Ofstedの制度的特徴を記すと以下のようになる。

1．巨大な監査機関であり、イングランドの学校24,000校、継続教育機関200校、数千の幼児教育機関、全地方当局の子どもサービス（社会福祉）業務、刑務所教育、教員養成を監査する。
2．常勤の勅任監査官を中核とし、実績のある学校や教育機関からリクルートされた多数の非常勤監査官によって構成される。
3．勅任首席観察官（HMCI）は教育大臣が任命し、しかし政府から独立して議会に責任を負う。政府の圧力を受けず自由で公平な監査を実施することが期待される。
4．HMCIは、Ofstedの監査結果に基づいて、年に一度、教育に関する全国的な水準状況について報告する。
5．HMCIは、政府が掲げる優先課題（英国的価値、性教育などが全ての学校で教えられているか、など）、およびHMCIによって決められた優先課題が確実に実施されるように定期的に評価方法を見直す
6．HMCIは、イングランドの教育制度がさらに改善され、国際的競争力がつくように評価方法の見直しあるいは強化を行う
7．評価は現在次の４つの領域に注目して行われている。リーダーシップの質、生徒の成績向上状況とその成果、生徒の行動および成長、授業の質。学校や教育機関はこれらの評価枠組みに従って教育の質改善に努める。
8．HMCIは、例えば、恵まれない地域の貧困家庭の子どもたちの成長状

況の確認や、イスラム教徒の理事による校長への圧力によるカリキュラム保守化の真偽の確認、あるいは見習い制度の質の確認など、各種の調査を指示し実施する自由と権限を持つ。
9．通常 Ofsted は数時間前の事前通告で監査に入る。ただし、地元のしかるべき組織からの情報により学校や教育機関に深刻な問題があると想定される場合には事前通告なしの監査を行う。
10．監査の頻度は、当該学校の直近の監査結果と最新のパフォーマンス・データによって決まる。良い評価を得た学校はそうでない学校よりも監査頻度は緩やかになる。
11．学校が自力で教育改善に対応できない場合には、政府が介入し他の学校への統合、閉校、経営統合、アカデミー学校化などが指示される。

したがって Ofsted 制度については以下のようにいうことができよう。

1．Ofsted の評価は改善点を洗い出すためのものであり、したがって評価判断に妥協や躊躇はない。公表される評価情報は親が学校を知るための貴重な判断材料となる。ちなみに評価基準は、「優秀（Outstanding）」、「良（Good）」、「要改善（Requires Improvement）」、「特別措置を要する（不適切）（Special Measures）」の４つであり、「要改善」または「特別措置」と評価された場合、校長（しばしば校長の交代も伴う）などのリーダーシップによって十分な改善戦略が立てられない場合は頻繁な監査に移行する。
2．Ofsted の評価が学校やリーダー、学校ガバナンスに多大な影響を及ぼすことに鑑みて、その内容は高度に信頼性を持ち公正なものでなければならない。監査官が適切な資格と経験を有することは必須である。
3．Ofsted の評価は、教員の資質向上などの学校改善に向かう校長のインセンティブになっている。もちろん、中には悪い判定を避けるという消極的な対応もなくはないが、何れにしても、校長にとっては査察後に速やかに報告書の指摘を精査し、次の監査に備えることが肝要となっている。

厳正な評価を下す Ofsted は高い尊厳を集めていると同時に恐れられる存在でもある。Ofsted の監査で「不適切」評価を受けることは中央政府の強制的

介入支援の対象となることを意味し、学校の改組、校長の解雇、アカデミーへの強制的転換などの措置が取られることになる。逆に、「良」、「優秀」の評価を得ると、極めて良い学校として他の学校を傘下に入れることになり、こうしてスーパー校長が生まれることにもなっている。ここ数年、いわゆるこのような教育帝国形成者たち（educational empire-builders）が登場し、英国の学校制度の卓越部分となっている。

　彼らはマルチ・アカデミー・トラストのCEなどであり、例えば、アーク・アカデミー・トラスト、ハリス・フェデレーション、シティ・オブ・ロンドン・アカデミー・トラスト、オアシス・コミュニティ・ラーニングなどが知られている。これらのトラストおよびそのCEたちは、今や、初等中等の多数の学校を傘下においている。彼らは教育界に多大な影響力を持ち高額の給与を得ている。彼らの業績報告は直接教育大臣に対して行われ、それに基づき教育大臣は、業績良好を根拠に拡大させるトラスト、業績悪化により学校を離脱させるトラストを決定している。英国の学校制度は、予算や校長の裁量において高度に分権化していると同時に、アカウンタビリティを確保するシステムに関しては高度に中央集権化しているといってよい。

　Ofstedのアカウンタビリティに透明性が重視されるようになった背景に、70年代および80年代の教育の質の低下問題と公立学校の質の政治問題化があったことは先に述べた。当時から教育は大きく変わった。強力な政治的リーダーシップ、教育への予算投入、学校の多様性の増大、地域行政からの学校の独立性の増大、外部の多様なスポンサー組織による多角的な支援が古い教育体制を変革し、ダイナミズム、ダイバシティ、競争が、滞留していた教育を一変させた。初等学校終了時（11歳）とGCSE（16歳）のベンチマークは、20年前よりも格段に上昇しており、教育の構造改革は疑いなく教育のスタンダードを上昇させた。

　90年代以後の政府の政策はとりわけ教育のアカウンタビリティを強化する方向で展開されており、多額の予算措置もなされている。教育の供給者（地方当局や学校）より消費者（子ども、若者）が重視されるようになり、改革に対する反対勢力—具体的には地方当局や教員組合など—は周辺化された。改革の速度は全く鈍っていない。歴代の政府はOfstedの監査評価を業績不振の学校の支援策に活用するなど、Ofstedと政府の間には教育改善に関して親和的関係が築かれている。しかし、HMCIは、Ofstedの政府からの独立性を堅持し、

必要とあらば政府批判、政策批判を恐れてはならない。

残された問題と制度の見直し

　30年前の教育水準に関するパニックは大方収まった。学校は格段に良くなった。改革は効果を上げ効果は続いている。しかしながら、残された課題は少なくない。教育の質はいまだに世界の、いや欧州の最高規制基準には届いていないし地域差問題も解決していない。中等教育には白人英国人低所得層の集団的な成績不良問題を内実とする南北格差問題がある。学力底辺層問題も根が深く、貧困層の低学力傾向はOECDの中でも深刻だ。

　改革を継続させつつ評価アカウンタビリティに対応することは容易なことではない。成績重視の文化が教師や学校管理職に過重負担を生み、多大なプレッシャーやストレスとなっていることも事実である。有能な教員とリーダーの不足は困難地域や僻地で深刻だ。構造的に行われる教育改革は、質の良い人材に支えられて初めて効果を発揮する。言い古されたことだが、教員の質改善に勝る教育改善はないのである。

　とりわけ困難なのが中等学校の教員の確保である。今年（2017年度）、採用できたのは新採で必要な80パーセントに止まった。過去７年で最悪である。英国（UK）では生徒数が急増している一方で、ほとんどの中等学校が教員確保に深刻な問題を抱えている。採用時ばかりでない。教師の定着率についても問題は同様だ。2016年には、12パーセント近い中等学校の教員が公立学校を去っている。2013年より２パーセント増えた。10年以上の経験を持つ教員割合は、イングランドの中等学校では50パーセントにすぎなくなっている。国際平均は64パーセントである。教員確保についてだけは、問題がより大きくなっているといわなければならない。2018-2019年度の教員養成課程に入った学卒者は昨年に比べてなんと33パーセント減った。

　この問題に関してOfstedは色々と批判されている。Ofstedがやっていることは学校改善ではなく脅威を与えることだという人も少なくない。教員組合のあるリーダーに先日言われた。「Ofstedに悪い評価を受けることは、サッカーの試合に負けるのと同じくらい深刻なことなのだ。当然トップの解任になる。」

　変化を求める声が高まっている。教育制度の再検証をすべき時期に来ているといってよい。Ofstedの今後を考えるにあたって指摘されている論点は、以

下のように集約できよう。

- 学校が持っているデータが良質で外部に通用するものであるならば、Ofsted は不要である。Ofsted の判断はそうしたデータに沿うものだからである。生徒たちの成果が良くなければ、Ofsted の評価も良くない。すでにわかっていることを Ofsted に改めて指摘される必要はない。
- 1日や2日の監査では学校の業績の一部しかわからず、十分な監査根拠にはならない。
- 学校は現在フェデレーションになっているので有能な実務家に詳細にモニターされる形になっている。Ofsted の監査なしでも評価結果はわかる。
- 多くの優秀な人材が監査の側に回っているということは、優秀な人材が教育現場の外に出てしまっているということだ。費用効果が悪く非生産的である。
- ルーティン的な監査を必要とする段階は終わった。これから必要なのは政策やプログラムの有効性調査などである。
- そもそも、今以上に学校が自他の業績評価をする必要があるのかどうか。

これらの指摘の中には、耳を傾けるべきものもある。

良い学校は常に自らの業績を振り返り、良い校長は常に改善方向を検証するものだ。そのためにリーダーシップ研修や開発、優れた実践やベストから学ぶことを普及させることはひき続き必要だろう。何年か前の、軍事訓練の第一線のサンドハーストのようなやり方は教職教務課専門職研修にはすでに不要だ、という声がある。このリーダーシップ養成所の方法は、教員経歴の初期にリーダーシップの能力をみきわめることができ、適切な人を校長養成に乗せることができるものだ。国内で最も必要とされる場所に人材を配置することを可能にするものだが、今後もこうしたことが必要なのだとすると、経営的リーダーシップをさらに洗練させることは引き続き必要なのではないか。また、政府の改善的介入に抵抗する現在の闘争的なやり方から、より共同的な学校改善モデルに移行するべきだとも思う。

どう対応するかの答えは中央政府が握っているわけが、変化は始まっていると感じている。どう動くかは、つぎの PISA の結果に国内の世論が再度パニックを起こすかどうかにかかっている。もちろん PISA は PISA で、有益な情報

源でもある。上位の国では共同性を強調し、教員養成と開発に力を入れていることがわかった。結果としてそれらの国の教員は地位が高く、専門職として英国より長期にわたり勤務している。つまり、上位国のシステムは学校の構造よりも教員と授業に重点を置いていることがわかるのだ。

　教育に関する政策の再定位が必要になっているが、たらいの水を赤子と一緒に流すのでは元も子もない。改善されたものもいっしょくたに壊すのでない方法を考えなければならない。しかし、少なくとも人材確保に重点を置く方向に多くの時間と努力を割く必要はあろう。

　他に適切な方法が見つからなければ、現在のまま進むしかない。選抜制やグラマー・スクール制度に逆戻りさせるなど周辺的な部分で政策転換が始まるとすると、それは間違いなく、ここ20年の動きが失われて凋落とスタンダード低下につながる。そうならないことを願う。

（本稿は、Michael Wilshaw による2本の英語スピーチ原稿をもとに、広瀬裕子が趣旨を変えずに日本語に書きおこしたものである。）

　　　　　　マイケル・ウィルショー（前英国教育水準局主席勅任監査官）、
　　　　　　　　　　　　　　　　　広瀬裕子（専修大学）

特集2：グローバル教育改革モデルと教育の効果検証システム
日本にはなぜOfstedがないのか

前川　喜平

　日本の学校の教師たちは、いろいろなレベルでの「評価」を行うことを求められて、疲弊しているのではないかと考えている。いわば「評価疲れ」が起きているのではないか。

　Ofstedが設置されるきっかけは、1970〜80年代におけるイギリスの学校の質が、かなりひどく低下したことにあると聞いている。そのためにある種の外科手術的な手法が必要だったのではないか。日本の場合は、そのような外科手術が必要と思われるほどの教育の荒廃はなかったと思う。もう一つ、日本とイギリスで決定的に違うのは、移民を受入れているかどうかだろう。

　PISAにしてもTIMSSにしても、日本の子どもの成績は常に良かった。いっとき学力低下と言われたが、心配するほどのものではなかったと考えている。むしろ、これらの国際調査から分かる日本の教育の課題は、学ぶ意欲や学ぶことの意義についての認識が低いということだ。こういう課題はペーパーテストでは評価できない。学力テストの結果をあまり重視しない方がいい。

　日本にOfstedがない原因の一つは、日本の学校にはSchool Governing Bodyがないということだ。日本の公立学校は地方公共団体の機関であって、イギリスの学校のような独立性を持った一つの経営体になっていない。日本の小中学校は、文部科学省、都道府県教育委員会、市町村教育委員会、学校という4層構造の中にある。学校経営の権限と責任はこの4層構造の中で縦に分散している。教職員人事も財務も学級編制も教科書採択も学校単位では行われていない。県費負担教職員制度の下で広域人事が行われ、学校間の教員の質は均等化されている。さらに国庫負担制度があって、教職員定数や給与水準が都道府県間で均等化されている。学級編制は都道府県教育委員会が定めた基準の下で市町村教育委員会が行うことになっている。教科書については、複数の自治体で同じ教科書を使わなければならないという共同採択制度が未だに存在して

いる。このように、日本の学校には自律性が乏しい。イギリスの学校理事会を参考にしてつくられた制度として、コミュニティ・スクール制度があるが、そこに置かれる学校運営協議会は、校長の権限に参与できるだけであって、イギリスの学校の理事会のような自律的な学校運営機関ではない。

また、イギリスにおける学校評価は学校選択の自由が前提になっているが、日本の場合は公立の義務教育の学校における学校選択の自由は基本的にない。いわゆる学校選択制もそれほどの広がりは見せていない。保護者が学校同士を比較して選ぶということがないので、その比較のための情報は必要としない。

一方で、その裏返しとして、日本では学校と地域との繋がりが深い。学校が地域の中の存在だという意識が強く残っている。文部科学省の近年の政策も、学校と地域の繋がりをさらに強めていこうという方向だ。学校支援地域本部の設置を進めてきていたが、それをさらに発展させて地域・学校協働本部というものを置いて、地域と学校が協働する活動を推進しようとしている。

2005年に出された「新しい義務教育を創造する」と題された中央教育審議会答申は、当時「三位一体の改革」で廃止が提案されていた義務教育費国庫負担制度を守る目的でまとめられた。この答申は、国、都道府県、市町村の3者の関係を整理し直した。国の責任は、制度の枠組みを作ることと財源を保障すること、それに加えて学校評価の仕組みを作ることだとされた。国自身が学校を評価すべきだとは言っていない。都道府県と市町村の関係では、市町村教育委員会の役割を重視し、その権限を強める方向だった。特に教職員の人事権を都道府県から下ろす方向で答申がなされた。しかし、こうした権限を市町村に下ろすことについては、市町村教育委員会自体の中にも反対論が強い。市町村教育長の7～8割は教職出身者だ。一つの県の中の義務教育の教員集団は一つの大きなかたまりをつくっており、その県の義務教育の教員であるというアイデンティティーを共有している。それは、学校も市町村も越えた同僚意識のようなものだ。つまり、日本の学校教育の分権化は、学校レベルどころか市町村レベルまでも達していない。

全国学力調査を行うという文部科学省の方針は、上記の答申が出たとき既に決まっていた。それは当時の中山成彬大臣の政治主導によるものだった。中山氏は学校同士、生徒同士を競争させるという発想だったが、文部官僚はそうなると弊害が大きくなると考え、学校ごとの成績は公表しない方針をとった。しかし、やはり結局テストの点数を上げることが目的化してしまい、本当の意味

での学力からずれていった。自ら学び自ら考える力が学力だという学力観に立てば、そういう学力はペーパーテストでは十分把握できない。ESDなどの成果もテストでは測れない。学校教育の成果というものは本来長期的な視野で見なければならないものだ。毎年の学力テストの結果に大きく依存した学校評価をしてはいけない。

2005年の中教審答申は学校評価の重要性は指摘したが、国が学校評価をするべきだとは言っておらず、Ofstedのような組織を設けることも考えてはいなかった。文部科学省においても、学校ごとの学校評価の仕組みづくりを促していくことが国の仕事だと考えており、その際に一番大事なのは学校自体の自己評価だと考えていた。その上に、保護者や地域住民が当該学校の当事者として参加する学校関係者評価があり、さらにそこに客観性や専門性を持った第三者が加われば第三者評価になるという考え方だ。Ofstedのような独立した第三者機関による評価は考えてこなかった。学校評価の基本的な目的は学校の教育活動の自律的な改善を進めることであり、学校と生徒・保護者との関係は市場経済における供給者と需要者という関係ではないというのが文科省の認識である。第三者機関による学校評価を行い、学校選択制を義務づけるべきだという圧力は規制改革サイドから受け続けてきた。学校や教師を評価して競争させれば教育は良くなるという考え方は、一種の信仰だと思う。評価して競争させれば、金をかけなくても良い結果が出るという理屈は、金を出したくない人たちには非常に都合のいい理屈だ。

教育にもっと金をかけろというなら、金をかければ結果がよくなるというエビデンスを示せ、ということも文科省は財務省から常に要求されてきた。しかし、学校教育の結果を客観的に評価することは極めて難しい。日本の学校は独立した経営体になっておらず、先述の4層構造の中にあるので、学校教育の結果を評価しようとすると、教育委員会の自己点検評価も必要になってくる。この点は地方教育行政法の改正により義務づけがなされた。しかも公立小中学校は市町村立でありながら、実際には都道府県教育委員会が最も大きい影響力を持っている。こういう制度の下では、学校ごとのパフォーマンスを評価するというOfstedが行うような評価はできない。

大学については認証評価制度が導入されて久しいが、高校以下の学校についてはそのような評価を義務づけることは難しいと思う。ただ、一部の学校については、アクレディテーション・システムが必要ではないかと考えている。現

在日本の学校教育において、玉石混淆の状態があり the worst school のような学校が存在するのは、広域通信制高校だと思う。この分野では同業者規制による適格認定制度を導入する必要性があると思う。なぜこの分野でひどい学校が存在するのかというと、それは主に規制緩和のせいだ。2003年に制度化された株式会社立学校特区制度である。中でも最悪の事例は摘発されたウィッツ青山学園だ。この事例に準じるような学校はほかにもある。生徒の学校選択のためにも、アクレディテーションの形の評価が必要だろう。

　もう一つアクレディテーション・システムがのぞまれる分野としては、フリースクールがある。一昨年12月に教育機会確保法ができフリースクールなどで学ぶ子どもへの財政支援が課題になっているが、そのためにはフリースクールの質保証の仕組みが必要になる。教育委員会などの行政機関が評価することは避けるべきであり、同業者評価の形が望ましい。現在、フリースクールの中間組織を作るという議論が進んでいるが、その中で道が開けるのではないかと思う。

　　　　　　　　　　　　　　（現代教育行政研究会代表・元文部科学事務次官）

特集2:グローバル教育改革モデルと教育の効果検証システム

エビデンス・ベースの学校評価への転換の模索
――英国の経験に学ぶ

木岡　一明

はじめに

　国立教育政策研究所に在職中、前川喜平教育企画課長（当時）の要請を受け教育再生会議等の批判にどうエビデンスで応えていくかを考えていた。しかし、うまく論構成できなかった。このことが、本日のシンポジウムに至らせていると理解しているし、私が学校評価研究を通じて追究してきた問題である。

　学校評価については、実施実態からすると多様な受け止め方があろうかと思うが、私自身は評価の結果に基づいた競争を促すという発想ではなく、評価によって目標の修正あるいは転換を果たしつつ、関係者の共感や納得を引き出しながら、目標達成手段を明確化・共有化していくツールとして位置づけてきた。

　本日の内容は、「Ofstedは進化した」という捉え方に基づいたものである、私は、ニュージーランド（NZ）のReview Officeタイプの第三者評価が有効だろうと考えていたゆえOfsted嫌いで、文科省の会議でもOfsted推進派とは激しいやりとりをした覚えがあるが、本日は自説を覆すことになる。本日の論拠には、当時、NZで次第に強化されていった支援（サポート）機能が、英国においてはアシスト機能として発展的に展開されてきたとの理解がある。

1．日英教育構造改革の対比

　初めに、日英の教育構造改革をどう評価し、対比していくのかを、堀内（2006）と大田（2010）の各々の論考を対照させながら考えておこう（詳しくは資料pp.45-46の対比表参照）。両者の認識は、他の点はほぼ一致しているのに対して、決定的に異なるのが、堀内が「現在の教育改革が1つの『実験過程』において展開されてきていることを認めることが必要」（p.13）であり、「教育改革の具現化は、制度設計や政策実現と同時に個々の地域や学校における実験的な取組み、実践において支えられるものである。」（p.15）と肯定的に

捉えているのに対して、大田が「日本の場合は、議論の経過においては踏み込んだものもみられたが主張もあったにもかかわらず、いわゆる四点セットがバラバラに切り離され、誤解をおそれずにいえば、文部省や学校関係者の受け入れられる程度で、あるいは行政改革特区という形で個別に導入されているといってよい。……（中略）……結果的に中途半端に導入され、根本的な改革とはなっていないがために、こういった一連の改革の有効性がまったく現れず、弊害だけが顕著」（pp.186-187）と否定的に捉えている点である。

この両者の認識の違いの検証こそが、今回のシンポジウムの焦点であろう。つまり、英国流に中央統制的な方向を取るのか、それとも学校分権的な方向で「社会実験的」に構想していくのかということであり、私は、少なくとも先の前川プレゼンでは彼は学校分権的な地平で考えていると受け取った。

視学制度に関わって日英を比較することについては、多くの留意点が先行研究に示されている。特に高妻（2007）が「かかるイギリス視学制度の特質は創設以来の歴史的展開を踏まえてこそ理解可能のものであって、今日の学校査察動向を対象とした分析のみでは把握し得ない」（p.266；資料 p.34参照）と指摘している。英国研究という点では門外漢の私もそう思う。

したがって、視点を絞るために、①先述した「進化していく Ofsted」の役割変容も、当事者からすれば「実験」的であったのではないか、さらに② Ofsted は HMI の歴史と成果に支えられて、本日の Wilshaw のプレゼンペーパーにもあったように、政府とはいったん関係を切り離して自律的に発展してきたのではないか、そして、③ Ofsted は時の政権の政策意図とは自律的に試行錯誤や軌道修正を続けてきたのであれば、日本の「実験的」（堀内）な取組に対して、英国の経験や視点から学べる点があるのではないのか、という仮説を設定した。

ただし、その自律性の主体をどこに措定するのか。堀内の言うように、地域や学校なのか、それとも Ofsted のような国家的な規模の第三者機関なのか。それとも他にどこか考えられるか。こうした点も、併せて考えていきたい。

2．日本の教育構造改革における「評価」システムの位置づけの適切性

日本の教育構造改革において評価の問題をどう捉えていくのか。先の前川プレゼンでは彼は評価が嫌いだということであったが、堀内（同前）は「学校の自律性確立、つまり個々の学校がその責任において主体的な意思決定をするシ

ステムの確立は、その種々のレベルにおける意思決定の適正さを自ら保証することを必要とする。この適正さには、教育の専門性に基づくものや公共性、社会性から求められるものがある。子ども、保護者、地域住民の学校の意思決定への参加は、形式的な公を実質的な公に転換することにおいて、この適正さを保証する上で求められるものである。そして多面的で構造的な学校に関する評価は、この適正さを判断するための手段であり、学校の狭義組織構成員たる管理職者を含めた教職員の活動や行為を直接的な対象とし、それが提供されることによって子ども、保護者、地域住民が参加することによる学校の意思決定の適正さを確保することができる。」（前掲；pp.9-10）と述べているように、保護者や地域住民の学校参加を前提に、その前提を具体化していく手段として学校評価を位置づけている。特に学校の意思決定の適切さを確保するというところに視点を置いているわけだが、私自身もその位置づけ自体は同感である。

　ただし、参加という仕組みが現状を前提としたときに、先の前川発言でも指摘されていたが、「地域」という何らかの組織ないし実体があるわけでなく、そこにはさまざまな因習や縛り、諸実体関係がある中で、学校が具体的にどういう人々と、あるいはどういう団体・機関と関係を結んでいけるのかについては極めて不安定な状況にある、というのが全国的な状況である。その点で、堀内の提起は、今はまだ理念型であると私は捉えており、その理念型をモデルとして、現実の学校と「地域」の間において、具体的にいかなる関係を構築しうるかを個々に検討していく必要があろうと考えている。

3．Ofstedの果たしてきた役割や機能を再評価する視点

　Ofstedの役割・機能を総合的に評価するのはできないことから、教育の専門性を中心にして、先行研究をもとに（詳細は資料pp.35-36参照）、①評価ツールの開発（奥村；2016）、②評価プロセスの設計（藤井；2013）、③評価者能力の育成（藤井；同前）、④評価データの蓄積（山田；2011）という評価技術的な側面から比較していく。

（1）評価ツールの開発

　前川プレゼンでも、学力データに偏するべきではないとの指摘があったが、私もそう考えている。ただし、学力データへの偏重の問題性は、他の評価データが蓄積されてこそ明らかにしうることである。したがって、全国的に対比で

きる学力データとしては、文科省の学力学習状況調査結果しかない現状において、そのデータが歪んだ威力を発揮してしまっている問題を克服するためにも、他の評価データに目を向けてく必要があろう。

　この問題に関して、Ofstedはどんな仕組みを構築してきたのか。そこで、その推移を、「評価フォームの確立と評価観点の精選」という流れで整理した（詳細は資料pp.36-37参照）。

　2005年にOfstedは、自己評価フォーム（self evaluation form）に基づく監査を導入した。すなわち、監査官は事前に各校からの自己評価フォームを確認し、学校の改善能力をあらかじめ判断し、評価観点としては、「教育の質」、「教育の標準（成績）」、「リーダーシップとマネジメントの質」、「児童生徒の精神的・道徳的・社会的・文化的発達」、「児童生徒の満足」という項目を並べて、個々に評価、査察していくという仕組みを作った。そして、以降、評価観点自体は既監査結果をもとにしだいに精選されていく。

　2012年からは授業観察を重視し、授業改善へのアドバイスを盛り込んで、評価観点も、「教育の質」を改め「教授学習の質」、「教育の標準（成績）」を改め「児童生徒の学力」、新たに「児童生徒の態度と安全」が加わり、「リーダーシップとマネジメントの質」は継承、追加項目として「児童生徒の精神的・道徳的・社会的・文化的発達」及び「児童生徒のニーズに応じた教育の提供」、「児童生徒の満足への貢献」は削除、というように変わっていく。

　2015年からは、common inspection frameworkというものを導入して、全ての学校を同一フレームで監査することにし、学校形態に応じた再監査ということを仕組んだ。評価観点としては、かなり教授学習に焦点化し、「教授学習の質」、さらに「児童生徒の学力」ではなく「子どもおよび学習者の学習成果」に言い換え、新たに「評価の質」を加え、「児童生徒の態度と安全」を「児童生徒の個人的発達、行動、福祉」に改め、「リーダーシップとマネジメントの質」を「効果的なリーダーシップとマネジメント」に改めている。評価観点から見ても、この頃、かなり重点を定めてきていることが読み取れる。

（２）評価プロセスの設計

　２点目の整理視点は「評価周期の段階と監査対象の重点化」である（資料p.38）。

　特に2005年から監査周期をそれまでの６年ごとを３年ごとに短縮している。

そして、監査通知によって監査対象校を煩わせないということを理由に、それまで2カ月前だった通知を、2日前、場合によっては当日に変更している。

さらに、2012年からは監査周期を評価結果に応じて設定していく。そして、2015年からはさらに厳しく、評価結果に応じて設定し、Wilshaw ペーパーに出ていたが、高評価校は定期監査外（ただしデータチェックは行い状況が悪化しているとなれば臨時監査実施）、標準校は3年周期で1日間監査、問題となってくる要改善校は2年周期で2日間フル監査、そして最悪の学校は定期監査、というように軽重をつけて、重点支援校選定基準の改善が進んでいる。

（3）評価者能力の育成

3点目の整理視点は「監査者の外部委託化と評価者ないし評価者支援者の拡充」である（資料 pp.38-39）。

2005年から地域監査提供機関（Regional Inspection Services Providers；RISPs）による監査委託をし、さらに RISPs が追加監査官（Additional Inspector）を雇用していくという仕組みになった。さらに2006年教育法により、学校改善パートナー（School Improvement Partners；SIPs）を全ての LA に設置義務化していく。そして、2015年から HMI と Ofsted Inspector が直接に監査を実施することに改めた。

こうした変遷は、監査経験者が増えていった、つまり学校に具体的なアドバイスをできる専門家が増えていったことを示唆している。

（4）評価データの蓄積と活用

最後の整理視点は「評価データのデジタル化と活用促進」である（資料 pp.39-40）。

2012年から、保護者アンケートをウェブ方式にした。また、上述したように監査対象外となった高評価校をデータベースで監視するのみとした。さらに自己評価フォームである PANDA（Performance and Data）レポートを、それまでの紙ベースから ePANDA としてウェブ管理へ変えた。そして RAISE オンラインを生み出し、2017年4月からは ASP（Analyse School Performance）へ展開し、それらのデータベースを自治体でも活用できるようにした（活用している自治体には、例えば Bedfordshire がある；資料 p.40）。さらに教育省自身も EduBase を構築して学校情報を一元管理するようになった。

つまりイングランドを挙げて、データベース化がこの間、進んできた。こうした仕組みの発達は、さまざまなデータに自由にアクセスできるとともに、データを元にした分析が多面的に可能になってきたということを示唆している。

4．「義務教育諸学校における学校評価ガイドライン」策定の意味

　以上のようなOfstedの発達に対して、日本では、学校評価の普及や定着に汲々としてきた。それはなぜか。その点を論ずるために、中教審答申「新しい時代の義務教育を創造する」（2005年10月；資料p.61参照）に関する点、特に学校評価やエビデンス・ベースに関わる点に触れる必要性があると思われる。

　その答申では、「子どもたちの学習の到達度・理解度を把握し検証することは極めて重要である。客観的なデータを得ること」ということで、「全国的な学力調査を実施する」としている。短絡的な論理展開ではあるが、子どもの学力把握、学習到達度把握ということの必要性を問題とし、一元的に全国的な学力調査の実施を提起したのである。そして、続けて「収集・把握する調査データの取扱いに慎重な配慮をしつつ地域性、指導方法・指導形態などによる学力状況との関係が分析可能となる方法を検討する必要がある」と書いていた。しかし、実はその後実施された学力・学習状況調査分析ではできてない。

　もし具体的な分析方法が開発されていたのであれば、学力・学習状況調査結果だけが独り歩きするという事態を避けられたであろう。なぜそうなってしまったのか。私は、要は学校評価とリンクできなかったからだと捉えている。では、なぜ学校評価とのリンクが果たせなかったのか。（資料p.57-60参照）

　当時、ガイドライン作成に先立って、文部科学省内に学校評価システム研究会がつくられた。その議事録として私の手元に3つあるが、2005年9月5日開催の会議には、通算回ナンバーが振られておらず（その後に開かれた二つの会議には、第1回、第2回と書かれている）、委員から担当官がレクチャーを受けるというかたちで進んだ。そのレクチャーを受けて、初等中等教育企画課が担当課となって全国の学校評価関係の手引き書等を集め、共通する指摘事項を整理し、そこから敷衍できる事項を整理するかたちで第1次案が作られた。

　第1回会議が2月20日に開催され、その第1次案に委員が意見を言うかたちで進んだ。それから1カ月後の3月20日、第2回会議が開催され、第2次案が示された（各委員の発言内容の一部は、資料pp.57-58参照）。この議事録も前2回同様、公開されていないが、各委員は非常に重要なことを指摘した。

3月20日という日付から覗えるように、「平成17年度中に外部評価に関するガイドラインを策定する」という骨太方針の期限が切迫していた。そのため、論点積み残しのままガイドラインが策定されざるをえなかったのである。ただ、外部評価を先行させるということは抑止できた。つまり、骨太方針に対して大綱的な学校評価ガイドラインにとどめた。しかも、学力テストと学校評価との連結を回避した。それは、先の前川プレゼンにあったように担当課が望んだことであったのであろう。その考え方は、担当課長発言として議事録にあるように、当時から前川前次官は、このような考えを有していたということである。
　実際作られた学校評価ガイドラインは、各都道府県の先行事例ベースであった。そこに先進事例と委員の意見が若干、加筆された。ただし、その結果、マネジメント論重視の学校評価にとどまってしまった。検討委員として呼ばれた者の大半は、学校経営を専門とする者が中心だったがゆえに、マネジメント論重視の、逆に言うと教育方法学的な視点がほとんどない中での学校評価ガイドラインの作成だった。しかも、予算や人事等の政策決定過程と切り離された評価サイクルという問題については、本ガイドラインでは論議する時間がなく触れられなかった点であり、その結果、学校評価が政策立案へのエビデンス確保のツール機能を果たせなくしたのである。

5．英国に学ぶ、日本で持ち越された問題

　日英学校評価比較（対比表は、資料 pp.40-42参照）から、何が学べるか。
　今回はあまり言及できなかったが、評価原理的な問題としては、通信制高校などについてアクレディテーションが必要だという前川プレゼンがあったが、私は、公立学校において、特に小・中学校間、あるいは小・小間で相互に評価する仕組みが発達する必要があると思う。これを第三者評価の一つのありようとしてガイドラインに盛り込む努力はしたが、さらに英国のように標準化管理の視点や相対評価の手法も加味して検討する余地があろう。
　多元化志向というのなら論外となるが、私はこれだけいろいろ評価を政策的に生んだのであれば、それらの評価の諸関係を構造化・系統化することが必要であると思うが、多元化すべきか一元化すべきかを議論する必要があろう。
　3点目は第三者評価について、両国ともその内実は教育専門的評価だが、日本で積極的に位置づけようとする場合、評価者の確保という点からどういう位置づけやリクルートが可能なのかということの検討も必要であろう。

前川プレゼンとも関わって、4点目は「地域」の問題である。実体のない「地域」から「参加」を促すという場合、「参加」もかぎかっこ付きでしか表現できない現状において、どう具体化していくのか。つまり、いったい「地域」とは何であり、誰であり、どういう団体であり、ということと、「参加」というのは（私は意思決定への参加以外、参加の意味はないと考えてきたが）、どこまでの参加を想定しているのかをガバナンスの視点から具体化していく必要がある。

　さて最後に、本プレゼンで設定した4つの技術的側面についてである。まず「評価ツール」については、英国の自己評価フォームのような統一フレームが必要であろう。加えて、そのフレームに照らして、全国学テ等と学校評価の関連づけ分析と経年変化からの特性分析が必要である。ただし、その分析は、私は都道府県単位が適切な範囲だと考えている。都道府県の教育センター等が分析セクションをつくって開発していくことが有効だと思う（現状では、例えば高知市立教育研究所はそれに類した分析をしており、学力の偏差が学校単位で分析され具体的な指導開発の有効なツールになっている）。

　さらに「評価プロセス」としては、単年度主義から脱して上述した経年的な結果分析の仕組みを構築し、教職員の勤務実態・多忙化解消との関連づけも図っていくという流れが必要だと思う。教職員の多忙化解消が、これからの教職員の確保と定着につながる必要な視点である。そもそも教職が魅力を発揮していく前に、この悪評をどう払拭していくかという国家レベルの問題であるが、財務省との厳しい予算折衝の現状では、学校レベルでエビデンスを溜めて教育委員会を通じて国に要望していくという流れにならざるを得ないとは思う。

　「評価者能力」の点では、学校評価の専門性とは何かを明らかにしつつ、授業へ焦点化していくという流れをつくる必要がある。さらに、授業やカリキュラムを評価できる学校評価専門性の養成、これによって学校の自己評価フレームや評価指標、あるいはツールが開発され、国と地方の統一的規準が開発されるという課題も挙げられるが、これは国家レベルの問題であろう。

　最後は「評価データ」の蓄積についてである。それが、エビデンス・ベースの教育行財政手法を促すことになる。さらに、学校が用いる国と地方の統一的な規準の開発、そして、評価結果をどう人事や予算に反映していくのかという仕組みの開発が進むことになる。それらを俯瞰したときに、今度の学習指導要領は非常にハードルの高いことを求めているが、そのハードルを超えて実質化

したカリキュラム・マネジメントを生み出していかざるを得ない。それは、授業への焦点化を要請するし、教育の質を保証するという点でも重要な視点で、前川プレゼンに乗れば、ペーパーテストの限界をどう克服していくのかということである。これを都道府県単位で担っていくことが、日本の教育制度実態に応じた構造改革主体のあり方かと考えているが、そもそも日本の教育学界の問題であるし、本学会の一つのミッションではないかと提起して話しを閉じたい。

主要参考文献（詳細な文献リストは資料 p.48参照）
1) 沖清豪（1999）「イギリスにおける学校評価―第三者機関の位相」牧昌見研究代表者『学校評価に関する実証的研究』平成8・9・10年度文部省科学研究費補助金基盤研究（A）（2）研究成果報告書（課題番号08401010）
2) 窪田眞二（2001）「イギリスの学校評価と父母の学校参加：OFSTED の視察報告書を手がかりとして」『筑波大学教育学系論集』第25巻 pp.13-22
3) 窪田眞二（2003）「イギリス・イングランドにおける学校評価」木岡一明研究代表者『学校評価の促進条件に関する開発的研究』平成11・12・13・14年度科学研究費補助金基盤研究（B）（2）最終報告書（課題番号11551006）
4) 沖清豪（2003）「OFSTED によるインスペクション（監察）とそのアカウンタビリティ」『早稲田大学大学院文学研究科紀要』第1分冊、第49巻 pp.95-110
5) 沖清豪・高妻紳二郎・窪田眞二「イギリスの学校評価」窪田眞二・木岡一明編『学校評価のしくみをどう創るか』学陽書房 2004年 第Ⅱ章、pp.51-86
6) 沖清豪（2005）「イギリスにおける学校評価制度の改革について」木岡一明研究代表者『学校評価システムの構築に関する開発的研究』平成15・16・17・18年度科学研究費補助金基盤研究（B）（2）中間報告書（課題番号15330173）
7) 堀内孜（2006）「学校経営の構造転換にとっての評価と参加」『日本教育経営学会紀要』第48号 pp.2-15
8) 高妻紳二郎（2007）『イギリス視学制度に関する研究―第三者による学校評価の伝統と革新―』多賀出版
9) 大田直子（2010）『現代イギリス「品質保証国家」の教育改革』世織書房
10) 山田礼子（2011）「ベンチマーク評価と連動する学生調査と IR―日本版学生調査（JCIRP）の役割と活用」『高等教育における IR（Institutional Research）の役割』私学高等教育研究所、第1章
11) 藤井佐知子（2013）「質保証時代の学校評価をどう展望するか」福本みちよ編『学校評価システムの展開に関する実証的研究』玉川大学出版部
12) 広瀬裕子（2014）「教育ガバナンス改革の有事形態―ロンドン・ハックニー

区に見られた私企業によるテイク・オーバー（乗っ取り）型教育改革」『日本教育政策学会年報』第21号、pp.25-46
13) 奥村好美（2016）『＜教育の自由＞と学校評価―現代オランダの模索』京都大学学術出版会
14) 山下晃一（2016）「教育行政における「急進的」改革の比較研究に向けて―ハックニーへの問い：日米教育改革との比較から―」『日英教育研究フォーラム』第20号、pp.137-142

＜付記＞本シンポジウムに先立って、Ofsted に関する種々の情報提供を植田みどり氏（国立教育政策研究所）からいただいた。記して、感謝の意を表したい。なお、本論中、資料とあるのは、シンポジウム当日、配付された資料集を指す。併せて参照願いたい。

（名城大学）

特集2：グローバル教育改革モデルと教育の効果検証システム

英国 Ofsted の進化仮説：
教育行政のインテリジェンス機関へ
―― シンポジウム開催趣旨の背景モチーフとして

広瀬　裕子

はじめに

　本稿は、日本教育政策学会第25回大会公開シンポジウム「グローバル教育改革モデルと教育の効果検証システム―英国 Ofsted の経験と日本の教育政策の路線―」の、開催趣旨の背景を成すモチーフの一つ、イギリスの大規模な監査機関である教育水準局（Ofsted）[1]が性格変容を起こしているということについて整理する。

　公共の再定義が進められる中で新しい公共管理手法の導入が進んでいる。コストを意識した私的セクターの活用、データによる現状把握の手法、政策の土台となるエビデンス収集など、変化は多様な領域に及ぶ。詳細なデータや情報に依拠して政策を立てる「文化」と手法についていえば、日本の教育行政はそれを中心的な手法としてきてはいない。対して、公的教育のデータ収集の方法とその活用形態を大きく転換させた事例が海外にはある。本稿（本シンポジウム）が注目するイギリスでは、勅任視学（HMI）を改変して登場した教育水準局（Ofsted）が、設立以来四半世紀をかけて単なる監査機関から膨大な情報を収集・管理・分析する、教育行政の「インテリジェンス機関」とでもいうべき機構へと脱皮しつつある。

　シンポジウムは、マイケル・ウィルショー（前・Ofsted 主席勅任監査官）、前川喜平（前・文部科学省事務次官）および木岡一明（名城大学）の3氏をスピーカーに迎え、広瀬がコーディネーターを担当した。イギリス教育政策の独自な形態を参考にしながら日本の現状を相対化することがシンポジウムの主要な目的であった。質疑の中では、アカウンタビリティ、あるいはエビデンスに依拠した教育政策の日本における現実的な可能性について意見が交わされ、日本とイギリスの状況の違いがクローズアップされた。

1．アカウンタビリティ重視の政策と強制的介入支援

　イギリスの教育行政は、1980年代に中央政府の強力なイニシアチブの下で大きな政府によるそれに終止符を打ち、福祉国家的な教育行政が掲げていた「すべての者に優れた教育を」保障する施策を、ありとあらゆるセクターの関与によって実現しようという方向に舵を切った。この方向は、サッチャー保守党政権（1979）、それに続くブレア労働党政権（1997）、そして、キャメロン保守党（連立）政権（2010）を通じて一貫している。自律的教育経営を重視しながら同時に明確なアカウンタビリティを求める、品質保証国家の路線でもある。

　政府が掲げた「教育水準の向上」というオーソドックスな改革目標は、「バリュー・フォー・マネー」（サッチャー保守党政権）、「ベスト・バリュー」（ブレア労働党政権）という厳しい財政再建政策の中で進められた。公的サービス運営においては、質とともにコスト意識の醸成も重要な課題となった。そういう意味では、多額の補助金をつぎ込んでいるにもかかわらず成果を上げていないと考えられていた（大田 2010：102、髙山 1989：6）ロンドンの教育は真っ先に改革の対象となった。

　ロンドンのハックニー（Hackney）自治区の地方教育当局（Local Education Authority: LEA）が重篤な機能不全ゆえに閉鎖され、民間組織であるラーニング・トラスト（The Hackney Learning Trust）に全業務が移管されたのは、中央政府の断固とした対応の一つである。それまでにないラディカルな手法によるこの改革プロジェクトは、結果的に顕著な成果をあげることになる（広瀬2014、Wood 2016a、Wood 2016b）。ハックニー改革で効果を見せた改革手法、すなわち重篤な機能不全を起こしたLEAに対して中央政府が強制的に介入支援を行う手法は、当初は、ハックニー事例ゆえの有事的手法であると見做された（広瀬 2014）が、ハックニーでの成功を受けて、他の重篤な地域のLA[2]改革に投入されるようになっている。現在では教育省管轄の子ども福祉行政領域を対象に、この手法を体系的な支援プログラムとする制度化が中央政府レベルで進んでいる（広瀬 2019）。

　教育省管轄領域の学校教育についても同様に、重篤な困難校に強制的介入支援が行われるようになってきているが、こちらはLA（Local Authority）レベルへの介入支援ではなく個々の学校への介入となっている（DfE 2016）。2010年の保守党連立政権成立以降、公立学校のアカデミー[3]への転換政策が進み、多くの学校が地方当局から離脱しているからである。

LA の、あるいは個別学校の重篤な機能不全ケースにピンポイントで強制的に介入支援を行うこうした政策対応は、自律的教育経営重視の路線を大枠で維持するための下支えセーフティー・ネットの役割を果たすものだといってよい。

2．Ofsted の悉皆的監査制度によるアカウンタビリティ文化の醸成

　個別学校にしても LA レベルの行政業務にしても、機能不全を起こした場合に強制的介入支援の対象にするかどうかを判断する根拠として使われるのが、Ofsted の監査評価の結果[4]である。中央政府による強制的介入支援という政策が可能なのは、大規模な監査制度が整備されているからでもある。

　Ofsted は、設立されて以後、その時々の課題と要請に対応して制度と路線を変化させている。異質な方向性が見られる時もあるが、それらを含めて一括して振り返ると、Ofsted の四半世紀は、膨大な情報を収集・管理・分析することによって全国の実態をリアルタイムに掌握し、Ofsted のリソースを困難地域に集中させていくスキームの形成過程と見て取ることができる。監査機関であるのか改善機関であるのかという Ofsted の性格論議（HC 2011）に関していえば、「監査を手段とする改善」の仕組みが整備されてきているというのが実態である。

　歴代の 9 人の主席勅任監査官（Her Majesty's Chief Inspector: HMCI）の任期を軸に経緯を概観すると以下のようになる。

- 第 1 代　サザーランド（Stewart Sutherland）1992-1994
　　新しい制度を無理なく始動
- 第 2 代　ウッドヘッド（Chris Woodhead）1994-2000
　　全ての学校を悉皆的に監査する仕組みの原型、教員組合と対立
- 第 3 代　トムリンソン（Mike Tomlinson）2000-2002
　　厳格路線から柔軟路線に
- 第 4 代　ベル（David Bell）2002-2006
　　自己評価フォームによる監査を導入（2005）、監査周期がそれまでの 6 年から 3 年に、監査結果により異なる監査方法の採用（Outstanding と Good の評価を得ると監査周期が 5 年）
- 第 5 代　スミス（Maurice Smith）2006.1- 2006.10（代行）
- 第 6 代　ギルバート（Christine Gilbert）2006-2011

・第7代　ローゼン　Miriam Rosen, 2011.7-2011.12（代行）
・第8代　ウィルショー　Michael Wilshaw　2012-2016
　　教授活動に重点を移す（cf.それまではマネジメントとリーダーシップ）、監査結果により異なる監査方法の細分的階層化（2015。Outstanding＝定期監査はせず学校の状況はデータによって監視、Good＝3年周期で1日の短期監査、Require improvement＝2年周期で2日のフル監査、Inadequate＝スポンサー型アカデミーへの転換とOfstedの定期的訪問監査）
・第9代　シュピルマン（Amanda Spielman）2017-現在

　経緯全体を解釈する上でポイントとなるのは第2代ウッドヘッドの時期（1994-2000）の読み方である。ウッドヘッドは監査制度の厳格化を図り教員組合と激しく対立した。イングランドの公立学校の教員のうちの15,000人と校長の3,000人は不適格者（incompetent）であり辞めさせるべきだと述べて、教員組合との対立が決定的になったのは有名なエピソードである。しかし経緯をシークエンスで見る場合には、この時期は、むしろアカウンタビリティの文化が学校教育の中に浸透する時期であったと読むべきである[5]。
　教員からの強い反発を受けながらも、回を重ねて定着していく悉皆的な訪問監査制度は、学校現場の中にOfstedの監査と評価を意識しながら業務を行うという文化、学校は教育に関してアカウンタブルでなければならないという文化を常態的なものとしていく効果を持った。1997年の政権交代にあたってブレア労働党政府は、支持母体である教員組合と距離を取りながら、ウッドヘッドを続投させている（Guardian 2015）。この続投が惰性で行われたものではなく明確な意思を持ってなされたことは、ブレアがウッドヘッドの報酬を34％増額したことからもわかる（Telegraph 2015）。失敗への不寛容を徹底して貫いた労働党政府[6]は、ウッドヘッドが進めていた悉皆的で厳格な監査制度の構築が、自らの政策遂行のために不可欠だと判断したということだ。

3．データベースによる状況把握と監査制度の階層化による困難支援

　したがって、第3代トムリンソン以後のソフト路線化は、ウッドヘッドによるハード路線を反省的に放棄したというよりは、すでに出来上がった土台を基にした次の段階への移行として読むべきである。悉皆的監査制度は、学校内に

教育についてのアカウンタビリティ意識を醸成しただけでなく、教育に関する全国規模の膨大なデータをコンスタントにリアルタイムに収集するシステムの土台を準備したのだということにも注目すべきなのである。Ofstedの全国監査によって収集される学校評価のデータと、キーステージとGCSEなどの全国テストによって収集されるパフォーマンスのデータが連結して、巨大な教育データベースに育っていくのである。

　Ofstedによる訪問監査を学校自らが部分的に代替する自己評価の導入（2005年）によってOfstedの訪問監査を省力化することが可能なのは、こうした膨大なデータベースによる状況把握が可能であるからである。自己評価内容そのものの妥当性は、蓄積された関連データおよび並行して収集される全国テストの成績データを合わせて照合することによって大方担保することが可能になっている[7]。自己評価制度が、各学校に内省的になることを促したことはいうまでもないが、Ofstedの訪問監査のコストとエネルギーの省力化を可能とした点にも注目すべきである。

　監査形態を細分化して（2005年、2015年の2段階で）、優秀な学校は訪問監査そのものから外し、逆に監査によって可視化された重篤な失敗に瀕した学校には頻繁な訪問監査を実施するなど、メリハリをつけた監査体制が採用されることになる。すなわち、問題の少ない学校はデータによって把握するので十分とし、Ofstedの人的金銭的リソースを困難度の高い地域と学校に集中的に投入することを可能とするものである。

　教育の質改善の大枠を、自己評価等を活用して実施しつつ、困難事例に対しては厳格に介入することによってメンテナンスする方向に、Ofstedの役割構図が「進化」している流れが看取できる。これは、重篤な機能不全にピンポイントで介入支援を行うことで自律的教育経営を基本路線として重視する政府の政策枠と歩調を一にし、それをメンテナンスするものだといってよいだろう。

　Ofstedのこのような「進化」が、発足時に意図されていたものかどうかは不明である。当初からOfstedに「問題のある学校」の発見を重要な機能として位置づける（沖1999）意図はあったとしても、おそらく偶然的な要素も加わりながらの「進化」ではなかったかと推測される。

　※本稿は、科研費（C）15K04314（広瀬）、科研費（C）16K04575（清田）の成果の一部である。また、Ofstedの性格の変化の解釈については、シンポジウム準備

のために木岡一明（名城大）、植田みどり（国研）の両氏と実施した勉強会から多くの示唆を得た。

引用文献
・DfE 2016 'Intervening in failing, underperforming and coasting schools Government consultation response'.
・Guardian, The 2015, 'Sir Crhis Woodhead obituary', 2015.6.23.
・広瀬裕子2014「教育ガバナンス改革の有事形態：ロンドン・ハックニー区に見られた私企業によるテイク・オーバー（乗っ取り）型教育改革」『日本教育政策学会年報』第21号。
・広瀬裕子2019「自律的地方教育行政を維持するための強制的介入支援政策―ロンドン・ハックニーの教育改革手法の子ども福祉領域への汎用化―」専修大学社会科学研究所『社会科学年報』53。
・House of Commons 2011 'The role and performance of Ofsted 1-3' Vol. 1.
・沖清豪1999「イギリスにおける学校評価―第三者機関の位相」牧昌見研究代表者『学校評価に関する実証的研究』平成8・9・10年度文部省科学研究費補助金基盤研究（A）（2）研究成果報告書（課題番号08401010）。
・大田直子2010『現代イギリス「品質保証国家」の教育改革』世織書房。
・高山武志1989「英国の教育改革について」『北海道大学教育学部紀要』53。
・Telegraph, The 2015, 'Sir Chris Woodhead, Ofsted chief -obituary', 2015.6.23.
・Wood, Alan 2016a, 'The Learning Trust -A Model for School Improvement' 日英教育学会『日英教育研究フォーラム』No.20。
・Wood, Alan 2016b, 'Return from Collapse -How The Learning Trust Succeeded in Improving Education in Hackney-'、日英教育学会『日英教育研究フォーラム』No.20。

注
（1）教育水準局（Ofsted）は、助言的と理解されていた従来の勅任視学（HMI）に代わって1992年に設立された省庁から独立した政府監査機関である。Ofstedの現在の正式名称はOffice for Standards in Education, Children's Services and Skills（2007にthe Adult Learning Inspectorateとの合併改組により名称変更）であり、それ以前はOffice for Standards in Educationである。Ofstedは、1998年からは個別学校に加えてLA、すなわち地方教育行政も監査対象とし、また2001年9月からは学校教育領域に加えて子ども福祉領域も監査対象としている。Ofstedの長である首席勅任監査官（Her Majesty's Chief Inspector, HMCI）は、教育大臣

によって任命され、しかし政府からは独立して議会に責任を負う。HMCI は活動等について教育大臣に報告し、予算運用等に関して議会に答弁する責任を負っている。
（２）Local Authority。地域教育行政担当組織の意。2005年から LEA は LA と改称。
（３）中央政府から直接に運営資金を受けて地方当局から独立して運営される形態の学校。
（４）Ofsted の評価段階は時期により異なっている。2005年以前は、1 excellent, 2 very good, 3 good, 4 satisfactory, 5 unsatisfactory, 6 poor, 7 very poor の7段階、2005年以後は、1 outstanding, 2 good, 3 satisfactory, 4 inadequate の4段階、2012年以後は、1 outstanding, 2 good, 3 require improvement, 4 inadequate の4段階、2015年以後は、1 outstanding, 2 good, 3 require improvement, 4 inadequate の4段階となっている。介入対象となるのは「inadequate（不適格）」評価の場合である。
（５）教員組合との対立に関していうならば、当時の教育の質に問題があり教員の資質の向上が重要であるというウッドヘッドの指摘はあながち的外れなものではない。Ofsted が教員組合と激しく対立したのは、ウッドヘッドの対決的な姿勢が原因となっただけでなく、教員組合の側においても資質が批判されることに対する免疫が十分に持たれていなかったことにも原因があるといわなければならない。教員組合が教育における特権的なエスタブリッシュメントとして教員の自由裁量権に対する批判言説が社会に広まるのはこれ以後の時期である。
（６）先の、教育に多大な混乱をきたしていたハックニー自治区の LEA を閉鎖して教育行政に関する全権限の剥奪を断行したのは、ブレア労働党政権の教育大臣ブランケット（David Blanket）である。先行する保守党政権は、ハックニー区の状況を強く問題視することはしたが間接的に対応するにとどまっていた。
（７）自己評価の内容とデータベースの各種情報との間に顕著なズレなどがあると、学校に問い合わせの警告が行くという。

(専修大学)

III

特集3
自治体教育政策における構造改革と教育的価値の実現

特集3：自治体教育政策における構造改革と教育的価値の実現

学習支援における教育・福祉の統合的支援とその評価指標について

沢田　直人

1．問題の所在

　貧困の連鎖防止のための広義の学習支援事業は、子どもの貧困対策の総合的な推進を目的とする子どもの貧困対策推進法（平成25年6月）を受け、同年12月公布された生活困窮者自立支援法（第6条第4号）により、都道府県等が行う自立支援事業として「生活困窮者である子どもに対して学習の援助を行う事業」が創設された。生活困窮者自立相談支援事業等実施要綱の（3）オでは、学習支援事業の意義は「貧困の連鎖を防止するため、生活保護受給者を含む生活困窮世帯の子どもを対象として、学習支援、居場所の提供や進路相談等を行う事業」とされる。さらに、「生活困窮世帯の子どもに対する学習支援事業実施要領」の3では、(1)学習支援、(2)居場所の提供、(3)進路相談等、(4)高校中退防止の支援、(5)親に対する養育支援、(6)その他貧困の連鎖の防止に資すると認められる支援が列記され、生活困窮世帯への社会的包摂支援を目的とする体型的事業の趣旨が制度の原点からも読み取れる。

　しかし、その後の展開においては、NPO等の民間支援団体や学生ボランティア等の社会資源の蓄積が不十分な自治体では、社会資源の育成が棚上げされ、狭義の学習支援に偏った事業や学習塾への委託化（16.8％）が進み、その反面で居場所の提供58.0％、訪問支援39.9％、高校中退防止の支援38.2％、親への養育支援44.2％と低迷する状況が生じた[1]。その背景には、同じ任意事業の就労準備支援事業の国補助率を2／3としながら、学習支援の補助率は1／2に抑えられたことや都道府県を絡めた広域的事業運営や社会資源育成が制度設計から外されたこと等の問題が窺われる。

　平成30年6月の同自立支援法の一部改正では学習支援のみならず、子ども等への生活習慣や育成環境の改善の助言、教育・就労相談（進路選択等）での情報提供・助言等の支援事業を強化する「子どもの学習・生活支援事業」（第3

条第7項関係）が規定され、学習支援に偏った事業展開を原点の社会的支援事業の軌道に戻す法的整理が図られた。だが、今回改正で国は背景にある補助制度見直し等を保留したうえ、学習偏重を招いたおそれがある子どもの貧困対策指標の目標管理について明確な検証や総括を避け、課題を先送りとした。

　さて、子どもの貧困対策推進法に基づく「子どもの貧困対策大綱」により、子どもの貧困に関する貧困指標として25指標が掲げられ、教育の支援に関係して、生活保護世帯に属する子どもの高校進学率（90.8％）や同中退率（5.3％）等が示されている。こうした進学指標は、一般世帯と生活保護世帯の教育格差の測定指標であると同時に、生活保護世帯の貧困の連鎖を防ぐ総合的施策推進の成果評価指標としての意義をもつ。しかし、進学指標は成果主義や競争主義の成果評価と結びつくと、学習支援事業の本質である子どもの社会的包摂支援を進学競争の指導へ変容させるものとなる。本稿では、こうした危うさをもつ指標を批判的に検討し、広義の学習支援が困難性を抱える子どもの発達保障の意義を明らかにし、これに代わる新たな評価指標を提示することを課題とする。

2．学習支援事業の評価指標としての進学指標の検討
（1）進学指標による自治体の誘導・統制システム

　学習支援事業は自治体の任意事業であり、国の進学指標に法的な拘束を受けるものではない。だが、公表されている指定市・特例市では川崎市、名古屋市、岡崎市、京都市、福岡市が学習支援事業を評価指標としているほか、未公表を含めると相当数の自治体が同様の状況にあると推測される。その理由の一端は、国の行政管理制度に基づく指導関係から捉えることができる。

　総務省行政管理局は平成26年8月「生活保護に関する実態調査結果報告書」で学習支援事業に関する勧告を行い、厚労省に①事業の達成者等の事業効果を検証するための指標の内容、②適切な事業効果の検証、検証結果に基づく見直し方法等を保護実施機関に示し、その事業効果の検証等を指導すること等の改善措置を求めた。これを受けて、厚労省は各都道府県等に平成27年3月31日付け社会・援護局保護課長通知「子どもの健全育成支援事業の効果的な実施について」を発出して、自治体が「（指標）①参加者数、②達成者数、③達成率、④中退者数、⑤中退率」（地域の実情を踏まえた自治体の独自の指標の余地は認めている。）ごとに毎年度数値目標設定のうえ、その達成状況を評価し、次年度以降の事業内容等施策を見直すこと、並びに、年度終了後の学習支援事業

の実績調べに合わせ、その達成状況と評価を国へ報告するよう指導している。

（2）進学指標の影響による学習支援事業の変容

　実態として、自治体の学習支援事業への進学指標導入は、国の行政管理制度を梃子にした構造的指導関係に基づく誘導・統制により推進されてきた。

　しかし、この指標は、貧困の連鎖防止の国の総合的施策推進の成果評価指標であり、自治体の地域の実情にあった事業の運営や適切な事業評価を妨げ、現場では指標偏重による居場所の提供等の福祉的支援の形骸化や新たな競争や選別を招き、子どもに閉塞感を押しつける事態が懸念される。

　また、進学指標は、子どもの貧困の解消を目指す本来の体型的な社会的支援としての学習支援事業と学習塾等への委託型学習支援事業（以下「無料学習塾型モデル」という。）の支援機能の相違を捨象し、進学実績を理由とした学習塾等への委託の拡大を正当化するものとなっている。

（3）無料学習塾型モデルの特徴

　無料学習塾型モデルの基本的特徴は、次のように整理できる。

　①基本的な理念・目的

　無料学習塾型モデルは、受験制度や競争主義的な教育評価のうえに成り立つ、受験教育ビジネスの貧困世帯向けモデルであり、子どもの貧困解消のための社会的支援としての固有の理念を有しない。その目的は、進学準備のスキルの効率的習得による成績向上と進学達成である。

　②事業の枠組み、対象範囲

　運営主体として、学習塾のほかに教育産業、研修企画コンサル、人材派遣等の多様な受験教育ビジネスが参入しており、運営面での広域的な教室展開や安定した経営基盤等が事業委託における強みとなっている。

　事業対象は原則的に子どもに限られ、進学相談等を除けば、家族を視野に入れた取り組みは例外的である。

　③学習指導の基本的機能

・学習・進学指導の機能とその展開

　無料学習塾型モデルは、独自受験教育プログラムや進学情報、教材開発等により、子どもを受験準備等の認知的スキル蓄積に適合させる「銀行型[(2)]」の進学指導を基本としている。

自治体の無料学習塾型モデルへの委託には、貧困世帯の子どもに学習塾等の進学指導を無料で受けさせることで、私的教育機会の格差を緩和し、学習面の遅れや進学見通しの改善がされるという意図が窺われる。貧困による困難性の影響が少ない子どもには、ある程度の効果が期待できるが、不適切な養育や教育環境の下で学習意欲や学習習慣、コミュニケーション等に問題を抱える子どもには、「銀行型」の進学指導では十分な効果は望めず、新たな競争・選別の押しつけとなることが危惧される。

・福祉的支援の機能の限定性

　学習塾等は福祉的支援の機能について、専門的ノウハウや人材を持たないため、現場スタッフやボランティア等の個人的能力や努力に依拠するもとなり、支援機能は限定的なものに止まる。そのため、深刻な困難性を抱える子どもへの支援等が不十分になることが懸念される。

3．学習支援の対象把握──子どもの困難性と家族の基盤機能の不全の捉え方──

　筆者は、貧困による子どもの困難性を、社会経済構造等がもたらす貧困や格差の拡大に伴う子どもの生活・発達のための家族の基盤機能の広汎な不全状態と、それが子どもに及ぼす発達阻害と捉える。この捉え方により、①子どもの困難性を社会経済構造における家族の現象として認識することで、②困難性を抱えた子どもへの支援範囲［子どもとその基盤機能を担う家族］と、③家族の基盤機能の不全状態にある子どもへの支援方法［家族の基盤機能と子どもの発達阻害の双方に向けた緩和・回復の支援］を示すことができる。

　グローバリズムや高度情報化による雇用流動化や所得格差の拡大等の社会経済構造の影響は、脆弱な社会福祉、雇用、医療、社会保障等と相俟って家族を困窮化させる。さらに、失業、不安定就労、疾病等の直接的要因を契機として家族は貧困化し、子どもの生活・発達を担う家族の基盤機能（①生計維持機能、②日常生活機能、③健康衛生機能、④養育機能、⑤居住安全確保機能、⑥文化教育機能、⑦統合融和機能、⑧社会関係機能）は広汎な不全状態に陥る。現実生活では各機能の不全は複合的に絡み合い、複雑な家族機能の不全状態を形づくり、子どもに困難性を押しつけ、発達の阻害や危機をもたらす。

　物質的剥奪の影響では、生計維持機能の不全による家族の物質的欠乏状態の慢性化は、健康衛生機能における子どもの健康不良や疾病等のほか、欠乏感や不安感等のストレスを生み、心理的・精神的発達に影響を与える。さらに、慢

性的ストレス状態は、家族の統合融和機能の不全による精神的な絆や帰属意識を希薄化し、子どもの心の居場所を奪う。居住安全確保機能の不全は、子どもから物理的居場所や学習の場を奪い、深夜徘徊等に追い遣る。日常生活機能や健康衛生機能の不全は、子どもに相応しい清潔で衛生的、健康的生活や身なりを奪い、学校や仲間との関わりで消極的態度や回避的傾向等を生み出す。

また、社会的排除の影響では、社会関係機能の不全は就労や経済活動、地域活動等への参加を疎外し、親族や友人の支援を喪失させ、社会的孤立を招き、子どもの社会的発達を阻害する。文化教育機能の不全状態による社会的スキルや学習習慣、学習の遅れは、学校での子どもの周辺化や孤立、いじめに結びつき、子どもの精神的ストレスとして発達に重大な影響を与える。社会的孤立とも関連する養育機能の不全による虐待やネグレクト等は、子どもの身体的被害に限らず、学びや記憶を司る前頭葉前野の萎縮をはじめ、集中力や意思決定等に関わる右前帯状回の萎縮による気分障害や素行障害、視覚野の萎縮による視覚的記憶容量の減少、聴覚野の肥大による聴覚障害や情緒不安のほか、トラウマや抑うつ等による深刻な認知的・精神的な発達の危機をもたらす[3]。

4．子どもの発達の権利保障の視点からの学習支援事業の位置づけ

発達保障の理念からみると、貧困化に伴う家族の機能不全による困難性や発達阻害を抱える子どもを対象とする学習支援事業には、子どもが「発達の可能性をもっており、その可能性を最大限に引き出し、人格の発達を保障し、その人のニーズを充足させる[4]」ための発達の権利保障的な意義が認められる。

子どもの権利条約第6条第2項では、「児童の生存及び発達を可能な最大限の範囲において確保する」一般的原則を示し、第27条第1項では、「児童の身体的、精神的、道徳的及び社会的な発達のための相当な生活水準についてのすべての児童の権利を認める」と、「相当な生活水準」による子どもの発達の権利を承認している。さらに、第29条第1項（a）では、子どもの教育において「児童の人格、才能並びに精神的及び身体的な能力をその可能な最大限度まで発達させること」を規定し、第6条第2項の全面的な発達の「可能な最大限の範囲」の原則に則した規定となっている。学習支援事業は、こうした子どもの権利保障の要請に応えるものである。

また、子どもの権利条約の発達の権利規定は、我が国の学習権の考え方にも影響を与え、日本弁護士連合会の学習権の提唱では、「子どもは、一人ひとり

がかけがえのない存在として、その尊厳を尊重され、人格、人間性及び能力を全面的に発達させ開花させるための学習をする権利を有している（憲法13条、26条、子どもの権利条約6条、29条1項）[5]」との見解が示されている。

　だが、今日の深刻な貧困や格差の拡大に伴う子どもの学びの権利や教育の機会均等の疎外・剥奪に対し、学習権が権利保障として効果的役割を担うには、貧困による家族の基盤機能の不全と子どもの学びや発達の阻害の問題状況を権利保障の埒外とせず、対象領域に取り込むための理論構成が必要となる。

　その鍵となる条約第27条第1項は、子どもの身体、精神、道徳及び社会的な発達のための「相当な生活水準」の権利を規定する。「相当の（adequate for）生活水準」の権利とは、憲法第25条の健康的で文化的な最低限度の保障の権利とは趣旨を異にする。条約第6条の「児童の生存及び発達を可能な最大限の範囲において確保する」原則によれば、「相当な生活水準」の権利は子どもの発達を育む十分なまたは適した生活水準の確保の権利と解することができる。さらに、「相当な生活水準」には、子どもの健全な生活や発達の基盤となる家族の十分なまたは適した生活機能水準の確保が含まれると解される。

　これらを踏まえて、①学習権（憲法13条,26条,子どもの権利条約6条,29条1項）を基調にして、②条約第27条の子ども発達のための「相当な生活水準」の権利及び③憲法25条の生存権保障と社会福祉施策等の増進規定を組み入れ再構成する。これら権利保障の枠組みに、④子どもの生存や発達の基盤である家族機能の不全状態の解消に不可欠な「生活機能水準」確保の権利の趣旨を読み込み、新たな「子どもの発達の権利概念」として構成すべきであろう。

　学習支援事業を子どもの発達の権利保障の基本理念から位置づけることにより、発達のための「相当な生活水準についてのすべての児童の権利」の保障に基づく福祉的支援並びに、「児童の人格、才能並びに精神的及び身体的な能力をその可能な最大限度まで発達させる」権利の保障に基づく教育的支援からなる二元的な支援要素による社会的支援活動と捉えることが可能となる。

5．学習支援事業における教育・福祉融合支援型モデルと新たな評価指標

　教育的支援と福祉的支援の二つの支援からなる社会的支援活動の特徴を明らかにするため、次のようにモデル化して示すものとする。

（1）教育・福祉融合支援型モデルの基本的特徴
①基本的な理念・目的
　子どもの学習支援事業の基本的理念を子どもの発達の権利保障とするものである。その支援活動は発達のための「相当な生活水準」の権利に基づく福祉的支援と、人格や才能、能力を「可能な最大限度まで発達させる」学びの権利に基づく教育的支援の二元的な支援機能を基軸とした社会的支援活動により、子どもの全面的な発達の保障を目指すものである。
②事業の枠組み、対象範囲
　事業の枠組みは、生活困窮者自立支援制度に基づく貧困の連鎖防止対策として、貧困に伴う家族機能の不全状態により、困難性や発達の阻害を抱える子どもとその家族を対象とする社会的支援事業である。
　事業主体は自治体であり、運営主体は地域の社会資源である社会福祉協議会や社会福祉法人、NPO等の民間支援団体及びボランティアである。
③二元的支援機能の展開
　福祉的支援と教育的支援の二元的な支援は、子どもの発達の権利保障の基本的な理念を共有する関係にあり、実践において統合的かつ融合的に作用することで効果的な支援活動を展開することができる。
・福祉的支援の機能展開
　福祉的支援は、①社会的包摂機能（A 居場所支援、B 仲間づくり）や②相談援助機能（A 相談援助、B ネットワーク支援）、③生活困窮支援機能（A 日常生活支援・養育支援、B 高校中退防止等、C ひきこもり・外国人等支援）の機能からなる。社会的包摂機能は孤立状態の子どもの居場所や仲間づくりにより、社会関係や信頼関係を育む支援であり、相談援助機能は子どもとの信頼関係を基にして、進路進学相談や生活養育相談、公的施策利用相談等に寄り添い、関係機関とのネットワーク等により問題解決を図る支援である。生活困窮支援機能は、子どものニーズに応じて食事やおやつ、教材文具の提供、参加者交通手段の確保、公的施策利用支援、その他生活支援のほか、高校中退防止やひきこもり・外国人等への支援を含む。
・教育的支援の機能展開
　教育的支援は、①学習面の発達保障機能（A 学習面の影響評価、B 学習支援方針策定、C 学習意欲喚起、D「学び合い」、E 学習習慣形成、F 基礎学力の向上・獲得、G 進学準備）と、②子どもの貧困解消の主体育成機能（A 主

体的自立のための学びの力の育成、B ボランティア育成、C 社会関係資本の形成）の機能からなる。前者の機能は学びを疎外された子どもとの対話的関係を通じ、学習習慣や基礎学力の獲得を促す支援である。後者は子どもが自己と過酷な現実を対象化し、それらを変革する学びの力[6]を育む主体育成のほか、学習支援の主体となるボランティア等の育成支援である。

・発達の権利主体としての内面的発達支援と権利擁護

　教育と福祉の二元的支援が最も融合化し、エネルギーを集中させるのは、子どもの主体的発達の階梯上昇過程である。この過程において教育・福祉の支援は高度に融合化し、セルフエスティーム向上の支援及びエンパワメントの支援の形態をとりながら、①感情のコントロールのスキル（自尊心、自信、＊自己肯定感等）、②目的達成のスキル（忍耐力、自己制御、＊自己効力感等）、③他者との協働のスキル（社交性、敬意、＊協調性等）のフレームワークからなる社会情動的スキル[7]（非認知的スキル）の強化を促進する。また、社会情動的スキルは、将来にわたる認知的スキルの発達を促し、さらに貧困の抑圧からの主体的自立に向けた子どもの内面的発達と自己決定権の獲得等を推進する力として作用する。

　権利擁護は救済すべき子どもの権利に応じ、個別支援から裁判闘争や新制度要求等のソーシャルアクションまで、多様な展開が求められる。

（2）結びかえて―学習支援事業のための新たな評価指標（試案）の提示―

　教育・福祉融合支援型モデルの学習支援事業は、「発達のための相当な生活水準」の生活保障のための福祉的支援と、子どもの人格や才能、能力を「可能な最大限度まで発達させる」学びの保障のための教育的支援により、子どもの全面的発達の権利の保障を目指す社会的支援活動である。しかしながら、進学指標では、子どもの生活・発達基盤である家族機能の不全状態を回復し、「発達のための相当な生活水準」を保障する福祉的支援を評価することはできない。また、過酷な生活環境により学習意欲を失い、学校生活で周辺化する子どもの学びの保障としての教育的支援には、進学実績による評価は馴染まない。

　こうした進学指標の限界性を踏まえ、教育・福祉融合支援型事業の二元的支援の実践における具体的諸機能を体系的に整理し、それら機能の総合的評価に資する新たな指標として、このあとに「教育・福祉融合支援型モデルに基づく学習支援事業の評価指標（試案）」を提示する。

教育・福祉融合支援型モデルに基づく学習支援事業の評価指標（試案）

番号		評価項目	評価指標・評価方法等
1		福祉的支援—「居場所」の支援による社会的包摂と相談援助・生活困窮支援等の役割—	
(1)社会的包摂の機能—「居場所」による緩やかな社会的包摂の役割—			
①	A	居場所支援機能（孤立防止と社会関係の形成、子どもや家族の受容、承認、見守りの大人の眼差しによる支援）	例）自分が安心やぬくもり、受容等を感じる居場所と思う子どもの割合
	B	仲間づくり機能（仲間との出会い、コミュニケーション関係や信頼、共感の育成支援）	例）ボランティアが友人と本音が話せる仲間づくりやコミュニケーションの場と感じている子どもの割合
(2)相談援助の機能—信頼関係に基づく悩みへの寄り添いとネットワーク形成による問題解決支援の役割—			
②	A	相談援助機能（進路進学相談、生活・養育相談、福祉・教育施策利用相談等の信頼関係による寄り添い型の問題解決支援）	例）進路進学相談、奨学金利用相談、生活資金相談、家族の養育相談、虐待・ネグレクト等の相談援助【各年間相談支援件数】
	B	ネットワーク支援機能（行政・教育関係・関係支援団体・地域コミュニティとのネットワークによる問題解決支援）	例）学校、教育機関、福祉事務所、児童相談所、社会福祉協議会、民間支援団体等との連携等のネットワーク支援による問題解決支援【各年度ネットワーク支援件数】
(3)生活困窮支援の機能—生活困窮にある子どもと家族の日常生活・養育・高校中退防止・ひきこもり等の幅広い生活支援の役割—			
③	A	日常生活支援・養育支援機能（子どもと家族の生活困窮支援、養育支援、物質的欠乏への支援、参加者交通手段確保支援、その他生活支援）	例）食事提供、おやつ・教材提供、参加者交通手段確保支援、訪問による生活支援等【年間支援件数】
	B	高校中退防止等機能（高校中途退学防止、学び直し、継続的なフォローアップ等）	例）高校中途防止支援、OBの継続フォロー、学び直し支援、定時制高校生の生活・就労支援、大学進学等の進路相談の対応【年間支援件数】
	C	ひきこもり・外国人等支援機能（配慮を要するひきこもり、不登校、外国籍の子どもへの支援の機能）	例）配慮を要する子どもの訪問等による進学相談や養育相談、日本語支援等の対応【年間支援件数】
2		教育的支援—子どもの発達のための基礎学力と「学びの力」による主体育成に向けた支援の役割—	
(1)学習面の発達保障機能—学習意欲や学習習慣等の育成による基礎学力形成及び進学準備支援—			
④	A	学習面の影響評価機能（学習の遅れや学習習慣等を含む貧困の影響の全体的影響評価）	例）家庭環境や学校生活、社会関係等を踏まえ、子どもの学習の遅れ、学習習慣、学習意欲と子どもの強みの評価把握【評価作成割合】
	B	学習支援方針策定機能（影響評価による子どもの学習支援と家族への支援方針策定）	例）上記評価を基に、子どもに応じた学習支援の目標や支援計画を策定【評価作成割合】
	C	学習意欲喚起機能（関心・興味に沿った動機づけ、学びや考える楽しさの発見）	例）学びの楽しさ、新たな知識への興味・関心を感じるようになった子どもの割合
	D	「学び合い」機能（信頼関係と役割意識、コミュニケーション能力、社会的能力、メタ認識等のスキル形成）	例）信頼関係や役割意識、コミュニケーション・社会能力等の向上が見られた子どもの割合
	E	学習習慣形成機能（自主的学習計画支援、自律的学習の動機づけ、自己抑制、忍耐力、レジリエンス等のスキル形成）	例）生活改善の調整支援や自主学習の目標支援等による学習習慣の改善が図られたと感じている子どもの割合
	F	基礎学力向上・獲得機能（学習の遅れの発見、再学習による基礎学力及び学びの認知的基礎の改善・形成、達成感や自信等の向上）	例）学習の遅れの改善や基礎学力の向上の効果が見られた子どもの割合
	G	進学準備機能（進学進路相談、進学情報提供、奨学金制度利用支援、進学準備学習等による進学進路の展望向上）	例）進学相談や奨学金制度利用相談、進学情報提供並びに高等学校進学実績【年間対応件数、高等学校進学率】
(2)子どもの貧困解消の主体育成の機能			
⑤	A	貧困からの主体的自立のための学びの力の育成機能（認知的スキルと非認知的スキルを基盤に自己と現実世界の変革主体とする自己認識の育成）	例）主体的自立への発達を促すため、小作文等で自己と現実の生活環境を変革の対象とする主体的認識の育成【子どもの意識変化の割合】
	B	ボランティアの育成機能（学習支援ボランティアや運営・相談ボランティア等の主体的育成）	例）子どもの貧困解消に取組む主体としての学習ボランティアや相談支援ボランティアの育成【育成研修回数、育成人数】
	C	社会関係資本の形成機能（子どもを育む地域コミュニティとの関係強化による社会資本形成）	例）地域における子どもの社会関係資本となる人材養成のための交流・研修事業実施【交流・研修事業の開催回数、参加人数】
3		発達の権利主体としての子どもの内面的発達を促す支援と権利擁護の支援の役割	
(1)発達の権利主体としての内面的発達の支援と権利擁護機能			

⑥	A	セルフエスティーム向上の支援機能(自尊心、自己肯定感等の勘定のコントロールのスキルの強化支援)	例)自尊心、自信、自己肯定感等の強化・向上を感じている子どもの割合
	B	エンパワメントの支援機能(自己効力感・忍耐力等の目的達成のスキル、社交性・協調性等の他者との協働のスキルの強化並びに自己決定の力の育成支援)	例)発達の権利主体としての自己効力感等の強化・向上並びに自己決定の意識化を感じている子どもの割合
	C	権利擁護の機能(子どもの自己決定権に基づく発達の権利保障等の支援・擁護)	例)子どもの発達の権利保障のため、施策制度へのアクセス支援をはじめ、司法的救済や幅広いソーシャルアクション等の権利擁護支援【支援件数】

注1)この評価指標は教育・福祉融合型モデルの学習支援事業を推進するため、自治体とNPO等が委託契約仕様書や事業評価について、連携・協働のための協議・検討を進めるための対話的ツールとして使用されることを想定し、簡略化して作成している。

注2)事業評価に用いる場合には、5段階評価等により評価(数値化)し、番号欄①～⑥の区分ごとに集計し、最終的には合計数値で評価する。なお、①～⑥の区分ごとの集計により、レーダーチャートにより、事業の全体的なバランス評価を行うことで、事業運営の偏りを修正していくことができる。

注

(1) 「平成30年度生活困窮者自立支援制度の実施状況調査集計結果」(厚生労働省社会・援護局地域福祉課生活困窮者自立支援室)の平成30年4月1日現在の子どもの学習支援事業の支援内容、実施方法(委託先割合)集計を参照。

(2) パウロ・フレイレ・三砂ちづる訳『被抑圧者の教育学』(亜紀書房、2018年)141頁-153頁。

(3) 友田明美『子どもの脳を傷つける親たち』(NHK出版新書、2017年)72頁-107頁。

(4) 「発達保障」、『六訂社会福祉用語辞典』(2012年)中央法規出版488頁。

(5) 日本弁護士連合会の2012年10月5日「子どもの尊厳を尊重し、学習権を保障するため、教育統制と競争主義的な教育の見直しを求める決議」の提案理由から引用。

(6) 学びの力とは子どもが世界と自己を対象化し、批判的に読み解き、貧困による抑圧的世界観と否定的自己像から自己解放するための主体的・実践的な認識を意味する。なお、子どもの貧困からの自己解放の捉え方については、中嶋哲彦「子どもの貧困からの自己解放」『世界』872号(2015年8月)242頁-249頁を参照。

(7) 社会情動的スキルのフレームワークとその例はOECD報告を参照しているが、＊印の例は筆者によるもの。また、同報告では「エビデンスでは、『スキルはスキルを生む』ことが示されており、恵まれない境遇にある人々の生活面での展望を向上させ、社会経済的不平等を減らすために早期段階で社会情動的スキルに投資することが重要である」とその政策的な重要性が指摘されている。OECD編著・ベネッセ教育研究所企画制作・無藤隆・秋田喜代美監訳『社会情動的スキル 学びに向かう力』(明石書店、2018年)52頁、206頁。

(※本稿は2018年7月8日開催の日本教育政策学会第25回大会における「教育と福祉の統一的保障をめぐる教育政策の課題と展望(その1)」での報告内容をもとに、法改正等に伴う時点修正等を行ったものである。)

(社会福祉士)

特集3：自治体教育政策における構造改革と教育的価値の実現

学校は「子供の貧困対策のプラットフォーム」になりうるのか

勝野　正章

1．「子供の貧困対策のプラットフォーム」としての学校

　学校の教育目標において学力が重要な柱であることは言うまでもないが、現代の学校は、すべての子どもたちの教育を受ける権利を保障する（憲法26条、14条）ために、ともすると狭く解釈されがちな学力の向上だけにとどまらない、多様な課題への対応が求められている。たとえば、SNS（ソーシャル・ネットワーク・サービス）上のいやがらせやいじめなど生活指導上の問題への対応や保護者や地域との関係づくりも、学校教育の大きな課題である。グローバリゼーションなどの社会変化の負の側面とも言える格差・貧困の問題も、子どもの成長・発達に深刻な影響を及ぼしており、学校も格差・貧困問題に対峙せざるを得ない（末冨 2017ほか）。

　周知のように「子供の貧困対策推進法」の成立・施行を受けて、2014年8月26日に閣議決定された「子供の貧困対策に関する大綱～全ての子供たちが夢と希望を持って成長していける社会の実現を目指して～」では、学校を「子供の貧困対策のプラットフォーム」として、総合的な子供の貧困対策を推進するとしており、具体的には次のような取組の実行を求めている。

- 学校教育による学力保障（少人数の習熟度別指導、放課後補習、きめ細かな指導、教職員の指導体制の充実）
- 学校を窓口とした福祉関連機関等との連携（スクールソーシャルワーカーの配置、ケースワーカー、医療機関、児童相談所、要保護児童対策地域協議会などの福祉部門と教育委員会・学校等との連携強化、スクールカウンセラーの配置推進、家庭教育支援チーム等による相談対応や訪問型家庭教育支援、保護者に対する家庭教育支援）
- 地域による学習支援（コミュニティ・スクールの設置促進、放課後子供教

室、学校支援地域本部、土曜日の教育支援活動等の取組、NPO やフリースクール等と自治体との連携）
・学習支援／高等学校等における就学継続のための支援（中退防止、学力向上、進路指導の改善のための人材配置、ハローワークとの高校中退者情報の共有、高校再入学者への高等学校等就学支援金相当額の支給）

　ここでも第一に学校教育による学力保障があげられているが、同時に様々な福祉関連機関との連携、子どもだけでなく家庭・保護者を対象にした相談・支援、地域と連携した学習支援や居場所づくりなど、広範な取組を進める、あるいは深く関与することが学校に求められている。現代の日本社会では、いわゆる「貧困の世代間連鎖」を解消するために貧困家庭の子どもに学力を保障するという教育目標が掲げられており、そのためには家庭や地域コミュニティとの連携・協働が不可欠とされているのである。

２．包括的なサービスを提供するコミュニティ・スクール

　外国でも、貧困など厳しい環境のもとで育つ子どもたちの教育を保障しようとするならば、学校がもっと家庭や地域コミュニティのニーズに応じたサービスを提供したり、家庭や地域コミュニティの機能を積極的に引き受けたりすることが必要となるという考えが見られる。たとえば、イギリス（イングランド）で労働党政権時代（1997-2010年）に積極的に推進されたフルサービス拡張学校（full-service extended school）は、「児童生徒の教科学習を最大化するために、児童生徒の全体的な発達を促進したり、児童生徒の生活の場である家庭やコミュニティといった文脈が、学習に最大限貢献したりするようにする」（ハヤシザキ 2015、p.156）ことを理念に掲げ、従来の学校教育に留まらない、子ども・家庭・地域福祉サービスを包括的に提供する学校である。

　労働党政権は1997年に内閣府に社会的排除担当部（Social Exclusion Unit）を設置するとともに、フルサービス拡張学校を提唱し、2010年までにすべての子どもが５つのコアな拡張サービスにアクセスできるようにすることを目標に掲げた。このコアな拡張サービスとは、①朝８時から夕方６時までの年間を通じた保育、②親支援・家族学習、③学習支援やクラブ活動、④迅速かつ簡便な専門家への紹介、⑤コミュニティによる施設利用（成人学習、家族学習）であった。また、同時期にスコットランドでも子どもサービスの統合を進め、す

べての公立学校を教育、医療、ソーシャルワーク、成人学習、その他のサービスと連携した統合コミュニティ・スクール（integrated community school）とする方針が打ち出された。スコットランドでは、こうした政策が子どもの幸福・福祉を保障することを目的として、学校教育を含むすべての子ども・家庭サービスの円滑な連携や統合を図る Getting It Right for Every Child 事業（2006年）や2014年子ども・青年法（Children and Young People Act）に引き継がれた（ハヤシザキ 2015）。

　アメリカでも、フルサービス・コミュニティ・スクール（full-service community school）と呼ばれる学校がある。フルサービス・コミュニティ・スクールでは、①核となる教育プログラム（教科指導、個別指導、家庭学習支援）に加え、②教育的・文化的なエンリッチメントプログラム（放課後・休暇中に行われる芸術・スポーツ活動）、③学習や発達の阻害要因を除去するプログラム（医療、メンタルケア、歯科医療、ソーシャル・サービス）が子どもたちに提供されている。その理念は、次のように説明されるものである（青木 2002）。

　「子ども、若者そして家族が必要とし、その多くが学校の建物に置かれる、あらゆるサービスがいっしょになることである。教育の側に対する要求は、再組織、革新されるべき学校システムに責任を持つことである。コミュニティ諸機関に対して責任を負わせることは、学校の中に健康、メンタルヘルス、雇用サービス、チャイルドケア、親教育、ケースマネジメント、レクリエーション、文化行事、福祉、コミュニティポリスなど、そのイメージにふさわしいものは何でも持ってくることである。その結果は、ある新しい継ぎ目のない期間、コミュニティに最大限の応答させうる、そしてサービスをもっとも必要としている人々にアクセスと継続性を可能にする、共有する統治構造を持った、コミュニティ中心の学校となる。」（青木 2002、p.161）

　アメリカで1990年代に連邦、各州レベルの政策として採用された学校と連携した統合的サービスプログラム（school-linked integrated services program：SLIS プログラム）は、都市中心部などの貧困地域において、従来は学校、福祉機関、そして医療機関がそれぞれに行ってきた子どもとその家族へのサービスを施設としての学校を拠点として包括的に提供するものである。SLIS プログラムの政策分析を行った平田（2006）によれば、それは福祉サービスと教育サービスがともに「危機的な状態にある子ども（child at risk）」

への接近と効果的な対応に課題を抱えているとの認識から生まれた「子どものための政策」であった。同時にそこでは、財政支出の拡大が見込めない状況のもとで既存資源の有効活用を図ることも目指されていた。

具体的には、子どもたちを対象にした補食プログラム、虐待等による心の傷に対するカウンセリング、薬物乱用防止プログラム、10代の妊娠防止、10代の母親の子育て支援プログラム、ドロップアウト防止プログラムなどが行われ、保護者対象のプログラムとしては、児童虐待防止プログラム、犯罪からの更生プログラム、リテラシー訓練プログラム、職業訓練、成人に対する補習教室、始業前・放課後のケアプログラム、育児支援活動、ホームレスから離脱するための支援プログラムなどが行われた。こうした医療サービスや福祉サービスは教員ではなく、学校外から派遣される専門スタッフによって担われた。さらに関係諸機関の調整や学校でのサービス提供の監督、サービスの選定や企画立案を担う専門コーディネータも配置された。

平田（2006）は、SLISプログラムの特徴を次の3点にまとめている。まず、学校は「子どもとその家族が必要とするあらゆるサービスを提供することができるマルチサービスセンター」（p.110）として再定義される。ただし、教員の役割が大きく拡張されるわけでなく、「本来の職務である教育を行うほか、特定のサービスを必要とする子どもを特定し、子どもがサービスを受容できるための調整を行う」（p.109）ものとされた。次に、福祉サービスや医療サービスは従来、失業、貧困、病気、非行行為など問題が生じて初めて対処が行われる、「治療的」もしくは「対処的」なサービスとして行われてきたが、SLISサービスでは、問題を「予防」することに主眼が置かれていた。最後に、生活の質を高め、予防的なサービスを提供するという観点から、子どもたちには正しい生活習慣の取得や学力の向上、家族に対しては職業訓練や家庭環境の改善のためのカウンセリングなどのプログラムが実施され、家族および地域社会全体の環境を改善し、そうすることで子どもの学習環境と生活環境を向上させようとするアプローチがとられた。

イギリスやアメリカに見られる、このような学校（プログラム）は、貧困に限らず、国籍、人種、民族、言語や障がいなど様々な要因が複雑に絡み合って生じている、子どもたちの困難・不利益を直視し、政府による支援と民間との連携・協力のもとで「社会的排除を抑制またはおしとどめ、社会的包摂をめざす学校」（ハヤシザキ 2015、p.154）であると言える。こうしたプログラムの

効果として、子どもたちの学力や出席率の向上、学校への帰属意識の高まり、退学率の低下や進路の改善に加えて、保護者の学校行事への参加率向上、失業率改善なども報告されており、最も困難な状況にある子どもと保護者を対象とするプログラムとして高い費用対効果をあげたとされる（平田 2006）。

一方で課題としては、政策・財政投資への依存、効果の長期的評価の必要性、因果関係確定の困難（平田 2006、ハヤシザキ 2015）のほか、「コミュニティ・スクールは、人々の自信を回復し、スキルをみにつけ、個人や家族の価値を変革しているが、あくまで貧困の帰結を変えているだけであって、貧困そのものをなくしたり、格差のひろがる市場主義的な社会そのものをかえたりしているわけではない・・・包摂されたそのさきの社会が、いったいどのようなものなのかがとわれることがなければ包摂も排除も均質化していくだろう」（ハヤシザキ 2015、p.170、cf. Cummings, C., Dyson, A., & Todd, L. 2011）と、貧困・格差や排除を生み出している社会構造そのものが不問に付されていることの限界も指摘されている。この指摘は、日本の教育福祉論における「結局のところ困窮者が学業をできるだけ長く継続するよう手助けし、より有利な条件で労働市場に包摂されるよう支援するという筋道以外の可能性は十分に描けていない」（倉石 2015、p.579）という自省的な現状分析とも共鳴している。

3．「教育と福祉の統一的保障」をめぐって

戦後日本においては長らく長欠・不就学問題への対応を中心に教育と福祉の関わりが意識され、教育扶助・児童手当や就学援助による経済的側面からの支援とともに、読み書きをはじめとする基礎的な学力の保障を目指した実践が行われてきた（倉石 2015）。これまで見てきたように、近年はイギリスやアメリカでも学校の機能を福祉・医療サービスの提供にまで拡張する例があるが、給食や学校保健、教科外教育、クラブ・部活動などは、日本の学校が一定の福祉・医療的機能を以前から担ってきたことを示している。しかし、現代日本社会の子どもの貧困や社会的排除をめぐる厳しさは、これまでの対応にとどまることを許さない（阿部 2014、松本・湯澤・平湯・山野・中嶋 2016、松本・湯澤 2019ほか）。「子供の将来がその生まれ育った環境によって左右されることのないよう、また、貧困が世代を超えて連鎖することのないよう、必要な環境整備と教育の機会均等を図る」とする政府の「子供の貧困対策」は、種々の限界・課題を抱えつつも、その切迫した状況への政策的対応である。「生存保

障・生活保障という大きな文脈のなかに、教育を置き直（すこと）」（倉石 2015、p.573）を要諦とする教育福祉論においても、生活・生存権保障と教育の論理を改めて結び直す必要性が意識されている。

　一部の学校では、貧困に限らない種々の困難を抱える子どもたちの学習と成長を保障しようと、政府の「子供の貧困対策」と部分的に重なりつつも、それだけに留まらない、たとえば次のような教育実践が行われている（柏木・仲田 2017）。

- 自己肯定感を育み、将来への見通しを持てるようになるためのキャリア教育
- 達成感を持てる教科指導
- 違いを肯定的に認めあい、思いやりを持て合う学級づくり
- 「地域肯定感」を持てる地域学習
- 訪問（アウトリーチ）型家庭教育支援、スクールソーシャルワーカー、福祉部局と教育委員会の協働
- 土曜教室による学力保障、ボランティアによる個別指導、学力保障の前提になる居場所づくり

　このような教育実践の基底的条件として、「一人ひとりの子どもをケアする学校文化」（柏木・仲田 2017）を創造、定着させるという課題がある。なぜなら、「様々な背景を有する子どもを一括りに扱い、集団としての活動を基軸に、そこへの同調を明示的・潜在的ルールとして定める学校のあり方」ゆえに、不利や困難を抱える子どもたちが排除されてしまうからであり、そうした「排除の文化」を改革して、「一人ひとりの差異を承認し、異なる処遇を通して教育の質を高めていくこと」が必要だからである。そして、そのような「ケアする関係性を重視し、共同性や、個人のエンパワメントに意識を向けた」実践は、「競争主義的な教育に対する抵抗的意味」を持ち得る（柏木・仲田 2017、p.155）。

　しかし、かりにこのような差異を承認する学校文化のもとで社会的包摂を目指す実践が行われたとしても、学校の外部において、その子どもたちの生活・生存が保障されるとは限らない。倉石（2015）が述べるように、日本の教育福祉実践を歴史的に振り返れば、種々の差別・不平等に晒されている子どもたち

の生活・生存保障を社会教育など学校の外部に託すことの方が主流であったとも言える。貧困家庭の長欠・不就学児童生徒に通学を求めることは、その子たちの生活・生存を脅かすことになりかねないという葛藤から、「進路の保障」(職業世界への移行) というぎりぎり学校教育の枠内に踏みとどまりつつも、学校教育の限界を認めざるを得ない実践的対応がとられることが少なくなかった。生活・生存権保障と教育の論理は、必ずしも「順接的」ではないのである(倉石 2015)。

現代社会における子どもの貧困問題は、確かにかつてのような絶対的貧困とは異なる様相を有するものの、社会保障制度が後退し、自己責任論が浸透する新自由主義のもとで唱えられる教育と福祉の連携・協働に対しては、それは「教育の論理による生活権の浸食」(仁平2015)であるとの批判が向けられている。人の生存・生活は無条件に保障されなければならないものであるにも関わらず、教育を通して職業人、社会人としての必要とされる資質能力を身に付けることが生存・生活権保障の条件として課される (Welfare から Workfare へ)。この批判は「進路の保障」という教育福祉の歴史的実践に対しても、倉石 (2015) が自省する教育福祉論の現段階にも向けられる。そして、イギリスやアメリカのコミュニティ・スクールが、個人にスキルを身につけさせ、自信を回復させることに成功していたとしても、格差や不平等を生み出し続ける社会そのものを変革するわけではないという批判とも重なりあう。

ただし、倉石 (2015) はこのような教育福祉の実践と理論がはらむ限界を充分に認識したうえでなお、市場経済における人的資本論に与する結果に陥らずに生活・生存権と教育の論理を結びなおす可能性を提示している。ある教師による被差別部落の子どもたちとの教育実践のなかに「『五十音表や教科書』とは違う仕方で、部落の子どもたちが書き言葉の世界に繋がる回路が開かれる」さまを見出し、「貨幣価値を介在することなく教育が、より直裁に生活・生存保障に関わりうる」とする。そして、そのような「ペダゴジーを介した生活・生存と教育との内在的結合」(倉石2015、p.575) は、形式的・機会的な平等 (第一の平等概念) と能力の個人差に応じた教育 (第二の平等概念) に留まるものではなく、能力ではなく社会的環境要因に配慮した、傾斜的配分をもって平等とみなす第三の平等概念に拠って立つことで成立するものだと述べる。

倉石 (2015) のように、生活・生存権を徹底的に教育の外部で保障するという立場 (仁平2015) に理解を示しつつも全面的には与せず、生活・生存保障の

論理と教育の論理との結びなおしを追求するならば、異なる社会集団間の「結果の平等（equity）」の実現を目標にして教育政策と教育実践が進められなくてはならない。そのこと一つとっても、形式的・機会的な平等が重視される教育と、子ども・家庭・地域に固有なニーズへの差異的応答を理念とする福祉との統一は容易ではないことが理解されよう。このことに関連して、日本ではイギリスやアメリカのコミュニティ・スクールのように社会的包摂を前面に押し出した学校を設けることへの抵抗感も予想される。

おわりに

　教育と福祉の連携・協働を掲げてイギリスやアメリカ、そして日本で進められている政策や実践の多くは、新自由主義的（脱福祉国家的）プロジェクトを（意図的か否かの違いはあれども結果として）受容しつつ、その枠内で平等への配慮を行い、学校の存在意義と役割を拡張しようとするものであると言える。しかし、子ども・家庭・地域福祉サービスを学校ないしその周辺に集約的に再配置することで貧困をはじめとする社会構造的な不平等と配慮が解消されるとするのはナイーブな考えだと言わざるを得ない。貧困をはじめ、子どもたちとその家族が被っている種々の不平等と社会的排除に対して、学校には何ができるかを絶えず問い続け、できることを実行していくというプラクティカルな対応も切迫した状況のなかで求められている。今後、学校が「子供の貧困対策のプラットフォーム」として位置づけられていくのであれば、そもそも「子供の貧困」という問題がどのように定義されているのか（自己責任論の強度）、何を達成することが求められているのか（労働市場で求められる能力を獲得させることに留まるのか、学校教育を通じてのより平等で民主的な社会の形成を求めるのか）を明確にしておくことが最低限不可欠な作業となる。

　残念ながら「子供の貧困対策」はそうした前提となる作業を欠いており、そのせいもあって、既に数多くの問題点や限界を露呈しているように思われる。教育の目に見える成果を重視する競争主義的な政策が「子供の貧困対策」と並行して進められているため、後者を新自由主義的な体制の枠内に押し留めている。また、イギリスやアメリカで学校の役割を拡張する場合の大規模な財政措置と比較して、日本における学校の「貧困対策のプラットフォーム」化に必要な資源は明らかに不充分であり、その結果、学校と福祉関連機関等との連携を進めようとすれば学校の負担増を生じさせているだけでなく、提供されるサー

ビスの質も不安視されている。古くから弊害が指摘されている教育と福祉の縦割り行政も、一部の自治体では子どもの利益を図ろうとして改善がみられるものの、全般的には解消されていない。そのため、たとえば学習支援において教育委員会・学校と福祉部局・事業主体の連携がほとんどなされず、ほんとうに学習支援が必要な子どもが取りこぼされている可能性がある。

参考文献
- 青木紀（2002）「アメリカにおける教育と福祉の連携―フルサービス・コミュニティ・スクール―」『北海道大学大学院教育学研究科紀要』第85号、pp. 157-169.
- 阿部彩（2014）『子どもの貧困Ⅱ―解決策を考える』岩波新書
- 柏木智子・仲田康一編著（2017）『子どもの貧困・不利・困難を超える学校行政・地域と学校がつながって実現する子ども支援』学事出版
- 倉石一郎（2015）「生活・生存権保障と教育を結ぶもの／へだてるもの―教育福祉のチャレンジ―」『教育学研究』第82巻 第4号、pp. 571-582
- 末冨芳編著（2017）『子どもの貧困対策と教育支援―より良い政策・連携・協働のために』明石書店
- 仁平典宏（2015）「〈教育〉化する社会保障と社会的排除」『教育社会学研究』第96集、pp.175-196
- ハヤシザキカズヒコ（2015）「英米のコミュニティ・スクールと社会的包摂の可能性」『教育社会学研究』第96集、pp. 153-173
- 平田敦義（2006）「アメリカにおける学校と中心とした子どもへのサービスの統合するプログラムに関する一考察―成立の背景を中心に―」『教育学論集』第2集、筑波大学大学院人間総合科学研究科教育学専攻、pp.105-121
- 松本伊智郎・湯澤直美・平湯真人・山野良一・中嶋哲彦（2016）『子どもの貧困ハンドブック』かもがわ出版
- 松本伊智郎・湯澤直美編著（2019）『生まれ、育つ基盤―子どもの貧困と家族・社会（シリーズ・子どもの貧困1）』明石書店
- Cummings, C., Dyson, A., & Todd, L. (2011). *Beyond the school gates: can full service and extended schools overcome disadvantage?* Abingdon, Oxon: Routledge.

（東京大学）

特集3：自治体教育政策における構造改革と教育的価値の実現

課題研究「教育と福祉の統一的保障をめぐる教育政策の課題と展望」のまとめ

中嶋　哲彦

　第9期（2018年度～2020年度）は、「教育と福祉の統一的保障をめぐる教育政策の課題と展望」を課題研究テーマとし、勝野正章会員（東京大学）と中嶋哲彦会員（名古屋大学）が担当理事を務めている。

　親の所得格差の拡大は、子ども・青年の学びと育ちを支える生活条件の格差として否定的影響をもたらしている。また、これらの格差は、希望、意欲、自尊感情にさえ大きな格差をもたらしていると指摘されている。これらは今日、「子どもの貧困」という言葉で総括され、その克服には教育と福祉の統一的保障が必要だと考えられている。今期の研究課題のねらいは、子どもの貧困と言われる事態に対して、教育政策学としてどう応答すべきか、またどう応答できるのかを考察しようとするところにある。

　第26回大会（2018年7月7日～8日、専修大学）で開催された公開シンポジウムでは、沢田直人氏（愛知県・社会福祉士）と勝野正章会員からのご報告をいただいた。沢田直人氏は、長年にわたって愛知県の福祉行政に取り組んでこられた方である。本シンポジウムでは、経済的困窮世帯の子どもに対する学習支援に着目しつつ、教育・福祉の総合的支援のあり方やその評価指標についてご報告くださった。勝野会員は、「『学校』をプラットフォームとした総合的な子供の貧困対策の展開」が「子供の貧困対策大綱」（2014年8月29日、閣議決定）の柱の一つとされていることに対して、学校は「子供の貧困対策のプラットフォーム」になりうるのか、と問題提起した。

　勝野会員は、日本や英米で展開される教育・福祉政策の多くが新自由主義的プロジェクトを受容しつつ、その枠内で平等への配慮を行い、学校の存在意義と役割を拡張しようとするものであると指摘し、子ども・家庭・地域福祉サービスを学校ないしその周辺に集約的に再配置することで貧困をはじめとする社会構造的な不平等と配慮が解消されるとするのはナイーブな考えだと指摘した。

また、「子どもの貧困」という問題をどのように定義するのか、また何を目的に貧困対策を進めるべきかを明確にすべきだが、日本ではこの作業が欠落しているために問題や限界が露呈していると指摘した。

沢田氏は、政府の「子供の貧困対策大綱」に掲げられた生活保護世帯に属する子どもの高校進学率・同中退率・大学進学率などの進学指標が、①一般世帯と生活保護世帯との子どもの教育格差の測定指標、②生活保護世帯の貧困の連鎖を防ぐ総合的施策推進の成果評価指標として機能しており、これらが成果主義や競争主義と結びつくと、学習支援事業の本質である子どもの社会的包摂支援を進学競争の指導へ変容させるものとなる危険性があると警鐘を鳴らし、教育・福祉融合支援型の学習支援事業を発展させるために必要な新たな評価指標を提案した。

フロアとのディスカッションでは、「教育と福祉の統一的保障」の意味を問う発言が少なくなかった。もとより、本課題研究は教育と福祉を機械的に統合したり、どちらか一方に他方を代替させたりすることを目指すものではない。両報告者がそれぞれ指摘するように、子どもの貧困対策において教育が強調されるあまり、かえって社会的排除を促進しかねない状況も見られる。現在貧困に直面する子どもは言うまでもなく、現在は貧困状態にはない子どもも含めて、その現在と未来のために教育には何ができるか、また何をすべきかを解明することは教育学が引き受けるべき喫緊の課題であろう。

人間は、自他の理解に基づき、相互に他者の論理を受容することで自己自身を変革し、自己を拡張することを通じて、自他の共同空間である社会参加を形成する。しかし、たとえ空間を共有している場合でも、この関係性が成立しなければ、男性と女性、健常者と障害者、経済的自立者と経済的困窮者、人種的・民族的多数派と少数派のように、強者による弱者の社会的排除が生じうる。

公教育制度は機会均等原理に立って組織されている。社会福祉制度は社会的弱者の生存権を保障しようとするものだ。しかし、社会そのものから排除された人々には、この原理は適用されない。今日、社会的包摂、障害児教育、合理的配慮、子どもの貧困といった概念への注目は、排除する側の自己変革を必要とし、排除する側の論理で組織された既存の公教育制度を、排除された側の論理を受容することで再編するという課題を提示しているであろう。

2000年代に入って、先進資本主義国における経済的格差の拡大が経済的困窮層の子どもの日常生活や社会参加に否定的な影響を及ぼしている事実が、「子

どもの貧困」として発見された。そのなかで、経済的格差が教育格差を拡大している事実が確認され、この格差是正とともに、教育機会の拡大・延長による子どもの貧困の克服が理論的・政策的課題とされている。しかし、国の施策においては公教育制度が経済的困窮層を社会的に排除する機能は果たしていることは看過されがちで、公教育制度自体の組み替えは視野から落ちている。また、子どもの貧困は等価可処分所得を基準とする「相対的貧困」概念の上に構築された概念であり、その本質規定はほとんど未着手の状態にある。

　他方、1970年代から1980年代にかけて、教育と福祉の統一的保障に関する理論的研究が進められ、これらは、一方では福祉国家論批判を踏まえつつ福祉国家による教育機会保障の可能性を探り、他方では学習権・教育を受ける権利保障と文化的生存権の統一的保障の法解釈論とその基盤となる教育学的基礎研究を志向するものだった。これらには方向性の違いはあるものの、経済的困窮や貧困にかかわらず教育機会を平等に保障することが国家の基本的責務の一つであることを弁証しようとするものだった。しかし、これらは国家の積極的な関与による「教育福祉」の実現を志向するものであり、公教育自体が経済的困窮層の社会的排除に関与していること、したがって貧困の社会的産出メカニズムにおける公教育の位置と役割への批判的考察には不十分な点もあった。

　また、先行研究においては、「教育福祉」が経済的困窮層に対して学習・教育機会を保障するための福祉を意味するのか、それとも経済的困窮層に留まらず広く国民全体を対象とする公教育が総体として福祉的機能を有するのか、論者によって多様な意味で用いられていた。さらに、教育福祉の実現には福祉教育の充実が必要であるというように、教育実践的な課題への応答から研究対象が拡散してしまう傾向もあった。これらに加えて、「一億総中流」意識とともに「日本には経済的格差や貧困は存在しない」といった認識が広がったこともあって、「教育福祉」研究は持続的に深化してきたとは言いがたい。

　今日、経済的困窮や相対的貧困の増大により子どもの貧困問題への関心が呼び起こされ、今日再び「教育福祉」を冠した研究が盛んになっている。しかし、その多くは学習支援事業やスクールソーシャルワーカー配置事業を「教育福祉」と等置して、その現状分析や政策提言に留まる傾向にある。しかし、子どもの貧困対策として進められている諸事業の実態を見ると、高校進学に偏重した学習支援事業が、そこからさえ排除される子どもを生み出している。また、高校進学率を評価基準とすることで教育的支援が強調される一方、生活困窮層

に対する現金給付が削減されたり、子どもの日常生活と進路選択を包括的に支援する福祉的支援が学習支援事業から排除されたりする傾向にある。こういった事実の見落しは今日の「教育福祉」研究が先行研究の到達水準に達していないことを暗示している。

　また、教育政策論として、幼児教育や高等教育の無償化（授業料不徴収の意味で）や給付型奨学金や所得連動型返還制度の導入による教育機会の拡大・延長が与野党を問わず現実政治においても現実的な主題となっている。子ども・若者がその属する家庭の経済的困窮故に学習・教育の機会を制約されあるいは剥奪されているという認識から、またOECDの教育指標（Education at a Glance）の政策誘導効果もあって、経済的困窮層の子ども・若者が他の子ども・若者と同等の機会を享受できるよう教育制度に福祉的要素を組み込むことは有効な貧困対策と自明視されている。

　しかし、経済的困窮や貧困が社会構造的に生み出されるものであるとすれば、そして公教育制度がその社会構造の構成要素の一つであるとすれば、教育機会を拡大・延長するだけでは経済的困窮や貧困を産出するメカニズムを超克することはできないだろう。むしろ、教育機会の拡大・延長論は、経済的困窮と貧困を当事者の自己責任の範疇に押しとどめ、経済的困窮と貧困の存在を正当化する回路に転化する可能性さえある。

　このような理論・政策状況の背景には、「子どもの貧困」が等価可処分所得を基準とする「相対的貧困」概念の上に構築された概念として現代的貧困問題の発見に貢献した反面、現代における「貧困」の本質理解を欠き「子どもの貧困」概念もまたほぼ空洞に近い状態にあることが関与している。つまり、「子どもの貧困」対策と言っても、それが克服すべきターゲットや達成目標は恣意的に設定可能な状態に置かれているのである。

　教育学には、①「教育福祉」に関する先行研究の成果を踏まえて「教育福祉」概念自体を再定義しつつ、それを基礎に「子どもの貧困」の本質規定を試みること、②これを踏まえて現代日本における子どもの貧困対策事業の意義と問題点を検証すること、③「子どもの貧困」問題解決への社会的合意形成の可能性とその物質的・社会イデオロギー的条件を解明すること、が求められているであろう。

（名古屋大学）

IV

投稿論文

[投稿論文]
準市場における事業評価の影響の検討
―― 地域若者サポートステーション事業を事例に

小山田　建太

1．問題の所在と研究の目的

　今日、教育政策における市場化の是非が多方面から議論されている。すなわち行政活動領域の人為的な市場化が行政権力の濫用を抑止し、非効率を排除するものと期待される一方で（笠 2002）、市場の「見えざる手」による調整が期待できない場合においては「品質保証の仕組み」（大桃 2004：30）を検討する必要がある。

　一方で、政府による関与を前提とした市場原理を促す準市場の仕組みは国内の医療や福祉の分野で既に広く採用されるものであり、教育の分野における準市場化も散見されるものとなっている（後 2014、小塩・田中 2008）。また金子は学校教育政策において、選択・市場メカニズムを導入する「選択・市場志向」と、「学校教育に明確な達成目標を与え、その達成度を評価し、それを経営管理に結び付けることによって、教育システムの統制」を強める「統制志向」との2つのベクトルの改革が同時に進行する実態を指摘しているが（金子 2007：62-63）、このような教育政策の展開に伴って、特定の達成課題を基準とした目標・成果管理の拘束力が強化されることが予測される。

　また上述のような教育政策の展開に対してはこれまでに多くの批判的検討がなされてきており、それらを大きく2つの観点から捉えれば、第1に、特定の達成課題を前提とすることの限界がある。例えばルグランは、目標・成果管理の政策モデルが変化に対する抵抗を短期的に克服する一方で、「継続的なイノベーションや改善を阻害する」（ルグラン 2010：24）可能性があると述べる。また教育成果とは限られた評価指標から記述し得ないものであり（高見 2010：85-86）、その達成課題の設定には労働需要の変化や、被教育者の社会経済的地位の差をも考慮する必要がある（金子 2007：64-65）。したがってこのような政策の展開に対しては、「教育成果のモニタリングと評価手法のさらなる改善」

（高見 2010: 86）などが求められることとなる。

　第2に、特定の観点に基づく事業評価を強いることが、実践者の教育活動の変容を促し、ひいては固有の現場における既存の教育的価値を侵害するものとなる恐れがある。ルグランによれば、目標・成果管理によって「目標は達成されるが長期的には望ましくない結果をもたらすような微妙な行動の変更」（ルグラン 2010：24）が生じうるというが、ボールは教育現場の成果主義に自らを適応させる「新しい種類の実践的倫理」（Ball 2000：16）が既に立ち現れていることを指摘する。重ねて仁平は、市民社会組織が国家の助成や委託を通じて準市場に適応していく過程を「ビジネスライク化」として表現している（仁平 2017）。そして以上のような批判的検討もあり、国内の教育行政は市場原理の導入に概して消極的であり、「教育の市場化は緩慢にしか展開していない」（中嶋 2013: 65）とも言及される。

　しかしながら事業評価の観点が明示されることによって、教育の質保証に向けた継続的な改善サイクルが機能し（服部 2016）、また学習成果の可視化・効率化が実現しうるなど（佐藤 2012）、教育の市場化の影響は多面的に把握される必要があり、何よりこれらの課題の検討に際しては、市場原理を導入するガバナンス改革の具体的な実証分析が不可欠であるといえる（小塩・田中 2008）。

　以上の課題より本稿では、国内において目標・成果管理に基づく準市場を形成・運営する地域若者サポートステーション事業をその先進事例として取り上げ（第2節）、同事業の事業評価がその事業運営に与えた影響を実証的に把握していく（第3節）。そしてこれらの作業を通して、準市場における事業評価が同事業に与えた影響を考察し、多様な教育政策に市場原理を導入することの是非を検討する（第4節）。

2．地域若者サポートステーション事業と、分析データの概要
（1）地域若者サポートステーション事業の概要

　昨今の日本社会では教育や労働の場からの排除を経験し、不安定な移行期を過ごす若者が散見されているが、このような若者の自立を支える公的施策が、地域若者サポートステーション事業である。またここで地域若者サポートステーション（以下、サポステ）とは、「働くことに悩みを抱えている15歳～39歳までの若者に対し、キャリアコンサルタントなどによる専門的な相談、コミュニケーション訓練などによるステップアップ、協力企業への就労体験などによ

り、就労に向けた支援を行ってい」（厚生労働省 2018）る支援機関である。加えてサポステでは、来所者に対する相談・面談業務を支援活動の要点としつつも、コミュニケーションやパソコン、ビジネスマナーに関する講座やジョブトレーニング（就業体験）などの多様なプログラムを用意・提供している（サポートステーションネット 2018）。すなわち同事業は、これまで政策が届いていなかった若者への包括的な支援の提供を重視することに大きな制度的特徴があり（内閣府 2005）、従来のフォーマルな教育を補完する「オルタナティブな教育システム」の成立を目指すものとして捉えられる（佐藤 2015）。

　また同事業を委託しているのは、若者支援や地域福祉の実績とノウハウを持ち、若者の主体的な社会参画や社会的自立を支えるための「教育的働きかけ」（佐藤 2006：4）を提供する支援団体である。加えてこれらの支援団体は、その半数以上がNPO法人であり、教育や福祉、労働、不登校・ひきこもり支援、キャリア支援など多岐に渡る専門性を有している（南出 2017）。そしてこれらの支援団体がその中核的な実践課題として据えるのは、あらゆる若者が自身の「生活基盤」や「役割」、さらには基本的信頼を育むための「居場所」を獲得できるようになることであり（若者支援全国協同連絡会 2016）、狭義の就労支援に留まらない、多様な学習や社会参加の機会を提供する支援活動が広く展開している。

　ただ一方で、単年度の委託事業として成立する同事業には市場原理型の要素が強く（岩満 2012）、その政策的意図も毎年度変容しつつある。またその大きな転換点は2015年度において確認され、同年度以降の同事業の「趣旨・目的」には若年無業者等の経済的自立の実現に取り組む必要性が明示されるようになり、重ねて事業評価の観点も、進学や職業訓練受講等の進路を含む「就職等進路決定者数」から雇用保険被保険者資格を取得しうる「就職者数」へと限定されるようになる（小山田 2017）。言い換えれば同事業には、毎年度変容する事業目標および事業評価の観点の下に、各実施団体を統合・管理する準市場が形成されている実態があると理解できる。

　そして上述のような同事業の変遷は、サポステを「最後の就労支援のセイフティネット」と捉える支援職員に大きな葛藤を与えており（JYCフォーラム（若者支援全国協同連絡会）ほか 2017）、多様なニーズを持つ来所者を引き受けざるをえないサポステが「就職」という「評価基準とのせめぎ合いに立たざるをえなくなった」ことにより、「"積みすぎた方舟"という様相を深め」てい

ることが指摘されている（宮本 2015：22）。重ねてこのような状況の下では、それぞれのサポステの支援活動が「ビジネスライク化」（仁平 2017）していく可能性も推測されるが、先行研究においては同事業および各サポステの支援活動の変容を数量データからマクロに把握する試みがこれまでなされてこなかった。

（2）分析データ

上記の先行研究の課題より本稿では、厚生労働省が開示する2014年度から2016年度までの「地域若者サポートステーション　事業実績一覧」データ（以下、「実績」データ）を用いて、政策的意図の変遷により同事業全体の関心が焦点化されていく趨勢や、各サポステにおける支援活動の変容などを実証的に把握していく。

また「実績」データに示される各「実績」値とその内容は表1の通りであるが、ここで「相談」とはサポステでの個別の相談・面談業務を指し、「セミナー」とはコミュニケーションやパソコン、ビジネスマナーに関する講座、そし

表1　「実績」データに示される各「実績」値と、その内容

各「実績」値	内　　容
就職者数（人）	該当年度内での就職者数（過年度の登録者による就職も含む）。ここで「就職」とは、2015年度より「雇用保険被保険者資格を取得し得る（1週間の所定労働時間が20時間以上、31日以上の雇用見込みがある）」就職を指す。
進路決定者数（人）	該当年度内での進路決定者数（過年度の登録者による進路決定も含む）。ここで「進路決定」とは、就職（週20時間未満の就職も含む）や進学、復学、職業訓練受講、起業などを指す。
新規登録者数（人）	該当年度内での新規登録者数（過年度の登録者は除く）。
就職率（％）	該当年度内での、就職者数／新規登録者数。
相談件数（件）	来所者による相談件数（過年度の登録者による相談も含む）。
セミナー利用件数（件）	来所者個々人によるセミナー等の利用件数（過年度の登録者による利用も含む）*。
ステップアップ相談件数（件）	就職者によるステップアップ相談件数（過年度の就職者による相談も含む）。
ステップアップ定着率（％）	定着・ステップアップ支援を受けた者のうち、就職後6ヶ月経過時点で就労している者の割合（過年度の就職者も含む）。

＊「セミナー利用件数」は、「実績」データ上で「セミナー他参加者数（人）」として参照できるが、その他の支援活動に係る「実績」値が件数を単位に表されるため、本稿では同データを来所者個々人による「セミナー利用件数」として使用する。

て就職セミナーやジョブトレーニング（就業体験）などを含む、多様な各種支援活動を指す。加えて2015年度から実施される、サポステ支援を受けて就職した者の雇用環境の安定化を図る「定着・ステップアップ事業」に係る「実績」値は、「ステップアップ相談件数」や「ステップアップ定着率」に示される[1]。

3．分析
（1）サポステ事業の全体的傾向

まず始めに、2014～2016年度におけるサポステ事業の全体的傾向を把握するため、同事業全体の「実績」値と、その記述統計量を確認する。そこで表2より同事業全体の「実績」値を見れば、同年度間において就職者数や進路決定者数、新規登録者数、また相談件数やセミナー利用件数が総じて減少する傾向が示されるものの、就職率やステップアップ利用件数、ステップアップ定着率は増加しつつあったことが分かる。これらより、来所者の「就職」や「定着・ステップアップ」に対する同事業の関心の高まりを把握することができ、この背

表2　2014～2016年度におけるサポステ事業全体の「実績」値と、記述統計量

	2014年度 (N＝160)		2015年度 (N＝159)		2016年度 (N＝160)	
	事業全体の「実績」値	平均値（標準偏差）	事業全体の「実績」値	平均値（標準偏差）	事業全体の「実績」値	平均値（標準偏差）
就職者数（人）	17687	110.54 (52.54)	15479	97.35 (44.85)	14157	88.48 (42.21)
進路決定者数（人）	20106	125.66 (59.17)	16349	102.82 (48.30)	15170	94.81 (45.22)
新規登録者数（人）	33798	210.61 (103.92)	27046	170.10 (87.61)	24341	152.13 (76.26)
就職率（%）	52.3	55.05 (19.60)	57.2	59.45 (13.27)	61.9*	59.42 (11.80)
相談件数（件）	309827	1936.42 (1207.16)	272298	1712.57 (1021.18)	269409	1683.81 (984.31)
セミナー利用件数（件）	213274	1332.96 (1249.70)	213141	1340.51 (1326.67)	203347	1270.92 (1433.02)
ステップアップ相談件数（件）			47753	300.33 (323.83)	53725	335.78 (272.58)
ステップアップ定着率（%）			59.3	56.63 (19.34)	67.6	67.44 (15.97)

＊2016年度の事業全体の就職率は、新規登録者のうち「リファー等により本事業での支援の対象とならなかった方を除いた合計」の22885人に基づき計上されている。また2016年度のステップアップ定着率は、「かすかべ若者サポートステーション」の値が「実績」データ上で欠損値として参照されるため、N＝159として集計。

景には2015年度より同事業評価の観点が就職者数に限定されることの影響が推察される。

また各年度の記述統計量についても見れば、上記の全体的傾向にも重なって就職者数などの各「実績」値の平均値や標準偏差が減少しつつあった一方で、セミナー利用件数の標準偏差のみが毎年度増加していたことが確認できる。これらより2014～2016年度間において、各サポステでのセミナーの提供規模には差が生じつつあったことが分かる。

（2）2014～2016年度で受託が終了した実施団体の「実績」値

同事業の準市場においては、各サポステの「実績」値が毎年度の受託状況を左右するものとなっていた実態も把握される。表3では、2014～2016年度で実施団体の受託が継続／終了したサポステ[2]の「実績」値をt検定により比較した結果が示されているが、毎年度その差が顕著に現れ続けていたのが、就職

表3　2014～2016年度で実施団体の受託が継続／終了したサポステの「実績」値の平均値の差（t検定）

	2014年度			2015年度			2016年度		
	継続した サポステ (N=148)	終了した サポステ (N=12)		継続した サポステ (N=143)	終了した サポステ (N=16)		継続した サポステ (N=148)	終了した サポステ (N=12)	
就職者数（人）	112.78 (53.06)	83.00 (37.117)	†	99.11 (46.01)	81.63 (29.20)	*	90.59 (42.88)	62.50 (19.44)	***
進路決定者数（人）	128.15 (59.65)	95.00 (44.00)	†	104.80 (49.57)	85.19 (30.59)	*	97.05 (45.94)	67.25 (21.31)	***
新規登録者数（人）	214.06 (105.68)	168.08 (68.84)		173.67 (90.16)	138.19 (51.95)		155.87 (77.61)	106.00 (32.29)	***
就職率（％）	55.53 (20.18)	49.12 (8.01)		59.22 (13.36)	61.50 (12.56)		59.35 (11.75)	60.22 (12.86)	
相談件数（件）	1964.54 (1228.60)	1589.58 (866.00)		1765.86 (1045.55)	1236.25 (605.38)	*	1713.24 (996.65)	1320.83 (758.09)	
セミナー利用件数（件）	1380.69 (1277.67)	744.33 (591.88)	†	1366.74 (1258.58)	1106.06 (1865.12)		1325.70 (1465.18)	595.33 (675.43)	†
ステップアップ相談件数（件）				269.44 (226.07)			342.78 (278.25)	249.42 (174.77)	
ステップアップ定着率（％）				57.52 (18.96)	48.64 (21.49)	†	67.26 (16.29)	69.91 (11.01)	

***：$p<.001$, *：$p<.05$, †：$p<.10$
※2016年度のステップアップ定着率は、受託団体の契約が終了した「かすかべ若者サポートステーション」の値が「実績」データ上で欠損値として参照されるため、N＝11として集計。

者数や進路決定者数であった。これらの「実績」値とは、同年度間において同事業評価の観点となったものである。なおその他にも、新規登録者数や相談件数、セミナー利用件数などの「実績」値に有意な差を見出すことができる。

これらの結果より同事業は、事業運営に適合的でないと判断されるサポステの実施団体をその準市場から退出させていたことが確認でき、各サポステの就職者数を始めとする「実績」値がその選別の基準として活用されていた実態が把握できる。

（3）就職者数の増減に関連した支援活動の探索

それでは、2014～2016年度において就職者数が多かったサポステとは、どのような支援活動を重視するサポステであったのだろうか。そこで、相談件数とセミナー利用件数とがそれぞれ上位／下位であった組み合わせからなる4類型を作成し、各年度でそれら4類型に属するサポステのうち就職者数が上位であったサポステの数と割合を算出したのが、以下の表4である。なお各「実績」値の上位群／下位群は、それぞれ均等二分割をおこないカテゴリ化している。

まず表4より、相談件数とセミナー利用件数が共に上位であったA群と、それらが共に下位であったD群とに多くのサポステが該当していたことが分かり（A群には2014・2015・2016年度で55・47・48ヶ所が該当し、D群にはそれぞれ55・48・48ヶ所が該当）、各サポステでの支援活動の提供規模には差が生じていたことがうかがえる。なおこのことには各サポステの新規登録者数や事業等級[3]の差などがかかわっていたことが推察されるが、このような背

表4　4類型化されたサポステのうち、就職者数が上位であったサポステの数と割合（2014～2016年度）

		2014年度 (N=160)	2015年度 (N=159)	2016年度 (N=160)
A群：相談件数が上位で、 セミナー利用件数も上位	該当数／母数 該当の%	42／55 76.4%	39／47 83.0%	37／48 77.1%
B群：相談件数が上位で、 セミナー利用件数が下位	該当数／母数 該当の%	17／25 68.0%	18／32 56.3%	18／32 56.3%
C群：相談件数が下位で、 セミナー利用件数が上位	該当数／母数 該当の%	10／25 40.0%	10／32 31.3%	15／32 46.9%
D群：相談件数が下位で、 セミナー利用件数も下位	該当数／母数 該当の%	11／55 20.0%	12／48 25.0%	10／48 20.8%
		$\chi^2(3)=39.331$ $p<.001$	$\chi^2(3)=37.442$ $p<.001$	$\chi^2(3)=31.042$ $p<.001$

景の影響もあり、A群に属するサポステはD群のサポステに比較して、就職者数が上位であった割合が各年度で有意に高かったことも確認することができる。

ただ一方で着目できるのは、相談件数のみ上位であったB群がセミナー利用件数のみ上位であったC群に比較して、就職者数が上位であった割合が各年度で一定程度高かったということである。これらより、相談件数が上位であったサポステにおいて、またはセミナーの提供以上に個別相談・面談業務をより重視したサポステにおいて、就職者数がより多く計上された傾向が推察される。

さらに上記の傾向は経年的なデータの分析からも確認することができ、同年度間での就職者数の増減に関連した背景要因を探索する重回帰分析の結果が、以下の表5である。この分析モデルでは、同年度間で同一の支援対象地域を持つ154ヶ所のサポステによる3年度分の「実績」値を紐づけたデータセットを用いて[4]、2015年度および2016年度での各サポステの「実績」値の対前年増減率をそれぞれ算出し、それらの変数を表5の両年度間のモデルに強制投入している。またこの分析では、特に就職者数に対する相談件数とセミナー利用件数との関連性に着目し、各年度でセミナー利用件数が0と計上されるサポステは今回の分析から除外している。なお各サポステにおける支援活動の提供規模

表5 2014～2015年度間、2015～2016年度間における就職者数の増減率に関連を持つ背景要因の探索（重回帰分析）

	2014～2015年度間			2015～2016年度間		
	B	標準化係数	VIF	B	標準化係数	VIF
(定数)	.040			-.120		
新規登録者数	.448 ***	.367	1.156	.755 ***	.577	1.177
相談件数	.473 ***	.481	1.223	.339 ***	.278	1.256
セミナー利用件数	.003	.018	1.123	.040	.068	1.114
実施団体の変更	-.057	-.037	1.032	-.124 †	-.100	1.048
調整済み R^2 値	0.482			0.532		
F値	35.658			43.924		
有意確率	0.000			0.000		
N	150			152		

***：$p<.001$，†：$p<.10$

を統制する変数として、新規登録者数の増減率や、各年度間で実施団体の変更があったサポステであることを示す「実施団体の変更」ダミー[5]を併せて投入し、それらの影響についても参照・検討する。

そして表5より両年度間において、就職者数の増減率には新規登録者数の増減率のみならず、相談件数の増減率が有意な関連を示していたことが確認でき、なお2015～2016年度間では「実施団体の変更」ダミーが10%水準での負の関連を与えていたことも見て取れる。これらの結果より、2014～2015年度間および2015～2016年度間で新規登録者数、そして相談件数の割合を増加／減少させたサポステが、就職者数の割合を増加／減少させていたということが理解でき、このことは実施団体変更の影響を統制した上でも強く表れるものであることが把握される。しかしながらその一方で、セミナー利用件数の増減率は就職者数の増減率に有意な関連を示しておらず、就職者数への関連性が相談件数とセミナー利用件数とで大きく異なることがうかがえる。

(4) セミナーを重視したサポステの「実績」値

前項の知見から就職者数と相談件数との強い関連が示されたものの、一方でセミナー利用件数の標準偏差が毎年度増加していたことから（表2）、セミナーの提供を重視していたサポステの存在も浮かび上がる。そこで本項では、各年度において相談件数よりセミナー利用件数をより多く計上し、かつその値が各年度の平均値を超えていたサポステを「セミナー重視群」として抽出し、「セミナー重視群」とその他のサポステとの「実績」値を比較するt検定をおこなう。

そしてその分析結果より[6]、「セミナー重視群」が各年度において就職者数や新規登録者数をより多く計上していたことが確認でき、また相談件数もその他のサポステと同水準のものとなっていた。なおこれらの特徴を持つ「セミナー重視群」において就職者数がより多く計上されることは、前項の表5の結果からも推定されるものとなっている。

(5) 分析結果のまとめ

本節での主な分析結果は、以下の4点としてまとめられる。第1に、来所者の「就職」に対する関心が高まる2014～2016年度間で、各サポステにおけるセミナーの提供規模に差が生じるようになっていた（第1項）。

第2に同事業が形成する準市場は、事業運営に適合的でないとされるサポステの実施団体を、就職者数を始めとする「実績」値に基づき退出させていた（第2項）。
　第3に、セミナー利用件数以上に相談件数をより多く計上するサポステが、各年度において就職者数をより多く計上する傾向があった。重ねて、同年度間での就職者数の増減には新規登録者数のみならず相談件数の増減が関連を示しており、セミナー利用件数の増減は明確な関連を示していなかった（第3項）。
　第4に、一方で「セミナー重視群」は就職者数や新規登録者数を多く計上しており、相談件数もその他のサポステと同水準であった（第4項）。
　また上記の知見はさらに以下の2点として大別することができ、第1に、同事業評価の観点が就職者数に限定されることによる、同事業全体の変容を見出すことができる。この傾向は、同事業全体の「実績」値の推移に表れるものであり（第1項）、同事業に適合的な実施団体が「実績」値に基づき選別される実態も把握された（第2項）。すなわち2014～2016年度での同事業の政策的意図の変容は、その「実績」値にも反映されるものとなっていたことが理解できる。
　第2に、同事業全体の変容にも伴い、それぞれのサポステが同事業評価に適合的な支援活動を模索・展開していた実態が確認される。具体的には、個別の相談・面談業務を充実化させることが就職者数をより多く計上することに関連を持っており（第3項）、またセミナーを重視した場合にも、新規登録者数が多く、相談件数も一定水準以上のサポステにおいては多くの就職者数が計上されていた（第4項）。なおこのような各サポステにおける支援活動の展開の差は、2014～2016年度でセミナーの提供規模に差が生じつつあったこと（第1項）からも推察される。これらより、準市場における同事業評価の観点の焦点化がその実施団体に直接的な誘因を提供し、一様ではない「新しい種類の実践的倫理」（Ball 2000：16）を蓄積させていた実態を把握することができる。

4．考察
（1）地域若者サポートステーション事業の趨勢と、課題
　本稿では、準市場における事業評価の影響についてサポステ事業を事例に概観してきたが、その分析結果を端的に表現すれば、同事業がその事業評価の観点に基づき合理的かつ効率的な事業運営を目指す実態が確認された。またこの

ような結果は、準市場における事業評価の拘束力を実証するものであるといえ、同事業全体の変化を短期的に促すものとなっていたことが推察される。

しかしながら上述のような支援活動の展開には、大きな課題が見出される。すなわち就職者数を同事業評価の観点とする場合において、各サポステがセミナーを充実化させることのインセンティブが喪失されていくことが考えられ、またその傾向は新規登録者数が少ないサポステにおいてより顕著なものとなることが理解される。したがってこのようなサポステにおいては、同事業の下でのセミナー提供に要するコストの見直しが図られることが想起されうる。

これらの点を踏まえれば、評価基準の焦点化がその支援活動の「ビジネスライク化」(仁平 2017) を促すことにより、同事業が元来有する制度的特徴が矮小化する可能性があることに留意しなければならない。狭義の就労支援に留まらない多様な学習や社会参加の機会の提供、ひいては「居場所」の提供を通じて、あらゆる若者自身の成長・発達を支えていくことの意義や重要性は、これまで多くの若者支援団体に指摘・共有されてきたものであり(例えば、若者支援全国協同連絡会 2016)、またこれまで同事業はあらゆる若者への包括的支援や社会的自立を支える「教育的働きかけ」の実現に資するものとして強く期待されてきたが(佐藤 2006、2015)、今後の同事業がこれらの若者支援団体に目指される教育的価値を内包した支援活動を多様な来所者に提供しうるのかについて、検討を深めていく必要がある。

(2) 市場原理を導入する教育政策の是非

そして以上より確認されたサポステ事業の趨勢とその課題を受ければ、多様な教育政策に市場原理を導入することに関して、重要な示唆を得ることができる。第1に、特定の達成課題に還元し得ない教育的営為および教育的価値は、その評価基準が限定されていくことに伴い軽視される可能性がある。したがってその市場原理の導入は、多様な教育政策や教育実践が元来有する教育的価値を明示化し、その教育的価値を実現していくことを前提としない限り、あらゆる教育実践を合理性や効率性にのみ適応させるものとして機能しうることに留意すべきである。

第2に、特定の達成課題を事業評価の観点とする場合には、それらの観点が固有の教育政策や教育実践から明示化される教育的価値の実現に資するものであるかについて、その妥当性を検討し続ける必要がある。またそれらの観点が

固有の文脈における教育的価値や教育成果を代表するものとならない限り、固有の教育政策における継続的な合理性や効率性をも担保しえない。したがって教育政策において特定の事業評価の観点を設定する場合には、それらの観点から目指される教育的価値とはどのようなものであるかを問い直し、また特定の観点やその教育成果を把握する方法についての修正・改善を図っていくことが重要であるといえる。そしてこのような修正・改善のプロセスが、既存の教育実践が有する根源的な価値や理念をも同時に浮かび上がらせるものとなることが強く望まれる。

最後に本稿の限界と課題としては、分析データが一定期間のものとなったことが挙げられる。同事業には毎年度政策的意図の変容が示されるが、経年的な「実績」データの分析を進めることで同事業評価の影響をより詳細に把握することが今後の課題である。加えて、各サポステの支援活動が変容する実態をより内在的な視点から明らかにする際には、各種支援活動への参与観察や支援職員へのインタビュー調査などの継続的な実施が求められるが、今後は本稿の知見を多面的な方法論に基づく知見から比較・検討していくことを目指す。

注
(1) ここで目指される「定着・ステップアップ」とは具体的に、「①正社員転換、②有期雇用から無期雇用への転換、③間接雇用(派遣)から直接雇用への転換、④所定労働時間の増加等」を指す。
(2) 受託が終了したサポステとは、2014〜2016年度において同一の実施団体による契約の更新が実現しなかったサポステと、同一支援対象地域での企画競争の公募が終了したサポステが該当している。
(3) 2014〜2016年度で同事業は、各サポステの予算措置にかかわる事業等級を前年度の就職者数を始めとする「実績」値に基づき設定しているが、2015〜2016年度の事業等級は開示されないため、本稿では分析の対象としない。
(4) このデータ統合の基準に伴い、各サポステの実施団体には変更が生じている場合がある。また同分析での対象外となったサポステは、以下の通り。
[2014年度] 埼玉とうぶ若者サポステ(2015年度まで)、あやべ若者サポステ(2015年度まで)、京都丹波地域若者サポステ(2015年度まで)、なら若者サポステ、宮崎県北若者サポステ、奄美若者サポステ。[2015年度] ふくやま地域若者サポステ(2016年度まで)、奄美若者サポステ。[2016年度] おびひろ地域若者サポステ、かすかべ若者サポステ、北京都若者サポステ、奈良若者サポステ、くらしき地域若者サポステ。

（5）各年度間で実施団体の変更があったサポステを1とし、変更がなかった（同一団体が継続実施する）サポステを0とする。また同変数を投入するのは、新規応募の団体が初年度は最も低い等級での応募・実施を原則求められることから（2015・2016年度の場合）、それらのサポステでの支援活動の提供規模が前年度に比較して縮小する可能性が予測されるためである。

（6）「セミナー重視群」は、各年度で2割程度であった。また分析結果の提示は紙幅の都合上割愛するが、就職者数や新規登録者数について2015年度では5％水準、2014・2016年度では0.1％水準での有意な差が認められた。

参考文献
・Ball, Stephen, (2000) Performativities and Fabrications in the Education Economy: Towards the Performative Society?, *Australian Educational Researcher*, 27(2), pp.1-23.
・服部壮一郎（2016）「1990年代以降のニューオーリンズ市における教育ガバナンス改革—市場原理に基づく学校管理のしくみとその特徴—」『日本教育政策学会年報』第23号、pp.167-180.
・岩満賢次（2012）「日英の若年無業者支援の実施体制とローカルガバナンスの関係—地域若者サポートステーションとコネクションズ・サービスに着眼して—」『中国・四国社会福祉研究』第1号、pp.10-21.
・JYCフォーラム（若者支援全国協同連絡会）ほか（2017）『第12回　全国若者・ひきこもり協同実践交流会 in 東京　報告集』.
・金子元久（2007）「学力の目標・成果管理がもたらすもの—『学力政策』の射程と公教育の亀裂—」『日本教育政策学会年報』第14号、pp.55-68.
・厚生労働省（2018）「地域若者サポートステーション」（2018年11月21日最終アクセス、https://www.mhlw.go.jp/stf/seisakunitsuite/bunya/koyou_roudou/jinzaikaihatsu/saposute.html）.
・Le Grand, Julian, (2007) *The Other Invisible Hand: Delivering Public Services through Choice and Competition*, Princeton University Press.（=2010、後房雄訳『準市場　もう一つの見えざる手—選択と競争による公共サービス—』法律文化社.）
・南出吉祥（2017）「『若者支援』の担い手の多様性—地域若者サポートステーション事業の展開から—」『岐阜大学地域科学部研究報告』第41号、pp.127-143.
・宮本みち子（2015）「若年無業者と地域若者サポートステーション事業」『季刊社会保障研究』第51巻第1号、pp.18-28.
・内閣府（2005）「若者の包括的な自立支援方策に関する検討会報告」.
・中嶋哲彦（2013）「新自由主義的国家戦略と教育政策の展開」『日本教育行政学会年報』第39号、pp.53-67.

- 仁平典宏（2017）「政治変容―新自由主義と市民社会―」坂本治也編著『市民社会論―理論と実証の最前線―』法律文化社、pp.158-177.
- 大桃敏行（2004）「教育のガバナンス改革と新たな統制システム」『日本教育行政学会年報』第30号、pp.17-32.
- 小塩隆士・田中康秀（2008）「教育サービスの『準市場』化の意義と課題―英国での経験と日本へのインプリケーション―」『季刊社会保障研究』第44巻第1号、pp.59-69.
- 小山田建太（2017）「社会資源としての地域若者サポートステーションの検討―事業の変遷に見るワークフェアの理念―」『筑波大学教育学系論集』第41巻第2号、pp.63-75.
- 笠京子（2002）「NPMとは何か―執政部、市場、市民による民主的行政統制―」『香川法学』第21巻第3・4号、pp.158-208.
- サポートステーションネット（2018）「サポステって、どんなところ？」（2018年11月21日最終アクセス、http://saposute-net.mhlw.go.jp/about.html）.
- 佐藤洋作（2006）「若者の社会的自立をどう支援できるか―若者支援の現場から―」『地域と人権』第273号、pp.1-7.
- 佐藤洋作（2015）「学校から仕事への移行を支える―学び直しの場をつくる―」宮本みち子編『すべての若者が生きられる未来を―家族・教育・仕事からの排除に抗して―』岩波書店、pp.67-90.
- 佐藤裕紀（2012）「デンマークにおける成人教育の評価に関する政策―自由成人教育における事前学習評価の導入に着目して―」『日本教育政策学会年報』第19巻、pp.130-142.
- 高見茂（2010）「NPM（New Public Management）の導入と行財政改革の新展開―政府の役割の再考、業績マネジメントの導入、そして予算・財政マネジメント改革へ―」『日本教育行政学会年報』第36号、pp.72-88.
- 後房雄（2014）「『準市場』論から見た子ども・子育てシステム改革」『日本教育政策学会年報』第21号、pp.96-106.
- 若者支援全国協同連絡会（2016）『「若者支援」のこれまでとこれから―協同で社会をつくる実践へ―』かもがわ出版.

（筑波大学大学院）

[投稿論文]

市区町村教育委員会による「授業スタンダード」施策の現状と課題
―― 位置づけ、内容、活用方法に着目して

澤田　俊也・木場　裕紀

1．はじめに
（1）授業スタンダードとは

近年、授業のあり方に関する手引きとして、「授業スタンダード」[1]が教育委員会や学校で作成されている。従来は大綱的基準である学習指導要領のもとに、いかに授業を行うかは基本的に教師に任されてきたが、授業づくりに踏み込む授業スタンダードの普及は、教師の創意工夫に基づく教育実践を変容させ得る。

授業スタンダードの内容や位置づけを検討している先行研究には、以下のものがある。勝野（2016）は、授業スタンダードが従来の手引きよりも強い規範性をもち、授業展開、板書の構造化といった指導方法、学習規律などを内容に含んでいると指摘している。佐々木ほか（2016）は、授業スタンダードには「実際の授業の展開ないし指導方法」や「学習規律の確立」が記されている傾向があることを指摘している。子安（2016）は、授業展開やICT活用が含まれている場合が多いと述べている。福田（2017）は、授業スタンダードを「学校生活を送るうえでの心構えや授業進行の『型』」（p.64）と定義している。内山（2018）は、「教員の行う授業の流れや授業内での発問や板書の仕方などの授業の展開を中心に、授業や授業づくりにかかわる基本的な事項を簡潔に示したもの」（p.62）と定義している。

先行研究による定義は完全には一致していないが、共通点を確認できる。すなわち、授業をいかなる過程で進めるのかという授業展開や具体的な手立てとしての指導方法、子どもにいかなる姿勢を要求するのかという学習規律が内容に含まれている点、さらに授業スタンダードを活用した実践が学校や教師に求められている点である。先行研究の知見を踏まえて、本稿では、授業スタンダードを「授業展開や指導方法、学習規律について定めた規範」[2]と定義する。

（2）課題の設定と本研究の意義

　先行研究は授業スタンダードの内容や位置づけの全体的な傾向と教育実践に与え得る影響[3]を論じている点で参考になるが、授業スタンダードすべてが同じ傾向をもつのか[4]、分類できるならばその要因は何かについてはあまり検討していない。また、学力調査の結果に関わる成果指標が市区町村の教育振興基本計画に定められている場合に、授業スタンダードが他の授業づくりの手引きに比べて作成・使用される傾向があると指摘されているが（佐々木ほか2016）、こうした成果指標がなくても作成している事例もある。そのため、成果指標の有無によって授業スタンダードの内容や位置づけに差異があるか検討の余地がある。

　また、授業スタンダードの活用をどの程度強く求めるのかという強制力の違いが、教育実践へ異なる影響を与えることが示唆されている（内山 2018）。しかし、具体的にどのような強制力の違いがあるかについては論じられていない。

　そこで本稿は、学力調査の結果に関する成果指標の有無に着目して、市区町村教育委員会作成の授業スタンダードの位置づけや内容、活用方法の傾向を検討する。本研究は、一括りに説明されてきた授業スタンダードの分類とその要因の仮説を示し、強制力の異なる授業スタンダードが教師の学びに及ぼす影響や教育委員会による学校や教師への支援のあり方を示唆できる点で意義がある。

2．研究方法
（1）調査の概要

　まず、指定都市・特別区・市の全数と町村の半数の1277自治体に質問票でプレ調査を行った。授業スタンダードについては445件の回答があり、独自に作成している自治体は46件であった。このうち、学力調査結果に関わる成果指標を設定しているのが11件、していないのが31件、未回答が4件であった。

　プレ調査では、授業スタンダードの提供も依頼した。提供された授業スタンダードを本稿の定義に基づいて確認した上で、自治体に訪問調査を依頼し、7自治体から合意が得られた。7自治体の概要と2016年度全国学力・学習状況調査の結果、学力調査結果に関わる成果指標の設定状況は表1の通りである。

　訪問調査では、授業スタンダードの内容や位置づけ、活用方法に加えて、作成背景、授業スタンダードの効果と課題に関する認識について半構造化インタビューを行った。インタビューはすべてインタビュイーの同意を得て録音され

表1　本稿で扱う自治体

	A市	B市	C市	D市	E市	F市	G市
所在	関西地方	関西地方	東京都	関東地方	関東地方	関西地方	東北地方
規模	中核市規模	政令市	特別区	政令市	中核市規模	10万人強	10万人弱
学力調査結果	小・中すべての教科で全国平均以上	小・算B以外は全国平均以下	小・国A算A以外は全国平均以下	小・中すべての教科で全国平均以下	小・中すべての教科で全国平均以上	小・中すべての教科で全国平均以下	小・中すべての教科で全国平均以上
成果指標	全国平均との比較など	全国平均との比較	区調査の目標通過率	全国平均との比較	なし	なし	なし

表2　インタビューの概要

	調査日時	調査協力者
A市	2016年12月15日	学校教育課参事、指導主事
B市	2016年12月14日	学校教育課主任指導主事、指導主事
C市	2016年11月10日	統括指導主事
D市	2016年11月15日	指導課主任指導主事2名
E市	2016年11月29日	指導課主幹、指導主事
F市	2016年12月13日	教育政策課長兼教育研究所長、主査
G市	2017年5月18日	学校教育課長

た。インタビューは、教育委員会の指導主事や指導主事が所属する部局の課長を対象に行った。対象とした理由は、授業スタンダードは授業についての指導文書であるために指導課にあたる部局が担当であること、活用方法については学校訪問を行い、授業づくりを指導している指導主事や、指導主事を束ねる担当課長が詳しいと考えたためである。インタビューの概要は表2の通りである。

（2）分析の手続きと事例の選択

　まず、インタビュー記録を逐語録化し、授業スタンダードの内容や位置づけ、活用方法についての語りを中心に取り上げ分析した。また、授業スタンダードや各種指導文書等を補助資料とした。第1著者がE・F・G市を、第2著者がその他の自治体を担当し、合議で結果を確認した。この結果をもとに第1著者が総合的に考察し、合議で妥当性を検討した。本稿の執筆にあたり、文意を損ねない範囲でインタビュー記録の語順を入れ替えたり、加除を施したりした。

表3　自治体別授業スタンダード施策の概要

	A市	B市	C市	D市	E市	F市	G市
内容	授業のユニバーサルデザイン、構造化、1時間の授業による学力定着	教師主導から子ども主体の授業への転換、1時間の授業への学力定着	主体的・対話的で深い学び、1時間の授業による学力の定着	平均正答率と相関がある指導方法、1時間の授業による学力定着	授業のユニバーサルデザイン	学び合う授業づくり（主体的・対話的で深い学び）	授業のユニバーサルデザイン
位置づけ	自治体の学力向上施策の一つ	自治体の学力向上施策の一つ	自治体の学力向上施策の一つ	自治体の学力向上施策の一つ	学力向上施策ではない	学力向上とともに人間関係づくり	学力向上施策ではない
活用方法	強制力あり	強制力あり	強制力あり	強制力あり	強制力なし	強制力なし	強制力なし

　本稿では、学力調査結果に関わる成果指標を設定している自治体にA市を、設定していない自治体にE市を取り上げる。その理由は、中核市規模の人口を有するために教育リソースの確保が比較的容易である点、ただし中核市ではないために教員の人事・研修権が都道府県教育委員会にある点で、ある程度自治体の状況が一致しており、条件を可能な限り統制しつつ比較検討できるためである。さらに、結論を先取りすると、成果指標が設定されている自治体とそうでない自治体では授業スタンダードの内容や位置づけ、活用方法に違いがあることが確認されたが（表3）、特にA市とE市の調査から、それぞれの授業スタンダード施策の根底にある教育委員会の理念について重要な回答が得られた。ただし、B市やF市の調査から、A市とE市への調査で得られた知見を補強すると同時に特筆すべき点が確認されたため、B市やF市の調査結果にも触れる。

3．学力調査の成果指標がある事例

　まず、学力調査の結果についての成果指標がある事例として、A市を中心に取り上げる。A市は2006年度に都道府県教育委員会が行った学力調査の結果を受け、子どもの学力向上に本腰を入れて取り組むようになった。

　なんとなく、もう少しA市はできているとみんな思っていた。家庭環境も比較的落ち着いている地域が多いですし、子どもたちの様子を見ても学力も自然ときっちりついていっていると思っていたところ、そうでない

> 結果でした。特に中学校が40％未満と80％に山があって二極化をしていることがわかったので、学力にもう少し力を入れていかなければいけないということで2008年度からのプランにつながるということになったようです
> （参事。下線は引用者）

　A市では、2008年度から3カ年ごとの学力向上プランを作成し、これに沿って学力向上施策が進められている。2010年作成のプラン以後、全国学力・学習状況調査の教科ごとの平均正答率のほか、平均正答率が40％未満の子どもの割合や児童生徒質問紙の数値について目標が定められた。各学校にもA市のプランに沿った計画を作成させ、学力向上施策の浸透のための仕組みをつくってきた。
　A市は2012年に授業スタンダードを作成した。A市は、全国学力・学習状況調査で好成績を収めた自治体への視察で作成のヒントを得た[5]。

> 授業のユニバーサルデザイン、授業の構造化に重点を置いて、当たり前のことを当たり前にやるという方針でやっていたところを見て、この授業スタンダードづくりに至ったと当時の担当者からは聞いている（指導主事。下線は引用者）

　A市の授業スタンダードは、その冒頭で児童生徒質問紙における発表の機会や話合い活動についての回答状況を視察した自治体と比較した上で、めあての提示、個人学習、グループ学習、学習の振り返りという授業展開を示している。そして、それぞれの段階で教師がとる方策や立ち居振る舞いが説明されており、こうした授業展開や指導方法を「当たり前に授業に取り入れ」、学校全体で授業実践と統一することが掲げられている。特に、学習を振り返る際には、子どもが1時間の授業で「わかる・できる」という達成感を感じられることが重視されている。さらに、A市の学力向上プランでも学力向上のための学校の取り組みとして授業スタンダードを取り入れた授業づくりが推進されており、A市の授業スタンダードは学力向上施策として明確に位置づけられている。
　A市の授業スタンダードは、主に初任者への指導の場で活用されている。A市は、増加する若手教師の力量形成をいかに短期間に効率的に進めるのかという課題に直面していた。初任の教師には教育センターの指導主事と退職校長が

学期に1回学校を訪問し指導しているが、その際に「授業スタンダードの説明であったり、そういった授業ができているかの確認」（指導主事）がなされている。初任の教師には、授業スタンダードに沿った授業づくりが強調されている。

> <u>初任者への指導で言うと、やってくださいというかたちですね</u>。現実的にはなかなかそこまで強くやりなさいという指導ではないのですが、<u>当然どの学校の校長も、この授業はしないといけないという認識を持っている</u>ので、その中で学校の主体的な部分も含めてやってもらっています（指導主事。下線は引用者）

A市の授業スタンダードにも教科特性に応じて工夫する必要性が記されているが、授業スタンダードを当たり前のこととして統一的に実践することも記されている。そのため、A市の授業スタンダードは強制力をもって活用されている。

一方で、授業スタンダードが課題を引き起こしているとの認識もある。

> こうしましょうというのが出ることで、若い先生にありがちですが、<u>型にはめていくというか、グループワークをしていればいいというか</u>。そうじゃなくて、何のためにグループワークをするか、何のために個別で考えるか、何のためにめあてを出すのか、何のために振り返るのか、<u>なぜそれをするのかっていうところがすごい大事だと思うんですけれども、そこの部分がやや弱いのかなというのが、学校に対して行った質問紙調査の中でも見えるかな</u>（指導主事。下線は引用者）

授業スタンダードを活用した指導を徹底してから、A市ではめあての提示や話合い活動の取り組みで児童生徒質問紙の数値が向上している。A市の授業スタンダードは若手教師に浸透しているが、指導主事は指導の目的感まで伝えきれていないと感じている。この課題への対応については以下の回答を得た。

> <u>訪問の中でというのが今のところですが、担当個人的には何かしら施策を打っていく必要はあると</u>。ただ、<u>50代がほとんどいない中で、いかに若い先生に力をつけていくかは考えていかなきゃいけないとは</u>（指導主事。下

線は引用者)

　A市の指導主事は、学校訪問で指導してはいるが不十分であり、根本的な解決のためには自治体として新たな手を打つ必要があると考えている。一方で、若手教師の育成という課題もあり、現在の施策を大きく見直すことに困難を感じている。

　また、学力調査の成果指標がある事例としてB市をつけ加える。B市では、若手教員の増加や学習指導要領改訂に伴う「主体的・対話的で深い学び」への対応のために、2014年に授業スタンダードが作成された。B市の授業スタンダードでも授業展開が解説されているが、展開の段階ごとにポイントとされる指導上の留意事項がチェックリスト状に羅列されている。さらに、A市と同様に、授業スタンダードに準拠した授業を行なうことで、1時間の授業で子どもに学力が定着したかが重視されている。教育振興基本計画でも、学力の育成の方略として、授業スタンダードを活用した授業改善が明確に位置づけられている。

　また、B市の授業スタンダードは「教育委員会からの指示伝達事項」として扱われているため、「ほぼこういったことは組み入れてくださいという強制力がある」(主任指導主事)。また、指導主事は学校訪問の際に「(授業スタンダードに準拠した授業実践が) どの程度進んでいるのかを確認して」(指導主事) いる。さらに、「最初はスタンダードを守ってもいいのかな」(主任指導主事) というように、教師には授業スタンダードに準拠した授業実践がまず求められている。

　注目すべきは、B市の授業スタンダードの効果と課題についての説明である。

依然としてB市としてはなかなか家庭での自主的な学習の定着はやはり低いな。授業改善はある一定進んできているのに、全国学力・学習状況調査や都道府県のテストではなかなか伸びてこない。授業改善というところでは、発表の機会や話合い活動などの定性的な部分の数値がすごく伸びてきているのは事実なんです。なかなか点数的なところが伸びてこないっていうところの原因としては、定着の部分がやはりあるのかなと (指導主事。下線は引用者)

B市では、授業スタンダードの実践が学力向上と直接的に結びつけられて期待された。ところが、授業スタンダードに準拠した授業改善が進んできているにもかかわらず、学力調査の正答率はあまり改善しなかった。そこでB市では、家庭学習のリーフレットを作成し、「本来は家庭でやることなんですけれども、学校を通じて、こういったことをその都度」（主任指導主事）周知している。つまり、学力向上施策の次の一手として家庭教育が位置づけられているのである。

4．学力調査の成果指標がない事例

　次に、学力調査結果の成果指標を設定していない事例として、E市を中心に取り上げる。E市の教育振興基本計画には施策の内容ごとに成果指標が設定されているが、学力テストの結果に関するものはない。「確かな学力」に関連する成果指標には、「学校の勉強が楽しい」と回答する子どもの割合や問題解決的な授業の取り組み状況がある[6]。また、E市は、全国学力・学習状況調査の結果を分析し、課題が見られる問題に関する授業のアイディア例を作成している。E市は学習に対する子どもの認識や授業スタイルの改善を目指す一方で、学力テストの結果をE市の状況を分析するためのツールとして捉えている。

　E市の授業スタンダードは、学力テストの結果改善を意識して作成されたものではない。指導課主幹によれば、全国的に注目されている「授業のユニバーサルデザイン」を背景に、2013年から指導課の特別支援担当の職員が「特別支援教育の視点から発信して、どの子もわかる」（指導主事）というパンフレットを全8回作成し、2015年に冊子にまとめた。子どもの姿勢や情報の視覚化などのテーマが毎回設定され、子どものつまずきやそれを乗り越えるための支援の方法が、E市内の小中学校の事例とともに取り上げられている。E市の授業スタンダードは、子どもの理解を促すような指導方法、板書や掲示物のあり方、教師の立ち居振る舞いなどが紹介されているが、「学力向上」という単語はなく、学力向上のためのツールとしては位置づけられていない。

　E市はこの授業スタンダードをいかに活用しているのか。E市の授業スタンダードには、「できそうなところ、役に立ちそうなところから取り入れてみてください」と記されている。つまり、E市のスタンダードは一律に実施することを求めるものではなく、教師が自分自身や学級の状況から判断し、必要な部分を取り入れるという位置づけである。このことは、以下の回答からもわかる。

> 学校には配布しているけれども、これはマスト（must）ではない。やっぱり学校の独自性もありますし、教員の指導で言うと、本当に個々で違う。……それぞれのステージに応じた力っていうのが必要だと思うんですね。誰でもこの方法でできればみんなよい先生になれるんだけれども、そういかないところに難しさがあるわけですよね。ただ、この視点は持って行っています。学校訪問では、我々もこの視点について話すことは多いですね（主幹。下線は引用者）

　E市では、授業スタンダードの実施を義務づけるのではなく、教師が自身の判断で取り入れると同時に、指導主事が学校訪問をする際の視点を得るものとして活用されている。この活用方法の根底には、学校ごとの独自性や教員の多様性、教員の成長の難しさに対する理解がある。その一方で、E市でも若手教員の増加が課題となっており、以下の通りに若手教員の育成に取り組んでいる。

> 初任者研修では、市内の授業力のある先生に師範授業をしていただいています。その授業や指導案をたくさんある中の授業モデルの一つとして初任者が持ち帰って、自分に取り入れるということをしています。あと、市内の教職員に配られているE市の全国学力・学習状況調査の分析結果です。特に正答率が低かった問題について指導改善のアイディアを載せています。また、E市の子どもたちを想定して、指導の例を紹介しています（指導主事。下線は引用者）

> 教科指導では定例研で教員が自主的に研修をしている（主幹。下線は引用者）

　注目すべきは、ベテラン教員による師範授業や全国学力・学習状況調査の結果に基づいた指導事例集は、あくまで一つの参考として教員に紹介されている点である。E市のこうした姿勢の背景には、教師の自主的な学びやこれまでの実践に対する信頼があると考えられる。主幹は、教員による自主的な研修が教科指導の改善を図る場として認識している。これらと関連して、近年の学習指

導要領に盛り込まれている「言語活動の充実」や「主体的・対話的で深い学び（アクティブ・ラーニング）」について、主幹や指導主事は以下のように語った。

> 言語活動は新しいことではないと思います。学び合いの中で子どもたちが深めていくことは、もともと学校教育の目標というか、そうじゃないと集団で学ぶ意味がないですよね。ずっと不易の部分で、教育委員会も指導してきたし、日本の教員自身が授業研究の中でやってきたものだと思います（主幹。下線は引用者）

> 小学校の指導では、日常的に言語活動やアクティブ・ラーニングのかたちを普段の中でやっているので、小学校の先生方からするとあまり新しいものではない。中学校くらいになると教える量も多く、どうしても講義形式になってしまうので、子どもたちの活動を通して、知識を身につけ、活用していくというものにしていけたらということで指導しています（指導主事。下線は引用者）

　主幹と指導主事の回答から、授業のあり方に関わる新たな指針が国から提示されたとしても、教師の実践や自己研鑽を信頼しながら、改善を必要とする部分については教育委員会として指導を加えるというスタンスがわかる。
　また、E市の授業スタンダードがもたらした効果について以下の回答を得た。

> すごく複合的というか複雑に組み合っているので、これだけではない。その時の状況で評価しますので。ただ、この要素を取り入れて、子どもたちがわかりやすかったとか、取り組みやすかったというのは見てわかることはありますので、協議会の時に、ご本人や参観した他の先生にこの形式を取り入れたことがよかったですよと振り返ることで、特に若年層の先生には気づいていただけるように指導しています（指導主事。下線は引用者）

　E市では、授業スタンダードが学校現場にもたらす効果を積極的に捉えようとはしていなかった。というのも、E市の指導主事は教育実践のもつ複雑さを認識しており、そもそも授業スタンダードの効果を把握することが困難である

と考えていた。その一方で、授業スタンダードを参考にした授業によって子どもたちの学びが深まったと感じられた際には、事例に即しつつ、授業者や他の観察者に対して省察を促すような指導助言を心がけているとのことだった。

また、学力調査の成果指標がない事例としてF市をつけ加える。F市では、学校の荒れや学力面での課題を背景に、2009年に「学び合う授業づくり」を内容とした授業スタンダードを作成した。「学び合う授業づくり」では、めあての提示、学習の流れの提示、ペア・グループ活動、全体学習、個々の学びに着目した振り返りが重要なポイントとされている。授業の構造化という点ではA市やB市と同様であるが、授業ごとの学力の定着が図られているわけではなく、子どもが次の学習につなげるために、また教師が個々の子どもへの今後の支援に役立てるために、振り返りを行うこととされている。F市では、初任者への配布や授業スタンダードを用いた指導案の紹介によって授業スタンダードを活用している。ただし、「そういう風に落とし込んでやってみてはどうですかと。強制ではないんです」（課長）というように活用されている。

ここでは、F市の授業スタンダードの効果と課題についての回答に注目する。

> 効果の前にまず課題が明らかになった。少しミスリードがあったのですが、<u>はじめはどうしても型ばっかりでしたね。</u>4人組を組めばいい、グループをやればいいみたいな。授業が細切れになってしまいますので、<u>大きな反省ですね。</u>話し合っても何を話し合っていいのかわからないし、深まりもない。成果としては、<u>全員がよくなるということは、ひいては個を強くすることなんだよってメッセージを2年くらい前から強く発信したんです。</u>一人一人が強くならないとということで、学力の向上には繋がってきてますね（課長。下線は引用者）

F市では授業スタンダードを強制していないにもかかわらず、導入当初は教師が授業スタンダードの示す型にはまった実践に陥った。そこで、F市では、子ども一人ひとりの成長に着目することを促すことによって、課題を克服することを試みた。F市の教育振興基本計画にも、「スタイルのみにとらわれるのではなく、子ども一人ひとりの育ちに着目」することが重要であると明確に記されている。

さらに、上記の課題を踏まえて、主体的・対話的で深い学び（アクティブ・

ラーニング）の導入について、課長は次のように語った。

> うちとしてはありがたかったですね。アクティブ・ラーニングの視点。最初は「アクティブ・ラーニング」で、あとから<u>「視点」が入ったことがよかった。一つの型じゃないので</u>、こういう次元っていうね（課長。下線は引用者）

つまりF市では、アクティブ・ラーニングという授業方法の唯一解があるのではなく、こうした方法を参考にしつつ授業をつくる重要性が理解されている。

5．総合考察
（1）授業スタンダードの分類の可能性

授業スタンダードを作成している自治体の事例から、学力調査の結果に関する成果指標の設定の有無によって、授業スタンダードの内容や位置づけ、活用方法に違いがあることがわかった。まず、活用方法については、本稿で検討した7自治体のうち、成果指標を設定している自治体では強制力をもたせて授業スタンダードを学校現場に普及させていた一方で、設定していない自治体では強制力をもたせるのではなく、指導主事による学校訪問や教師の授業づくりの際に参考にする手引きとして活用していた。前者を「準拠すべき授業スタンダード」、後者を「参考としての授業スタンダード」と呼称できる。

「準拠すべき授業スタンダード」の場合、自治体の成果目標を達成するための学力向上施策として位置づけられている。内容では1時間の授業による学力の定着が重視されていたり、教師の立ち居振る舞いがチェックリスト状に羅列されたりしている。その一方で、「参考としての授業スタンダード」の場合、自治体の学力向上施策として位置づけられていないか、学力向上に特化した施策ではないために、自治体の成果目標を達成するためのツールではなかった。

本研究で扱ったすべての自治体で全国学力・学習状況調査の結果を踏まえた施策を行っていたため、国による結果検証の影響を少なからず受けている。ただし、学力向上の捉え方は一様ではなく、学力調査の結果に関わる成果指標の設定の有無[7]に違いがあった。そして、成果指標の有無によって、授業スタンダードの活用方法や位置づけ、内容に差異がある可能性が示された。すなわ

ち、学力向上を喫緊の課題とする自治体では「準拠すべき」ものとして、そうではない自治体では「参考として」授業スタンダードを作成・活用していた。

(2) 自治体の志向する教師像

また、これらの事例の間では、志向する教師像に違いが確認された。

授業スタンダードを準拠すべきものとして活用する自治体では、授業づくりにおける教師の裁量は少なくとも最初は授業スタンダードの枠内で認められている。そして、学力調査の結果改善の達成のために、特定の授業方法が技術的に合理的なものと見なされ、教師はその方法に準拠して授業を実践する「技術的熟達者」（Schön 1983）になることが要求されている。授業スタンダードに基づく授業づくりを会得するための学習を繰り返すが、こうした学習は繰り返すたびに既存の枠組みが固定化・強化されていく「シングルループ学習」（Argyris & Schön 1978）に位置づけられる。そのため、特定の授業方法を忠実に実践することが目的化することで、何のためにその授業方法で実践するのかがわからなくなる教師の存在が危惧されている。したがって、特定の授業技術を磨くことに注力する「定型的熟達者」（波多野・稲垣 1983）の位置づけが強化されることで、状況に応じて手続的知識を柔軟に組み替え、拡張し、新たな手続きを発明する「適応的熟達者」（波多野・稲垣 1983）への移行が困難になり得る。

一方で、授業スタンダードを参考として活用する自治体では、教師は授業づくりをする上で広範な裁量が認められている。その背景には、教育委員会が教育実践の複雑性を理解し、教師の自主的・自律的な学びや授業経験を通した学習を重視していることがあると思われる。さらに、授業スタンダードを活用する際には、子ども一人ひとりの学びの過程を見とりながら授業を行うことを促している。このことは、必要に応じて、また授業する教室の文脈に合わせて、教師がその内容を組み替えて実践することを促していると取れる。また、授業スタンダードの内容を取り入れて、よい授業が行われた時、指導主事は教員がある文脈における教育実践の有効性に気づくように促している。こうした指導主事の指導助言のあり方は、教師のもつ既存の枠組みを問い直し、授業実践から教師の学習を図るという意味で、「ダブルループ学習」を通じて教師が「反省的実践家」として成長することを促していると言える。

(3) 指導主事の役割の重要性

さらに、授業スタンダードの分類によって、指導主事の役割が異なっていた。

準拠すべきものとして授業スタンダードを活用する自治体の指導主事は、学校訪問で授業スタンダードの定着状況を確認している。しかし、こうした指導はともすれば実際の教室の文脈から乖離し、教師の実践も子どもの実態からかけ離れたものになり得る。さらに、授業スタンダードに準拠した授業改善が学力向上に結びつかなかった場合でも、教育委員会は、教育実践の複雑さを可能な限り単純化・一般化することで教育実践の「確実性」を拡大する見方を変えることなく、家庭にもそうした教育を要請し得ることが明らかになった。

一方で、参考として授業スタンダードを活用する自治体の指導主事は、授業実践に基づく指導助言によって若手教員の「気づき」を促したり、自主的に授業スタンダードに準拠する教師に個々の子どもを見とりながら授業をするように指導したりしている。前者は、教師が指導主事の指導助言を「再文脈化」[8]することで、教師自身の見方が精緻化されたり指導主事の見方を理解し取り入れたりすることを促すものである（秋田・ルイス 2008）。後者は、自主的に「定型的熟達者」化していた教師に「適応的熟達者」となることを促すものである。

なお、先行研究は授業スタンダードのリスクがどの程度認識されているかが重要であると指摘するが（青木 2018）、「準拠すべき」ものとする自治体の指導主事がそのリスクを全く認識していないわけではない。A市の指導主事は、授業づくりの目的がわからなくなる教師の増加に危機を感じ、学校訪問で教師に改善を求めている。しかし同時に、授業スタンダードに準拠した実践状況も確認している。つまり、文脈に応じた授業づくりを促す一方で、自治体施策に準拠した授業づくりを求めるという、相反する役割を担っている。ところが、この状況では前者のメッセージがうまく教師に伝わらなくなる。A市の指導主事が述べるように、学力向上や若手教員の増加といった難しさはありつつも、文脈に応じた授業づくりを促すかたちに自治体施策を見直す必要があるだろう。

その一方で、「参考として」授業スタンダードを活用する自治体では、授業スタンダードが作成されながらも、そのリスクを可能な限り回避するために強制力をもたせず、指導主事がその時々の文脈に基づいて実践するように教師に促していた。そして、こうした授業スタンダードと指導主事の支援のあり方は、教育実践の画一化を防ぎ得ることが本稿の事例からうかがえた。

以上を踏まえると、教育委員会は、授業実践の情報を発信しつつも、特定の授業方法を義務化せずに、またそれに盲目的に従う実践が行われないように、指導主事を中心として学校や教師に働きかけていくことが求められる。言い換えれば、教育委員会は、教育実践における「不確実性」に教師とともに向き合うことで、子どもの成長をつぶさに見とりながら教育実践を行うことができるように教師を勇気づけ、支援していくことが重要であろう。

6．今後の課題

　まず、本稿の分析で得られた分類仮説を量的に検討することである。また、授業スタンダードが教師の力量形成に与える影響を明らかにするために、実際の授業や検討会の場面、教師の語りを分析する必要がある。さらに、A市とB市ともに発表の機会や話合い活動の重視など児童生徒質問紙の項目を授業スタンダードに盛り込んで準拠させていることから、学力向上に有効とされる内容に力をもたせていることがうかがえる（勝野2016）。しかし、内容によって強制力に差異をもたせることはありうるため、さらなる検討が求められる。

謝辞
　本研究は、平成26〜28年度日本学術振興会科学研究費補助金（基盤研究（A）2624075 代表：大桃敏行）ならびに平成29年度公益財団法人文教協会助成金（代表：木場裕紀）の助成を受けたものです。本研究の調査にご協力下さいました教育委員会の皆さまに心より御礼申し上げます。

注
（1）授業スタンダードは授業のあり方の手引きであり、教師の資質能力のスタンダードとは異なる。後者は姫野（2017）や子安（2017）などを参照されたい。日本教育行政学会年報でも教育とスタンダードが特集された（青木2018ほか）。
（2）授業スタンダードを画一的な型として位置づけるかは活用方法に関わる一方で、このことはこれまで明らかにされていない。そのため、本稿では授業スタンダードの定義に「画一化」や「型」といった文言は用いていない。
（3）子安（2016）は、授業スタンダードの規準化や教育活動の画一化を指摘している。福田（2017）は、授業スタンダードの実施が目的化することで、授業スタンダードが期待しない子どもの感情や行為が排除される危険性を指摘している。一方で、勝野（2016）は、評価規準として活用された場合は強制力が強まるが、事前チェックなしに授業スタンダードをもとにした

指導案の作成が奨励されるに留まっているならば強制力は弱まると主張している。そこで本稿は、授業スタンダードの強制力の違いが教師の成長に差異を生むのかを射程に入れて検討する。
（4）授業スタンダードには授業進行を示す「プロセス型」と達成すべき目標を規定する「目標型」があるとの指摘もあるが（内山 2018）、授業における目標と授業の方法には必ずしも明確に分けられないものもあるという課題がある。
（5）作成の際は、A市が位置する都道府県が作成したものも参照された。
（6）なお、E市では子どもの生活習慣に関する成果指標の実践状況が定められているが、家庭学習の手引きを作成していない。
（7）こうした成果指標の設定要因は本稿の目的の射程外のため、他稿に譲る。
（8）秋田とルイスの編著書（2008）では、Little J. W, "Inside Teacher Community: Representations of Classroom Practice." *Teachers College Record*, 105, 2003, pp. 913-945 の「脱文脈化（decontextualizing）」と「再文脈化（recontextualizing）」の概念を援用して教師の学習が説明されている。教師たちが授業実践を言葉で表現する際、語り手は背景や状況など授業のすべてを言語化できないため、語り手が語る授業実践は、聞き手にとって重要な情報が部分的に満たされない「脱文脈化」されたものである。そこで聞き手には、自身の経験や知識、事実関係の情報に基づき語り手の情報を推論し、再構築する「再文脈化」が求められる。

参考文献

・青木栄一（2018）「教育の政策共同体がスタンダードを求める背景を探る」『日本教育行政学会年報』、No.44、pp.2-8。
・秋田喜代美、キャサリン・ルイス編著（2008）『授業の研究 教師の学習』明石書店。
・内山絵美子（2018）「学校現場における授業スタンダードの普及―作成のプロセスと活用の実態に焦点を当てて―」『日本教育行政学会年報』、No.44、pp.62-79。
・勝野正章（2016）「自治体教育政策が教育実践に及ぼす影響－授業スタンダードに着目して」『日本教育政策学会年報』第23号、pp.95-103。
・子安潤（2016）「子どもの未来をひらく授業づくり」竹内常一編集代表、子安潤・坂田和子編著『学びに取り組む教師』高文研、pp.28-29。
・子安潤（2017）「教育委員会による教員指標の『スタンダード化』の問題」日本教師教育学会編『日本教師教育学会年報』第26号、学事出版、pp.38-45。
・佐々木織恵・高木加奈絵・澤田俊也・村上祐介・大桃敏行（2016）「自治体における教育のガバナンス改革の態様」日本教育行政学会第51回大会発表資料。

・波多野誼余夫・稲垣佳世子（1983）「文化と認知―知識の伝達と構成をめぐって」坂元昂編『現代基礎心理学7　思考・知能・言語』、東京大学出版会、pp.191-210。
・姫野完治（2017）「教育のスタンダード化と教師教育の課題」日本教育方法学会編『学習指導要領の改訂に関する教育方法学的検討』図書文化、pp.126-138。
・福田敦志（2017）「授業のスタンダード化と教育実践の課題」日本教育方法学会編『学習指導要領の改訂に関する教育方法学的検討』図書文化、p.113。
・湯浅恭正（2016）「授業のスタンダード化を問う－子どもの多様性の観点から－（日本教育方法学会第52回大会報告）」『教育方法学研究』第42巻、p.64。
・Argyris C., & Schön D., *Organizational Learning: A Theory of Action Perspective*, Addison-Wesley, 1978.
・Schön D., *The Reflective Practitioner: How Professionals Think in Action*, New York: Basic Books, 1983.（佐藤学・秋田喜代美訳（2001）『専門家の知恵―反省的実践家は行為しながら考える』ゆみる出版）

澤田俊也（大阪工業大学）、木場裕紀（大同大学）

V

研究ノート

[研究ノート]
戦後日本の学習塾をめぐる教育政策の変容

高嶋　真之

1．研究の背景と課題設定

　本研究の目的は、戦後日本の各時代で取り組まれた学習塾をめぐる教育政策の分析を通して、その変容を検討し、学校・自治体と学習塾の連携が拡大する今日に至るまでの歴史的過程を明らかにすることにある。

　日本では、戦前の私塾の名残を受け、戦後まもなく学習塾が学校外に隆盛を極めた。2017年4月現在の通塾率は、小学校6年生で46.4%、中学校3年生で61.2%にまで及ぶ（全国学力・学習状況調査（2017年度））。主に学習塾は、個人や私企業によって設置・運営され、学校の授業の予習復習や定期試験・入試対策を行う。そのため、学歴社会・受験競争を助長し、教育の民間化・商品化を推し進め、学校教育を歪める存在として批判され続けてきた。

　しかし、2000年代後半以降、学校・自治体と学習塾の連携が急速に拡大している。特に、東京都杉並区立和田中学校「夜スペシャル」は、メディアでも大きく取り上げられ社会的注目を集めた。また、「公費支援型学習塾」（末冨 2007）の設立や、通塾費用の公的補助を行う自治体も現れ始めている。これらはつまり、従来、学習塾に通うことで私的に充足されていた追加的な教育要求が、公的な保障の対象になることで、「公教育の守備範囲の拡大」（末冨 2012）をもたらしている。このような事例が新たに登場する背景には、教育政策における学習塾の位置づけが大きく変化していることが影響していると推察できる。

　戦後日本の学習塾の歴史的検討に目を向けると、時代状況や社会的背景に触れながら、各時代の学習塾の動向が論じられている（私塾研究会 1995；総合研究開発機構 1996；小宮山 2000）。その中にあって、三上（1998）は、雑誌『児童心理』を例に、学習塾に関する言説が批判から受容へと変化したことを指摘している。岩瀬（2006）も同様の認識に立ちながら、学習塾に対する社会の反応と意味づけの変遷を論じている。しかし、「社会」という大きな課題設

定の下、新聞報道や産業・ビジネスの動向など多岐にわたる記述がなされている一方で、教育政策は「社会」の一部として断片的に言及されているにすぎない。教育政策に焦点を当てたものとして藤原（2018）を挙げることができるが、ここでは学習塾をめぐる教育政策の変容の概要が論じられるに留まっている。

　以上の先行研究の整理を踏まえると、学習塾は批判から受容へと質的に変化していることは明らかであるが、それが教育政策上でいかに生じたのかについての検討は十分とは言い難い。そこで本稿では、教育政策と学習塾の関係を歴史的に整理し、教育政策において学習塾がいかにして批判から受容へと変化していったのかを解明することを課題とする。分析対象は、学習塾への言及を含む各種審議会答申や通達・通知などの公的文書とし、その不足を新聞記事や文献などで補う。検討範囲は、学習塾のあり方や対応策をめぐって議論がなされ、公的文書内で集中的に学習塾への言及が行われている1970年代後半から2000年代前半までとする。なお本稿では、「学習塾」を「小学生・中学生・高校生を対象に、教科内容と関連させながら、学校の授業に追加して学習を組織する教育機関」と定義して記述を進めていく[1]。

　以下では、まず、文部省が学習塾との関係をどのように捉え、教育政策に着手していったのかを確認する（第2節）。次に、学習塾への批判／学習塾の受容の2つの視点から、学習塾をめぐる教育政策がその後どのように展開していったのかを整理する（第3・4節）。そして最後に、これらを総合しながら、批判から受容へと転換していく歴史的過程を考察していく（第5節）。

2．学習塾をめぐる教育政策の始まり

　戦後、高度経済成長による可処分所得の増加や、学校・学力に対する保護者のまなざしの変化を背景として、学習塾はその数を増やしていった。新聞やテレビでは、この事態を「乱塾時代」（毎日新聞社会部 1977）と呼び表し、進学塾に頼らざるを得ない学歴社会・受験競争の状況や、補習塾に頼らざるを得ない学校教育の状況を批判的に取り上げていた。こうして、学習塾通い（以下、「通塾」と略記）は教育問題・社会問題の一つとして関心を集めた。

　通塾の問題性については、国会の各委員会でも度々議論に上がっていたが、1975年には、文部省が学習塾の実態を把握していないことが問題視された[2]。文部省は当初、通塾は私的領域に属する事柄で、教育行政活動の対象外であるという認識から、学習塾を管轄下には置いておらず、自由放任とも言える状態

であった。しかし、国会での指摘を受け、1976年度予算に「児童生徒の学校外学習活動に関する実態調査」（以下、「76年調査」と略記）の実施費用が組み込まれ、日本で初めて全国規模で学習塾の実態調査が行われた。

この結果の速報版が1977年3月11日に公表され、その翌日（同年3月12日）には、三大全国紙（『朝日新聞』『毎日新聞』『読売新聞』）全ての一面で取り上げられることで、社会的に大きな注目を集めた。その1週間後（同年3月18日）に、文部省初等中等教育局長によって、「児童生徒の学校外学習活動の適正化について」（以下、「適正化通達」と略記）が通達された。その冒頭では、76年調査の結果を踏まえ、「現在の学校教育における教育内容や学習指導の在り方等についても種々考え直すべき点が含まれていると思われます」と述べられている。ここで重要な点は、適正化通達では学習塾への直接的な言及がなく、通塾問題をあくまでも学校教育の問題として捉えていることである。そのため、取り組まれるべきことも、学校教育の充実と入試制度の改善を柱としていた。例えば前者は、学習指導要領の改訂（1977年）、教員の学習塾でのアルバイトの自粛・禁止（1977年）、40人学級の実現（1980年）として、後者は、文部省初等中等教育局長による「公立高等学校の入学者について」の通知（1984年）[3]として、その後に教育政策として具体化された。

3．教育政策における学習塾への批判の展開

76年調査から約10年が経った1985年に、文部省は同名の継続調査（以下、「85年調査」と略記）を実施した。これに併せて研究協力者会議（座長：新堀通也）を省内に設置し、85年調査の結果を踏まえて、学習塾のあり方とその対応策が初めて公的に検討された。その成果が、1987年に『児童生徒の学校外学習活動に関する実態調査研究協力者会議報告』（以下、「『会議報告』」と略記）として文部省に提出され、これを受けて、文部事務次官によって「学校における学習指導の充実等について」（以下、「学習指導通知」と略記）が通知された。この中で文部省は、「児童生徒の学習塾通いの問題が、児童生徒の健全育成及び学校教育に対する信頼にかかわる重要な問題である」と、初めて公に学習塾を批判した。この背景には、適正化通達以降の教育政策によって通塾率の高まりや学習塾の事業所数の急速な増加を抑制できなかったことの他に、『会議報告』にて通塾に伴う問題・弊害[4]が数多く指摘されたことが挙げられる。

そこで文部省は、通塾解消に向けた取り組みをさらに強化していった。『会

議報告』及び学習指導通知では、学校教育の充実と入試制度の改善が柱として引き継がれている。その中でも特に、放課後の補習をはじめとする「補充指導」の実施に公的承認が与えられた点に社会的注目が集まった（『朝日新聞』1987年1月31日朝刊）。また、1988年より文部省自ら「国・私立中・高等学校の入試問題の調査分析」を開始し、入試制度のさらなる改善に着手した。

　これらに加えて、次の2つの取り組みが新たに追加されている。

　1つ目は、学校外の諸活動の推進である。『会議報告』では、通塾に伴う問題・弊害の一つとして遊びや自然体験・生活体験・社会体験（以下、「体験活動」と略記）の不足が挙げられていた。そのため、学校のみならず、学習塾と同じ学校外でも通塾問題に対応するべく、社会教育の視点から、子どもの地域における体験活動の機会の拡充や必要な条件整備の努力が求められた。

　2つ目は、保護者・学習塾への要請である。先述の通り、学習塾は文部省の管轄外であり、『会議報告』でも、学習塾に対する規制は憲法的・実務的に困難であり限界があると否定されている。しかし一方で、消費者保護を例に、関係省庁による適切な関与は可能であるという見解を示し、その必要性を論じている。これを受けて、文部省は教育委員会に対して、保護者・学習塾への要請という形で、実行可能な対応策の一つに列挙した。具体的に保護者には、学校教育への理解・協力と安易な通塾の回避が、また、学習塾には、教育的配慮に欠いた運営や学校の教育活動を不当に貶める行為が行われている場合、問題点の是正に向けた協力・自粛が求められている。そして実際に、1992年からの学校週5日制の実施にあたり、その趣旨の理解と協力、及び過度の通塾や事業拡大の自粛を求める通達・通知として具体化された。

　『会議報告』や学習指導通知にて挙げられた学習塾への批判と通塾解消に向けた取り組みは、後述する1987年の臨時教育審議会（以下、「臨教審」と略記）「教育改革に関する第三次答申」の「学習塾通いの過熱化への対応」や、1999年の生涯学習審議会「生活体験・自然体験が日本の子どもの心をはぐくむ（答申）」（以下、「「99年答申」」と略記）の「過度の学習塾通いをなくし、子どものたちの「生きる力」をはぐくむ」でも踏襲されていった。特に「99年答申」では、これまでとは異なり、通塾の低年齢化に焦点を合わせた内容になっている。生涯学習審議会は、審議の過程で既存の学習塾の実態調査の再検討や教育関係者・小学生へのヒアリングを行い、小学校段階からの中学入試に向けた過度な通塾に着目して批判を行っている。そのため、例えば、中学入試のあり

方・問題の改善や、小学生の19時以降の通塾自粛に向けた保護者・学習塾への要請が、通塾解消に向けた具体的な対応策として挙げられている。

　その後、2002年3月に文部科学事務次官によって「完全学校週5日制の実施について」が通知され、学習塾はこれまでの通知・通達と同様に、学校週5日制の趣旨の理解と協力、過度の通塾や事業拡大の自粛が要請された。これを最後に、後述する教育政策における学習塾の受容の進展も影響し、文部科学省による学習塾への批判は公にはほとんどなされなくなった。

4．教育政策における学習塾の受容の展開
（1）教育政策における民間教育事業への着目

　このように、学習塾への批判が社会的にも政策的にも高まり、通塾解消に向けた多様な対応策が講じられた。一方で、学習塾を所与の存在として教育政策に位置づけようとする動きが、学習塾への批判と同時並行的に現れ始める。

　学習塾が教育政策で肯定的に論じられ始めるのは、公費支出の抑制と新たな市場創出・内需拡大に向けて、「教育の自由化」を掲げて教育改革が目指された臨教審以降である。教育の自由化論は、学校教育の衰退と学習塾の繁栄の理由が競争的環境の有無にあるとして、学校設置基準を緩和して参入者を増やすことで、学校教育の多様化を目指していた（加藤1984；香山1987）。ここで学習塾は、「義務教育「自由化」のモデル」（久冨1985）として注目されていた。なぜなら、学習塾は公的規制下になく、子ども・保護者の選択により市場原理に基づく学習塾間・講師間の競争が機能しているなど、教育の自由化論が目指す理想的な制度を体現していたからである。しかし、教育の自由化論が「個性主義」論へと変質したことに伴い、「義務教育「自由化」のモデル」としての役目も終えることになった。

　先述の通り、臨教審では「教育改革に関する第三次答申」にて通塾批判を展開しているが、それだけではなく、「民間教育産業の新しい役割」（第2章第7節(1)）についても論じられている点に、『会議報告』や学習指導通知とは異なる大きな特徴がある。ここでは、多様な児童生徒の個別化した要求に学校教育制度が応えることへの限界と、生涯学習志向の高まりによる教育の機会提供の増加を踏まえた、「学校と塾など民間教育産業の関係のあるべき姿や教育行政の対応の仕方等」の検討が求められている。この課題に対して、臨教審は、それまでの学校教育中心の考え方から脱却し、「生涯学習体系への移行」を主軸

とした教育体系の総合的な再編成を提案している（「教育改革に関する第二次答申」第1部第5節(1)）。その基本方向が「新しい柔軟な教育ネットワーク」（「同上」第1部第5節(3)）であり、学習塾も一構成要素として組み入れられている。しかし、学習塾は「情報・教育・文化産業などの教育活動」の中の一つとして列挙されているだけで、その具体的な検討までは行われていない。

　臨教審を経て、民間教育事業の位置づけは大きく変化した。1988年に内閣が「文部省組織令の一部を改正する政令」を公布し、文部省内に民間教育事業の担当部署として新たに生涯学習局が設置された。これにより、文部省と学習塾団体が同席する懇談会が開催されるようになり、徐々にではあるが両者の交流が図られ始めた(5)。また、1991年に生涯学習振興法が新たに成立し、生涯学習審議会を中心に民間教育事業の活用についての議論が行われ始めた。これにより民間教育事業に関連して、例えば、社会教育行政による支援や公民館との連携・協力などが実際に進められていった。しかし、臨教審のように「塾など」と明記されることはなく、確かに同じ民間教育事業ではあるものの、学習塾が孕む固有の問題・弊害については関心が全く払われていない。

（2）学習塾の役割転換の要請とそれに対する反応

　再び学習塾が公的に議論されるのは、「99年答申」においてである。1996年に中央教育審議会は、「ゆとり」と「生きる力」を教育政策理念に掲げて今後の教育のあり方を論じた「21世紀を展望した我が国の教育の在り方について（第一次答申）」（以下、「96年答申」と略記）を公表した。これを受けて、1997年に「青少年の［生きる力］をはぐくむ地域社会の環境の充実方策について」が生涯学習審議会に諮問された。その際、生涯学習局長によって、民間教育事業の中でも特に学習塾について「過度の学習塾通いによる弊害が指摘される一方、地域における子どもたちの多様な学習活動を支える面でも無視できない存在となっており、その役割、在り方などについても、正面から議論していただきたい」と説明されており、文部省の学習塾に対する認識の変化が垣間見える。

　「99年答申」では、「民間教育事業の今後の方向性」にて、まず、それまでの各種審議会と同様に、民間教育事業が多様な学習機会を提供しており、学校外の学習環境の一つとして大きな役割を果たしていることに加え、完全学校週5日制の実施を控え、学校教育とは異なる多様な学習需要に応える必要性が高まっていることが指摘されている。その上で、「学習塾を含めた民間教育事業も、

学校教育における基礎・基本のうえにたって、いわゆる受験のための知識や技術ではなく子どもたちの「生きる力」をはぐくむような自然体験・社会体験プログラム、創造的体験活動や課題解決型の学習支援プログラムなどの提供を進めていくことが望まれます」と述べられている。

ここで注目すべきは、学歴社会・受験競争と結び付いて批判され続けてきた学習塾を含めて、「96年答申」で打ち出された「生きる力」の教育政策理念に沿って、その役割を転換させようとしている点である。この引用箇所の前では、「学習塾でもキャンプや野外体験活動等のプログラムを導入しているところもありますし、学習塾で理科・科学実験教室などを開設するところもでてきています」と報告されており、この事実に基づいて、文部省は学習塾に別の可能性を見出そうとしている[6]。つまり、「99年答申」では、完全学校週5日制実施を見据え、学習塾に対しても、学校とは異なる多様な学習・経験の機会を学校外で提供するという社会教育的な役割を求めていくことになった。

ところが、2000年頃から始まる「学力低下論争」を受けて、2002年1月に文部科学省は、「確かな学力向上のための2002アピール「学びのすすめ」」(以下、「「学びのすすめ」」と略記)を公表した。「学びのすすめ」では冒頭で、同年4月から実施される新学習指導要領のねらいが、「生きる力」の育成にあることが確認され、その上で、「確かな学力」の向上が教育改革の要点であることが述べられている。これにより、教育政策理念は、96年答申で掲げられた「ゆとり＋生きる力」から「生きる力＋確かな学力」へと転換した。これに加えて、すでに決定していた完全学校週5日制も実施されたことにより、月1～2回の学校週5日制実施時には抑制されていた学力向上や受験準備のための機会提供が、学習塾のみならず学校や自治体によっても始められていった（市川 2002；『朝日新聞』2002年10月18日；同年11月2日)[7]。

また、「学びのすすめ」では、教育委員会に対して、学校での放課後の補習を推奨・支援することが求められていた。一方で、完全学校週5日制の実施に向けて、2002年2月に文部科学省と学習塾団体・大手進学塾などとの協議会の場が設けられ、改めて「99年答申」で示された学習塾の新たな役割である多様な学習・経験の機会提供が要請された。しかし、ここに現れる文部科学省による学校と学習塾への要求の違いに対して、参加者からは、教育政策の矛盾を指摘する批判の声が上げられている（『日本経済新聞』2002年2月4日朝刊)。

5．考察と今後の課題

　最後に、教育政策上で学習塾が批判から受容へといかに転換したのかを考察していく。以上の歴史的な整理を踏まえると、戦後日本の学習塾をめぐる教育政策は、3つの段階に分けて捉えることができる。

　第一に、学習塾への批判を全面的に展開する段階であり、これは1970年代後半から1980年代後半までを指す。第一段階では、学習塾に関連する問題・弊害が強調され、通塾解消を目的として明示した様々な取り組みが実施される。それはこれまでの検討から、①学校教育だけではなく社会教育を含めた学校内外の公教育制度の見直しを媒介として通塾の必要性を軽減させる間接的な対応策（例：学校教育の充実、入試制度の改善、学校外の諸活動の推進）と、②通塾問題の当事者である保護者や学習塾に協力・自粛を求める直接的な対応策（例：保護者・学習塾への要請）、の2つに大別できる。このように学習塾への強力な批判を前提としているため、当時の文部省・学校・自治体などの教育関係者は、それに反する教育政策に結び付く「学習塾の受容」という発想には至らなかったであろう。それは学習塾の側もまた同様である。

　第二に、学習塾への批判を展開しながらも同時に受容していこうとする段階であり、これは1980年代後半から2000年代前半までを指す。第二段階への移行は、第一段階で展開されていた学習塾への批判が継続していたことから、徐々に進んでいくことになった。まずは、臨教審を起点として民間教育事業の受容が進み、この準備段階を経て、「99年答申」の諮問理由を起点とする学習塾の受容がある。これには、通塾率の増加により学習塾が定着し、文部省にとっても「無視できない存在」と認識され始めたという社会的な背景だけではなく、完全学校週5日制の実施に向けた対応が迫られていたという教育政策的な背景も合わさっている。これにより、社会全体・教育全体でいかに学習塾を受容していくかについて、教育政策として模索せざるを得なくなったという状況があった。そこで、学習塾への批判にも配慮しながら提起されたのが、当時の教育政策理念である「生きる力」に沿った学習塾の役割転換の要請であった。確かに、臨教審においても学習塾を受容しようとする萌芽は見られるが、文部省が学習塾に対する認識を変化させ、学習塾を受容していく具体的な方向性を示した点において、「99年答申」は第二段階の到達点をなしていると考えられる。ただし、その内容があくまでも、学校外において、学習塾への批判を踏まえた役割転換を伴うものであったという点は、改めて確認されるべきである。

第三に、学習塾への批判を抑制しながら受容していこうとする段階であり、これは2000年代前半以降を指す。「学びのすすめ」が公表され、教育政策理念の重点が「生きる力」から「確かな学力」へと移行した。これによりむしろ、学校の授業の予習・復習を行う既存の学習塾（特に、いわゆる「補習塾」）と親和的になった。また、1980年代・1990年代のような文部省による学習塾への批判も、その後はほとんどなされていない。このように、2000年代以降、学習塾をめぐる教育政策の状況は大きく変化し、「99年答申」で示された具体的な方向性が顧みられずに学習塾の受容は進んでいる。本稿冒頭に挙げた学校・自治体と学習塾の連携は、このことを示す好例になっていると言える。

　本稿により、これまで学問的関心がほとんど払われてこなかった、教育政策と学習塾の関係やその転換について、歴史的な理解を深めることを可能とした。しかし本稿では、2000年代以降、特に新たな教育政策理念である「確かな学力」の下での学習塾の受容について論じることができていない。これはいま行った考察に従えば第三段階にあたる。この点は、近年新たに、経済的・地理的な理由から通塾できないことが政策課題となってきたことを踏まえ、学習塾や教育政策だけではなく、福祉政策・地域政策にも着目しながら領域横断的に検討することが必要となるため、稿を改めて論じていきたい。

注
（１）この定義により、教科内容とは独立して学習を組織する「習い事・稽古事」「社会教育」や、学校を代替する役割を担う「フリースクール」、などといった他の学校外教育のカテゴリーから「学習塾」を区別する。その上で、公的文書に現れる「学習塾」認識に沿って記述を進めていく。
（２）1975年2月27日の衆議院予算委員会第二分科会にて井上泉（日本社会党）が、同年6月19日の参議院文教委員会にて最上進（自由民主党）が、それぞれ質問を行い、安嶋彌（文部省初等中等教育局長）と永井道雄（文部大臣）が答弁を行っている。なお、政党・役職は全て当時のもの。
（３）この通知の基となった高等学校入学者選抜方法の改善に関する検討会議による報告書では、生徒の進学塾への依存の改善に向けた対応策が挙げられている。「学習塾」ではなく「進学塾」という言葉が使われているものの、教育政策における学習塾への批判の先駆をなしている。
（４）『会議報告』では、通塾に伴う問題・弊害として、①体の問題、②遊びや生活体験の不足、③心の問題、④自発的な学習意欲・論理的な思考力等の不足、⑤学校における学習指導上の問題、⑥学校教育活動への不参加、⑦

生活・行動上の問題、⑧保護者の経済的負担、⑨誇大広告・契約をめぐるトラブル、の９つに分けて論じられている。
（５）一方で、通商産業省（現経済産業省）の認可を得て社団法人全国学習塾協会（2013年に公益社団法人化）設立され、自主規制の制定をはじめとする取り組みを通して教育の質保証が目指されている（早坂 2013）。
（６）この「事実」が、何に基づいているのかは明示されていないが、文部省は1998年に国立教育会館社会教育研修所に委託して「学習塾の実施する野外活動等に関する実態調査研究」を行っている。
（７）このような動きに対して、当時、文部科学省や教育委員会は、完全学校週５日制の趣旨に反することを理由に、否定的な見解を述べている（『朝日新聞』2002年10月18日；同年11月２日）。

参考文献
・市川伸一（2002）『学力低下論争』ちくま新書
・岩瀬令以子（2006）「現代日本における塾の展開―塾をめぐる社会的意味の変遷過程―」『東京大学大学院教育学研究科紀要』第46号
・加藤寛（1984）「教育の自由化について　教育荒廃の根源にあるもの」世界を考える京都座会編『学校教育活性化のための七つの提言』PHP研究所
・香山健一（1987）『自由のための教育改革――画一主義から多様性への選択』PHP研究所
・久冨善之（1985）「「塾」と公教育」『季刊教育法』第57号、エイデル研究所
・小宮山博仁（2000）『塾――学校スリム化時代を前に』岩波書店
・私塾研究会編著、下村澄監修（1995）『日本の学習塾』二期出版
・末冨芳（2007）「教育費概念の拡充―公費支援型学習塾の事例における公私教育費関係の変容を中心に―」神戸大学教育学会『研究論叢』第14号
・末冨芳（2012）「義務教育の基盤としての教育財政制度改革」『教育学研究』第79巻第２号
・総合研究開発機構（1996）『学習塾から見た日本の教育』
・早坂めぐみ（2013）「塾の自主規制と質保証――社団法人全国学習塾協会の設立過程と取組を手がかりとして――」『学校教育学研究論集』第27号
・藤原文雄（2018）『スクールリーダーのための教育政策入門　知っておきたい教育政策の潮流と基礎知識』学事出版
・毎日新聞社会部（1977）『進学塾リポート　乱塾時代』サイマル出版会
・三上和夫（1998）「市民社会のなかの学校と塾――教育産業の実態――」『岩波講座　現代の教育　第９巻』岩波書店

（北海道大学・大学院生）

VI
内外の教育政策・研究動向

[内外の教育政策研究動向 2018]
国内の教育政策研究動向

宮澤　孝子

はじめに

　本稿の目的は、2018年に刊行された教育政策に関する主要な国内研究をテーマごとに紹介することにある。限られた紙幅と筆者の力量の都合により、網羅的な紹介にはなり得ないことを先に申し添えたい。その上で、①高等教育の無償化政策、②教員の働き方改革、③家庭教育政策、④文部省組織改編と社会教育政策の各テーマにおける研究を紹介してみたい。

1．高等教育の無償化政策

　2017年12月8日に閣議決定された「新しい経済政策パッケージ」に掲げられた「人づくり革命」において、幼児教育および高等教育の無償化政策が掲げられた。2018年12月28日には「幼児教育・高等教育無償化の制度の具体化に向けた方針」が関係閣僚合意を得たことを受けて、幼児教育については消費税増税が実施される2019年10月1日から、高等教育については2020年4月1日から実施される運びとなった。この動きを受けて2018年は、幼児教育および高等教育の無償化に関する研究が多く輩出されたように見受けられた。

　高等教育の負担軽減策について小黒一正（2018）は、「所得連動返還型奨学金（ICL；Income Contingent Loan）」の一種であるオーストラリアの「高等教育拠出金制度（HECS；Higher Education Contribution Scheme）」を紹介し、「日本版HECSの推進や所得返還型奨学金の拡充は、高等教育における負担のあり方を抜本的に転換し、これまで親が中心に負担してきた仕組みを、高等教育の便益を受ける学生本人と社会が共同で負担する仕組みに改めることを意味する」（51頁）として、期待を寄せている。

　一方で、こうした新たな仕組みに対し、懐疑的な見解が示されている。小林雅之（2018）は、オーストラリアやイギリスをはじめとしたHECS導入国に

おいては、貢献額のすべてを回収することはできず、15～20％が未回収の補填として公的負担となる予想を示している。また、日本における高等教育無償化政策の手立てとしての奨学金制度について白川優治（2018）は、奨学金制度の歴史的変遷を踏まえた上で、今日においては「高校卒業者の７割以上が高等教育に進学する」（27頁）ことを改めて確認し、そもそもの高等教育の費用負担構造のあり方を見直す必要性を問う立場を見せている。田中秀明（2018）もまた、「高等教育の機会均等を改善するために、奨学金がより効果的かについては議論の余地がある」（19頁）とする。

周知の通り、日本は2012年に経済的・社会的及び文化的権利に関する国際規約（以下、A規約）13条２項（c）の、高等教育における漸進的無償化の導入についての留保を撤回した。国際条約の観点から日本における高等教育の無償化政策をみた場合、田中秀佳（2018）は無償化政策の対象が所得や成績の条件によって限定されている状態をもって「無償」と称されていることについて疑義を呈している。また、世取山洋介（2018）は、A規約における「無償（free）」の概念は「現物給付受給の際に費用負担を求められないこと」（44頁）であるとされる。つまり、ここで議論されている限定条件付きの「無償化」政策は、選別的現金給付政策の域を脱していないのであり、A規約上の「無償」とは厳密に区別されなければならない、ということが確認された（45頁）。

２．教員の働き方改革

2015年の中央教育審議会答申以来、教員養成に関する研究が多くみられ、2018年もまたその流れを汲んでいたといえるだろう。田子健（2018）が指摘するように、教員養成に関する政策は、2009年以来2018年の10年間にわたって、戦後以来の大きな改革がなされてきた。こうした教員養成に関する政策からさらに一段階前に進められ、2018年は、教員に関する政策のうち、教師の働き方、特に、給特法を中心とした教員の労働法制に対し、世論からの注目も大いに集めた一年であったといえる。

2017年６月の文部科学省から中央教育審議会への諮問を受けて、中央教育審議会は「新しい時代の教育に向けた持続可能な学校指導・運営体制の構築のための学校における働き方改革に関する総合的な方策について」を答申した（2019年１月25日）。教師の働き方と給特法との関係において一つの争点とされたのが、教員の時間外労働と自発的行為・自己研鑽であろう。この点について

北神正行（2018）は、「教員の職務や勤務時間のほとんどは、学校の教育活動や経営活動を構成する業務内容について、校長が自らの権限と責任の下で各教員に割り振りしているものであり、個々の教員の自由意志による自発的行為によるものであるとはいえない」と指摘する。さらに、教員の長時間労働の解決策については、「単なる業務の再配分や業務分担の在り方の見直し等では、抜本的な改革につながらない可能性が高く、将来にわたって持続可能な学校教育システムの構築にはつながらない」という見解を示している。国の政策の方向性として業務配分の工夫や外部人材への業務委託が掲げられている一方で、現場では「教員の数を増やしてほしい」（朝日新聞2019年2月25日）という要望があることは、政策と現場のニーズが合致していないことをあらわしているといえる。

　教員定数について山﨑洋介（2018）は、2001年から2005年に行われた第7次教職員定数改善計画により、教職員定数改善はストップさせられながらも地方裁量による「少人数学級制」が推進されてきた末路を、データによって明らかにしている。すなわち、増加した学級数に対して教員の数が追いついていないという実態である。この指摘は、教員が一層多忙化に迫られている実態の裏付けを示すものとして注目されてよい。

　また、鈴木雅子（2018）は、教職員数の減少にも関わらず、教職員の公務災害認定件数が増加していることを明らかにし、全認定件数の3件に1件が教職員によるものであったことに危惧を示している。さらに、全国養護教諭連絡協議会による「平成28年度 養護教諭の職務に関する調査報告書」の内容を取り上げ、「教員から個人的な相談を受けている養護教諭の割合は平成19年度の調査では54.9％だったが平成28年度には81.5％に増加」したことに触れ、養護教諭が教員の労働衛生管理に関する相談役となりつつある実態を指摘した。養護教諭の多忙化にも照明が当てられたことにより、学校全体として人手不足あるいは多忙化に陥っている現状をうかがわせている。その他、部活動（横山剛士2018）や、女性教諭の出産・育児（山本直子2018）という観点からも、教員の多忙化の実態が浮き彫りにされている。

3．家庭教育政策

　2018年度より道徳の教科化がスタートした。特別の教科道徳は、新教育基本法第2条の内容に沿ったかたちで展開していることは周知の通りである。木村

涼子（2018）は、特に家庭教育に関して新設された新教育基本法第10条（家庭教育）および第11条（幼児期の教育）を受けて、家庭教育支援法案が作られたことを指摘し、家庭教育への国家介入（不当な支配）に危惧を示している。

また、井上惠美子（2018）と鶴田敦子（2018）は、新教育基本法の前文および第10条（家庭教育）、そして、家庭教育支援法案第2条1項において親の「第一義的責任」が強調されていることについて、ここでいう「第一義的責任」と、国際条約（世界人権宣言第12条および第26条3、A規約第13条3、子どもの権利条約第18条1）において示されている親の「第一義的責任」との趣旨が異なることを指摘している。すなわち、前者は「保護者の権利については何も触れられず、保護者として育てるべき子ども像を一方的に課している」（井上2018,39頁）、「家庭教育の内容を子どもに指導する責任が第一義的に保護者にある」（鶴田2018,50頁）という意味をなしている一方で、後者は「その責任を遂行するための適切な援助を権利として国に求める」（井上2018,39頁）、あるいは、「保護者にはどのような教育が自分の子どもにとっていいかを選択する自由と選択する優先権を有する」、「何が子どもにとって最善の利益かを考える第一義的責任」（鶴田2018,50頁）を意味しているのである、としている。

家庭教育支援法案とともに国会提出が待たれている「青少年健全育成基本法案」についても、上述のような「近年国際的に重視されている青少年自身の権利という発想もない」と木村（2018,10頁）は指摘する。

家庭教育支援法案および青少年健全育成基本法案は、改憲の動きとともに注視していく必要があるだろう。家庭教育支援法案が憲法24条（婚姻）の改正に先んじて提案された背景には、少子化、非婚化、そして、その要因として非正規雇用の拡大があるとされている。能川元一（2018）は「そもそも結婚や子育てを政府が経済的に支援するのに24条改憲は不要であり、憲法25条の規定にも関わらず生活保護の捕捉率が極めて低いことを考えるなら、家族保護条項が家族への経済的支援を確実なものとする保証もない」（13頁）と指摘する。清末愛砂（2018）もまた、各家族の私的自治の原則からしてみても、公権力の家族介入は許されるものではないとして、人権と個人の尊厳を基軸にすべきことを説いている。

4．文部科学省組織改編と社会教育政策

以上にみた研究動向と一見すると関連が薄いようにも思われるが、文部科学

省の組織改編があったことは注目されてよいだろう。2020年に東京オリンピックが控えていることもおそらくは後押しとなり、文化庁の京都移転が実行された。同時に、芸術関係教科（音楽、図画工作、美術）の所掌事務は文化庁所轄となり、文部科学省の「生涯学習政策局」は「総合教育政策局」に改編された。この組織改編は、社会教育にかかわる政策とセットとなって進められ、のちに教育委員会制度に影響を与えるものとなることが予測されている（長澤成次2018a）。管見の限り、この省庁改編に関していち早く警鐘を鳴らしていたのは、社会教育の領域である。というのも、この省庁改編に伴い、文部省設置法（1949年）以来存続してきた社会教育課が廃止されたためである（社会教育課に加えて、青少年教育課も廃止された。）。

　長澤（2018a）は、かつて社会教育局（1949年～）が生涯学習局（1988年～）に改編され、生涯学習局が生涯学習政策局（2001年～）に、そして今回、生涯学習政策局が総合教育政策局（2018年10月16日～）に改編されたことについて、その経緯と背景、および、文部科学省組織改編の公表（2017年8月）以降の、組織改編と国の政策との連動を明らかにしている。

　例えば、①「文化財保護法及び地方教育行政の組織及び運営に関する法律の一部を改正する法律案」（2018年3月6日閣議決定、6月1日成立）、②中央教育審議会答申「人口減少時代の新しい地域づくりに向けた社会教育の進行方策について」（2018年12月21日）、③中央教育審議会「第3期教育振興基本計画」（6月15日閣議決定）等を取り上げている。長澤（2018b）は、「それぞれの政策は、固有の課題や文脈を持ちつつも、通奏低音のように流れるのは、『まちづくり行政、観光行政等の他の分野との一体的な取組をより一層推進するため』であって、社会教育行政がまちづくり行政や観光行政に埋没しかねない状況が政策的に準備されつつある」（4頁）と危惧する。①については、これまで教育委員会管轄であった文化財の保護に関する権限を、首長権限にしてもよいとするものであり、観光行政についてこれまでに比して容易に事業を遂行できるようになることが予測される。また、②については、社会教育施設の運営に関して、クラウドファンディング等を用いることにより、各自治体において運営の工夫を進めることが推奨されている。そして、③については、生涯学習を推進していくことが掲げられている。これらの政策により、全体として社会教育の領域の底上げが図られているようにも見受けられるが、社会教育そのものの概念の組み替え（地域学習推進課という課が総合教育政策局内に設置され

たが、「地域学習」という文言は教育基本法に存在しない）や、「社会教育主事の職務内容の新自由主義的再定義が企図されている」（長澤2018b,4頁）可能性がうかがえるということを指摘している。

　2014年の地方教育行政法の改正によって新設されることとなった総合教育会議において、首長主導の教育政策が推し進められることも実質的には可能となったことは記憶に新しい。同様に、社会教育の領域についても、首長の一存で計画立案、政策実施まで可能となるということが、今後の社会教育政策あるいは教育委員会制度にどのような影響を及ぼすことになるのか、注視していく必要があるだろう。

参考文献
- 井上惠美子（2018）「家庭教育支援法のねらいと問題点」民主教育研究所編『人間と教育』第98号、旬報社、pp.36-43
- 小黒一正（2018）「高等教育の無償化政策、その限界と課題はなにか―日本版ICL（所得連動型奨学金）の拡充に向けて―」『個人金融』第13巻3号、郵便貯金振興会、pp.43-52
- 北神正行（2018）「教員の労働環境と働き方改革をめぐる教育政策論的検討」『学校経営研究』編集委員会編『学校経営研究』第43巻、大塚学校経営研究会、pp.1-10
- 木村涼子（2018）「『家族』と国家の管理統制」「生活経済政策」編集委員会編『生活経済政策』第260号、生活経済政策研究所、pp.6-10
- 清末愛砂（2018）「憲法24条改正の外堀を埋める家庭教育支援の法制化問題について考える」「生活経済政策」編集委員会 編『生活経済政策』第260号、生活経済政策研究所、pp.15-18
- 小林雅之（2018）「高等教育費負担の国際比較と日本の課題」『日本労働研究雑誌』第60巻5号、独立行政法人労働政策研究・研修機構、pp.4-15
- 白川優治（2018）「奨学金制度の歴史的変遷からみた給付型奨学金制度の制度的意義」『日本労働研究雑誌』第60巻5号、独立行政法人労働政策研究・研修機構、pp.16-28
- 鈴木雅子（2018）「教員の働き方改革と健康」『日本健康教育学会誌』第26巻3号、日本健康教育学会、pp.298-304
- 田子健（2018）「教員養成制度創設の課題」日本教育制度学会編『教育制度学研究』第25号、東信堂、pp.2-18
- 田中秀明（2018）「高等教育無償化の政府経済学―政策立案過程を問う―」『大学マネジメント MAR』第13巻12号、大学マネジメント研究会、pp.16-23

・田中秀佳（2018）「国際人権法と中等・高等教育政策との整合性の検討―社会権規約漸進的無償化条項にかかる留保撤回以降の施策について―」『名古屋経済大学教職支援室報』第1号、名古屋経済大学教職課程委員会、pp.5-11
・鶴田敦子（2018）「新学習指導要領と密接な関係にある家庭教育支援法」民主教育研究所編『人間と教育』第98号、旬報社、pp.44-51
・長澤成次（2018a）「文部科学省組織改編による生涯学習政策局・社会教育課『廃止』問題について」図書館問題研究会編『みんなの図書館』494号、教育史料出版会、pp.30-37
・長澤成次（2018b）「文部科学省の組織再編案と公立社会教育施設の所管問題をめぐって」図書館問題研究会編『みんなの図書館』498号、教育史料出版会、pp.2-10
・能川元一（2018）「なぜ憲法24条がねらわれるのか―24条改憲論の論点とイデオロギー的背景―」『生活経済政策』編集委員会 編『生活経済政策』第260号、生活経済政策研究所、pp.11-14
・山﨑洋介（2018）「『学校ブラック化』の背景にあるマンプアー政策」教育科学研究会編『教育』第870号、かもがわ出版、pp.11-17
・山本直子（2018）「公立高校の女性教員の出産・育児による「休む」ことへの意識―みずほ情報総研および教育委員会特定事業主行動計画における調査データを手がかりに―」『学校経営研究』編集委員会編『学校経営研究』第43巻、大塚学校経営研究会、pp.20-29
・横山剛士（2018）「教員の労働と学校部活動」『学校経営研究』編集委員会編『学校経営研究』第43巻、大塚学校経営研究会、pp.11-19
・世取山洋介（2018）「教育の『無償性』と『無償化』」教育科学研究会編『教育』第870号、かもがわ出版、pp.43-51

（東北生活文化大学）

[内外の教育政策研究動向 2018]
カナダ・アルバータ州における高校中退予防のための教育政策

岡部　敦

はじめに

本稿では、カナダ・アルバータ州における高校中退問題に対する州政府の教育政策について紹介し、困難を抱える若者に対する教育機会保障のあり方について検討する。

高校中退問題については日本においても議論がなされており、内閣府は2011年の調査報告で、中退問題が、貧困、学力不振、学校不適応など複数の要因が関わって生じる問題であると指摘した。さらに、高校中退は、その後の人生における失業、不安定就労、貧困などの問題へとつながる可能性を持つものであり、早期の対策が必要であるという（内閣府、2011）。

カナダにおいても、貧困や人種的な差別、家庭崩壊などの課題に加えて、学校のカリキュラムと生徒のニーズとのミスマッチなどが複合的に関わって生じる問題であると言われている。アルバータ学習省（現在アルバータ教育省）は、2001年に発表した文書で、高校中退問題の要因とその対策について述べている。同文書では、高校中退を「一つの過程であり、結果ではない。長期にわたる漸進的な離脱（disengagement）を意味する」ものであるとした。その要因については、生徒に関連するもの、学校に関連するもの、学校と地域と生徒に関連するものの3つに分類し、これらの要因が必ずしも単独ではなく、複合的に問題を生じていると述べている。さらに後述する9つの提言を行った。これらの提言に共通するのは「生徒を高校に合わせるのではなく、高校を生徒に合わせる（p.30）」という考え方である（Alberta Learning, 2001）。

以下では、アルバータ教育省が2013年に立ち上げた高校教育政策「高校再構築（High School Redesign）」について主に取り上げる。この政策がどのような経緯を経て成立したのか、また、教育現場は具体的にどう対処してきたのかについて、カルガリー市における少年矯正施設の事例を元に検討する。

1．アルバータ州における高校中退問題

　日本の文部科学省による「平成29年度児童生徒の問題行動・不登校等生徒指導上の諸課題に関する調査結果について」では、日本の高校中退率は2017年度で1.4％となっている。しかしながら、この数値は当該年度に高校を中退した生徒の割合を示すものであり、入学した学校をどのくらいの生徒が修業年限内に卒業するのかについては扱われていない。国際的にみると、OECDでは、総人口における高校修了者の割合を推計した高校修了率（high school completion rate）を公開している。そのデータから、日本における高校修了率は、2012年では93％、2016年では94％を示しておりほとんど変わりがない。カナダでは、2012年の全年齢における修了率は83％であり、2016年では93％となっている。数値からは、状況の改善が見られる。しかし、細かく見ていくと、課題が見えてくる。

　下の表1は、アルバータ州における高校修了率を示すものである。表中には、高校入学3年後および5年後に修了したものの総数と割合に加えて、先住民族をルーツに持つ生徒（FNMI）、英語を第二言語とする生徒（ESL）、学習障害を持つ生徒、そして情緒・行動障害を有する生徒（EBD）における入学3年後の高校卒業修了率が示されている。

表1　2011-2016年度アルバータ州高校修了率

3年および5年修了率	2012/2013		2015/2016	
	N	%	N	%
5年修了率（総数）	45,151	81.5	44,418	83.2
3年修了率（総数）	45,052	75.3	45,077	77.9
FNMI（3年修了率）	3,265	45.6	3,506	53.6
ESL（3年修了率）	1,755	65.9	2,794	73.7
学習障害（LD） （3年修了率）	2,387	67.8	2,437	72.7
情緒・行動障害（EBD） （3年修了率）	558	45.3	829	52.3

N = cohort size, FNMI = self-identified First Nations, Métis and Inuit students, ESL = Funded English as a Second Language students
アルバータ教育省 Custom Report, System Assurance Branch, Alberta Education, November 15, 2017.

この表からは、高校入学から3年後および5年後に卒業資格を習得しているものの割合は若干ではあるが増えていると読み取れる。しかし、抽出された3つのグループのうち、先住民族をルーツに持つ生徒（FNMI）と情緒・行動障害の課題を抱える生徒（EBD）の割合はほぼ半分ということで、これら2つのグループへの対応が全体の修了率の改善につながるとみる。

2．高校修了率改善のための州教育省の取り組み

　次に、先に述べた州教育省文書が発行された2001年以降の動きについてみる。まず、2001年のアルバータ学習省が提示した9つの解決策は、①子育ておよび幼児教育の充実②生徒の声をよく聞く③生徒の疎外感をなくす④先住民の生徒が成功体験を積むことができるようにする⑤生徒の自己理解を深める⑥時間割の柔軟性を高める⑦学校外との協力関係を構築する⑧生徒の追跡調査を充実する⑨優れた実践事例を共有するなどが含まれていた。このうち、時間割の柔軟性という項目が、次に紹介するプロジェクトの柱となる。この2011年文書を契機に、高校修了に関するタスクフォースが組織され、さらなる調査が行われた。

　2009年に州教育省は、タスクフォース報告書の内容を踏まえて、High School Flexibility Enhancement Pilot Project（HSFEPP）を立ち上げ、9つの高校がパイロット校として参加した。HSFEPPは、「カーネギーユニットの廃止（Removal of Carnegie Unit）」という単位制の基本的な枠組みからの脱却を目玉に掲げた。これを発想の転換（Shifting Mindset）と称し、改革の中心に位置付けた。カーネギーユニットの廃止は、これまで1単位修得に25時間の履修時間が不可欠であったシステム（time-based）から、履修時間ではなく、授業の到達目標と同等のスキルを有していることを明らかにすることができれば単位が授与されるシステム（mastery learning）への転換を図るものである。この転換により、例えば、プロジェクト型学習への参加によって、複数科目の単位を同時に取得すること、積み上げ科目で単位を修得できなかった場合に、次のレベルの科目を同時に履修し、到達したレベルに合わせて単位が授与される（クレジット・リカバリー）など、弾力的な単位認定の方法が可能となった。

　パイロット・プロジェクト終了後の2013年に、HSFEPPは、高校再構築（High School Redesign）政策として州教育省の高校教育改革プログラムと

なった。改めてこの政策における9つの項目として、マスタリー・ラーニング、個別化、カリキュラムの厳格化と妥当性、柔軟な学習環境、教育者の役割と資質向上、意味のある関係性、家庭と地域の参加、アセスメント、受け入れ・ケア・尊重と安全が挙げられている[1]。これら9つの項目は相互に関連しあっているが、先に述べた「カーネギーユニットの廃止」についていうと、「マスタリー・ラーニング（mastery learning）」と「アセスメント」の2つの項目が重要な意味を持つ。前者は、履修時間に変わる基準として、何ができれば学習目標に到達したかを明らかにすることを求めるものであり、後者は、到達度をどのように評価するのかという基準を表すものである。

　現在のところ学習障害や精神疾患などを抱える生徒が在籍するオールタナティブ高校や特別支援学校に加えて、2009年にパイロット校として参加した一部の先進的な高校や新設校での取り組みが先行しているが、実際の教育現場での調査から、個々の教師の取り組みの中で、この改革の基本理念を現場での実践に導入していることがわかった。以下では、その一例としてカルガリー市の少年矯正施設における取り組みを紹介する。

3．多様な教育機会の事例（カルガリー市の少年矯正施設を中心に）

　カナダでは、少年法（Youth Criminal Justice Act）によって14歳から18歳までの少年が犯罪を犯し、家庭裁判所によって要保護との判断が下された場合、少年は矯正収容施設（custody）あるいは保護プログラム（probation）に収容または参加することになる。収容施設には、大きく閉鎖型収容施設（closed custody）と開放型収容施設（open custody）に分類される。前者は、一般的な少年院を指し、後者はグループホームのような形態での収容施設である。ここまでは、ほぼ日本の少年犯罪に対するシステムと同じであるが、違いは、カナダの少年院は矯正施設であると同時に、中学校および高等学校の教育課程を有する教育施設でもあるということである。

　カルガリー・ヤング・オフェンダー・センター（CYOC）は、少年院として州法務省（Justice and Solicitor General）が設置し管理する閉鎖的強制収容施設である。その中にはカルガリー市教育委員会管轄のウェストビュー高校（Westview High School）が設置されている。同校は、1988年に設立され、それまで矯正教育のみに特化されていた Detention Centre に学校教育を提供する目的で設置された教育施設である。ここには、約50名の少年（女子も含

む）に対してカルガリー市教育委員会（以下、市教委）所属の９名の教員が配置されており一つの学校組織として存在している。法務省の矯正教育プログラム（アンガー・マネジメントやマインドフルネスなど）が提供されることに加えて、一般の高校教員が授業を担当し、生徒が履修した科目については単位認定を行っている。また、以下に示す少年矯正プログラムに関連する二つの施設における教育プログラムへ教員を派遣している。

エクセル・ディスカバリー（ExCel Discovery）は、開放型矯正収容施設として1980年代から設置されていたが、提供されるプログラムは現在のものとは異なっていた。2006年に、それまでの矯正プログラムに加えて教育プログラムが加わり、ウエストビュー高校から教員が派遣されるようになった。現在、家庭裁判所によって開放型での処遇が決定された４、５名の少年が一般的な住居に居住しながら矯正プログラムを受けている。在院者は、法務省のプログラムに加えて、個別のチュータリングをうけることで、学習内容に応じた高校の単位を習得することができる。この施設はカルガリー市に拠点をもつNPO団体ENVIROS[2]によって運営されている。

次に、集団保護観察機関として設置されているカルガリー・ユース・アテンダンスセンター（CYAC）について取り上げる。CYACは、少年院を出院した後に高校の課程を修了する目的で通学を選択することができる施設である。したがって、先にあげた２つの施設とは異なり生徒が自分の意思で選択する。設立当初は、保護観察プログラムのみが提供されていた施設であるが、2008年に教育プログラムが導入され、ウエストビュー高校から教員が派遣されるに至った。エクセルと同様に、少人数の集団で教師が個別にチュータリングを行うことで、高校の教育プログラムを提供されている。加えて特徴的なのは、カルガリー市教育委員会のオフキャンパス教育プログラムに参加している点である。例えば、職能組合（鉄鋼業組合、配管工組合など）の施設で職業訓練を受け、高校卒業資格を取得するための単位を実社会での職業的体験学習から得ることができる。また、このプログラムにより、単位取得と職業訓練を同時に満たすことができ、さらに職場で指導に当たる雇用主から就業の機会を与えられる可能性がある。また、この施設では、１日２食が支給され、学習支援、就職支援そして生活支援の３つの役割を持っている。

さらに、エクセルとCYACにおける単位認定方法には、先に述べた高校再構築で提起された「カーネギーユニットの廃止」の考えが生かされていること

を付け加える。以下は、CYACに勤務する教員への聞き取りの内容である。

外部の組織によって学習の成果を示す証拠がある場合、たとえば、自動車運転免許書、フォークリフトの免許、WHMISの証明書[3]などを生徒が提示してきた時、私は、HCS3950あるいは2950[4]の単位を認定するか、CALMもしくはELAの単元の一部の履修を免除する。加えて、生徒が保護観察官やセラピスト（中毒など）、カウンセラーなどと面談をする場合、その内容と時間に応じて、ELA（English Language Arts）の単位の一部として認める。（2019年3月2日CYAC教員に対するメールによる聞き取り）

履修時間ではなく、生徒が学校外での活動で得たスキルを、それぞれの教科の到達目標と照合して満たしていると判断できれば単位の授与を行うという制度は、2009年のパイロットプロジェクトおよび2013年からの高校再構築政策の中心的な内容であった。先に述べたように、このシステムを導入している高校はまだ少ないのが現状であるが、少年矯正施設という特殊な環境ではあるが、担当教員の裁量によって、州教育省の新たな改革プランが導入されている。

4．まとめ

2018年に発表されたアルバータ教育省の年次報告書では、教育大臣のコメントとして、高校修了率については、入学後3年および5年のいずれの数値も2012のものを上回っているということ、また先住民をルーツにもつ生徒の状況も改善していると述べられている。しかし、学校現場レベルでの調査から、未だ進行中であり、今後の継続的な研究が必要である。特に、都市部のカルガリー市以外ではどのような取り組みがなされているかについて明らかにしたい。

これまでの調査で明らかになった点を、以下3つの項目にまとめる。

①学習機会の多様化

HSFEPPおよび高校再構築で提案された「カーネギーユニットの廃止」によって、単位取得を、履修時間ではなく、「何ができるか」によって判断するシステムへの転換することが意図された。これによって、学習の成果は、学校教育の中だけではなく、学校外の日常生活の中のあらゆる場面での経験から判断できるようになった。ここに、学習機会の多様化がみられる。

②民間NPOと行政の連携

　少年矯正施設のうち、開放性矯正収容施設（ExCel Discovery）は、NPO組織であるENVIROSが設置し、法務省と教育省の二つの省庁の管轄下となる複合的な運営組織を有している。カルガリー市内には、ほかに、特別支援教育を行う施設や、10代で妊娠した女子生徒が通学する高校など、NPOが設置し、教育省および保健省が管轄する高校も設置されている。高校中退の要因が複合的であるということから、生徒が高校に在籍するために必要な教育・福祉・就労などのサービスをワンストップで提供している事例が見られる。学校が授業を中心とした教育を行うという役割だけではなくなっている。

③教員の裁量による単位認定

　CYACの教員への聞き取りから、生徒の単位認定は、学校内での授業に参加した時間とテストの点数だけではなく、担当する教員の判断によって、学校外での経験的な学習を評価対象とすることがわかった。これは、学校全体が特別な措置を講ずることなく、州教育省の学習指導要領に記載されるルーブリックにしたがって、教員の裁量で適用することが可能である。教員の教育に対する主体性によって、生徒の学習の成果が柔軟に評価されることで、生徒の実態に即した対応が可能であると考える。

注
（1）アルバータ教育省の高校再構築政策については、以下のwebサイトを参照のこと（https://www.alberta.ca/moving-forward-with-high-school-redesign.aspx）
（2）ENVIROSは、1976年に設立されたユースワークの団体であり、他に犯罪傾向や精神疾患・中毒傾向のある少年を対象に、ベースキャンプと呼ばれるプログラムを実施している。詳細は、（https://www.enviros.org）を参照のこと
（3）WHMISとは、作業場危険有害性物質情報制度（Workplace Hazardous Materials Information System）の略で、カナダ政府が全ての労働者にその情報に関する研修を受ける受講証明書を取得することを義務付けている。アルバータ州の高校生が民間企業等で職業体験をする場合にも、この取得が義務付けられる。
（4）HCS3950およびHCS2950とは、アルバータ州の高校における職業技術系科目（Career and Technology Studies）中の分野であるHealth Care Servicesの一つの単元を表すものであり。それぞれ1単位授与される。

参考文献
・内閣府（2011）「若者の意識に関する調査（高等学校中途退学者の意識に関する調査）報告書（解説版）」
・文部科学省（2017）「平成29年度児童生徒の問題行動・不登校等生徒指導状の諸課題に関する調査結果について」
・Alberta Learning（2001）Removing Barriers to High School Completion Rate –Final Report
・Alberta Education（2009）High School Flexibility Enhancement: A Literature Review
・Alberta Education（2018）Annual Report 2017-2018
・Conference Board of Canada（2014）High School Attainment
・OECD（2017）Secondary Graduation Rate Upper Secondary, Men/Upper Secondary, Women, Percentage, 2005-2016

（札幌大谷大学）

［内外の教育政策動向2018］
政府・文部科学省・中央諸団体の教育政策動向

濱沖　敢太郎

1．はじめに

　本稿では、2018年末に具体化に向けた方針が閣議決定された、幼児教育および高等教育の無償化について、その内容と議論の経緯を粗描したい。2018年12月28日「幼児教育・高等教育無償化の制度の具体化に向けた方針」（以下、「2018年末方針」）が閣議決定された。これは、2017年12月8日閣議決定の「新しい経済政策パッケージ」（以下、「新たなパッケージ」）および、2018年6月15日閣議決定の「経済財政運営と改革の基本方針2018」（以下、「骨太方針2018」）を踏まえて出された指針である。法制化に向けた具体的な手続きは引き続き2019年の課題として残されているものの、2019年度後半には制度の運用開始を見据えており、制度の大枠はほぼ決まったと言ってよい。

　ただし、幼児教育と高等教育の無償化は「新たなパッケージ」発表以前から様々な形で検討が加えられてきた課題であり、本学会誌でも過去に取り上げられている（たとえば、谷口2017）。このため、本稿では特に2018年中に新たに検討された課題などに注目したい。このことと関連して、今回の無償化案と他領域の政策審議との関連についても可能な範囲で言及する。「2018年末方針」の直接的な契機となった「新たなパッケージ」は、幼児教育や高等教育以外の課題も含めた政策構想である。それゆえ、「2018年末方針」の特徴は関連課題の中に位置づけることでよりよく理解できるものと思われる。以下、まずは「新たなパッケージ」をめぐる審議の概要を押さえた上で（第2節）、幼児教育（第3節）および高等教育（第4節）の無償化について論じていきたい。

2．「新しい経済政策パッケージ」と教育政策

　「新たなパッケージ」をめぐっては関連会議が複数開催されており、まずはその関係から整理しておこう。「新たなパッケージ」は少子高齢化社会におけ

る経済成長を企図したものであり、その全体像については経済財政諮問会議、日本経済再生本部およびその下部組織である未来投資会議において議論が交わされている。これらの会議はいずれも内閣官房に事務局があり、2017年以前から開催されてきたものであるが、特に2017年9月25日経済財政諮問会議において「人づくり革命」及び「生産性革命」を軸とした政策構想について検討が行われ、「新たなパッケージ」は基本的にこの枠組みを踏襲している。これに加えて、同時期2017年9月8日には、これも内閣官房を事務局として「人づくり革命」を念頭に置いた「人生100年時代構想会議」が設置されたが、この会議は幼児教育と高等教育について重点的な審議を行っている。なお、文部科学大臣は経済財政諮問会議を除く一連の会議に議員として常時参加している。

さらに、「新たなパッケージ」発表後には、無償化に関わる二つの会議が新設されている。まず幼児教育の無償化については、内閣官房を事務局とする「幼稚園、保育所、認定子ども園以外の無償化措置の対象範囲等に関する検討会」(以下、「幼児教育無償化検討会」)、次に高等教育の無償化については、文部科学省高等教育局のプロジェクトチームを事務局とする「高等教育段階における負担軽減方策に関する専門家会議」(以下、「高等教育無償化会議」)である。両会議および「人生100年時代構想会議」は2018年6月初めまで審議を行い、この結果が「骨太方針2018」に反映されている。

結果から見れば、「2018年末方針」は「新たなパッケージ」を基本的な枠組みとしつつ、「骨太方針2018」発表までに細部の検討が行われたと言って良い。そのような事情に鑑みて「新たなパッケージ」の成立過程を追うことも重要な課題と考えられるが、本稿では特に2018年前半に行われた議論の整理に注力することとする。なお、文部科学省の所管事業という点で言えば、「生産性革命」に関連づけて新学習指導要領におけるプログラミング教育の導入なども「新たなパッケージ」に組み込まれているが、本稿では取り上げない。

3．幼児教育の無償化

まずは、「2018年末方針」に則り、幼児教育無償化の概要を押さえておきたい。幼児教育無償化の趣旨は、主に少子化対策であり、子育てや教育にかかる家計負担の軽減措置が少子化対策の1つとして有用であるとされている。具体的には、「3歳から5歳までの全ての子供及び0歳から2歳までの住民税非課税世帯の子供についての幼稚園、保育所、認定こども園の費用を無償化し、」

「幼稚園、保育所、認定こども園以外についても認可保育所に入ることができない待機児童がいることから、保育の必要性のある子供については、認可外保育施設等を利用する場合でも無償化の対象とする」。これらの措置は、第198回国会における子ども・子育て支援法の改正にもとづくものとされる。

　今回の無償化案の１つの特徴は、認可外保育施設等を利用する場合も支援措置の対象としたことである。ここには、地方自治体独自の認証保育施設、ベビーホテル、ベビーシッター、事業所内保育、一時預かり事業、病児保育事業及びファミリー・サポート・センター事業、その他の認可外保育施設が含まれる。以上の認可外保育施設等が無償化の対象となった理由は、待機児童問題によりこれらの施設等を利用せざるを得ない者への代替的な措置であるとされている。すでに「新たなパッケージ」において認可外保育施設等利用者を無償化の対象として検討する旨は記載されており、この意味で無償化の対象施設の問題は「2018年末方針」に記載された他の措置と同じく、早くから基本構想にあったことは確認しておきたい。

　その一方で、この構想に関わる問題がどの程度議論されてきたのかということは、「2018年末方針」以後の展開も含めて引き続き検証すべき課題である。「新たなパッケージ」に先んじて2017年９月に「人生100年時代構想会議」が設置されているが、幼児教育の負担軽減が議題となった第２回会議（2017年10月27日）において確認されたのは幼児教育無償化の必要性のみであり、その対象に認可外保育施設等を含める点については一切言及なされなかった。第４回会議（2017年12月19日）で中間報告案を審議する段階になって、むしろ「新たなパッケージ」を踏襲する形で認可外保育施設等の範囲を検討する旨が報告案に盛り込まれているが、議員の一人がこれに言及するに止まっている。その後、同会議で再びこの問題が指摘されたのが第８回会議（2018年６月１日）の基本構想（最終報告）の取りまとめ段階である。つまり、「新たなパッケージ」発表段階で無償化の対象施設にかんする具体的な構想があったかどうかという点は審議会資料を見る限り不明であり、また幼児教育無償化を議題の１つとした「人生100年時代構想会議」でもこの問題にかんする審議は実質行われていなかった。

　この点、重要なのが「幼児教育無償化検討会」である。2018年１月22日に設置されたこの会議は、認可外保育施設等の無償化の範囲のみを議題とし、2018年５月まで全７回の会議を開催している。ただし、同会議は第６回までをすべ

てヒアリング（対象となったのは、利用者及びその団体、幼児教育・保育関連団体、地方自治体）に充てており、実質的な審議は「検討会報告書」の素案が提出された第７回のみとなっている（2018年５月31日同日「検討会報告書」発表）。それゆえ、「検討会報告書」には認可外保育施設等の無償化に関する対象範囲について「2018年末方針」同様の方針がすでに示されているものの、問題への対策を審議した上で対象範囲が設定されたとは言いがたい。なお、2018年６月13日発表の「人生100年時代構想会議」最終報告（以下、「人づくり革命基本構想」）は、「検討会報告書」を踏襲したものとなっている。

継続審議の必要性は「検討会報告書」においても指摘されている。すなわち、認可外保育施設等が認可保育所と比べて保育の質に劣る場合があること、そのため認可外保育施設等も無償化の対象範囲に含めるとしても地方自治体による指導監督の対象とする必要があること、などである。特に、指導監督も含めて無償化の実務を担当する地方自治体が抱える課題については、制度実施に向けた国との継続的な協議を自治体側が求め、「検討会報告書」でも繰り返しその必要性が指摘されている。その後、2018年11月21日・12月３日の「教育の無償化に関する国と地方の協議」を経て、2018年12月17日「幼児教育の無償化に関する協議の場」が設置された。要するに、無償化の対象となる保育の質確保・向上に関する具体的な制度設計上の課題は、「2018年末方針」以降に本格的な審議を迎えることになる。この意味で、幼児教育無償化の開始予定である2019年10月までの動向を注視する必要があるだろう。

最後に、幼児教育の無償化が、待機児童問題と不可分であることを確認しておきたい。「2018年末方針」に至るまで、無償化の対象範囲を検討する理由が基本的に待機児童問題によるものであることは関連会議で幾度となく指摘されている。政府は「新たなパッケージ」及び「骨太方針2018」において、「子育て安心プラン」に掲げられた保育の受け皿拡大に関する計画を前倒しするとしているが、幼児教育の無償化はより広い保育問題との関連においてその意義や課題を検討しなければならない。

４．高等教育の無償化

高等教育無償化は、国の知的インフラの重要性、および低所得世帯の子どもの高等教育進学率が低い実態を踏まえて、その改善を図るものとされる。具体的には、（１）「大学、短期大学、高等専門学校及び専修学校専門課程（専門学

校）」のうち、実務経験のある教員の配置などの機関要件を満たす学校に在籍する学生で、（２）「住民税非課税世帯およびそれに準ずる世帯」で進学前後の学習意欲・学習状況などの個人要件を満たす者を対象に、授業料等の減免と給付型奨学金の支給を行う、というものである。これらの措置は、第198回国会における新法（「大学等における修学の支援に関する法律」）の制定と、独立行政法人日本学生支援機構が実施する給付型奨学金の拡充によるものとされている。

　今回の施策の特徴の１つが、支援の条件として個人要件の他に機関要件を加えたことだろう。「2018年末方針」では大学等に求める要件として、「実務経験のある教員による授業科目が標準単位数の１割以上、配置されていること」「法人の「理事」に産業界等の外部人材を複数任命していること」「授業計画（シラバス）の作成、GPAなどの成績評価の客観的指標の設定、卒業の認定に関する方針の策定などにより、厳格かつ適正な成績管理を実施・公表していること」「法令に則り、貸借対照表、損益計算書その他の財務諸表等の情報や、定員充足状況や進学・就職の状況などの教育活動に係る情報を開示していること」の４つを挙げている。ただし、この４要件はすでに「新たなパッケージ」でも指摘されており、この意味で幼児教育無償化と同様、基本的な枠組みは早くから出来上がっていたと言って良い。

　唯一、「2018年末方針」で初めて明確化されたのが、機関要件に追加される形になった「経営に課題のある法人の設置する大学等の取扱い」である。これは、「教育の質が確保されておらず、大幅な定員割れとなり、経営に問題がある大学等について、高等教育の負担軽減により、実質的に救済がなされること」を避けるための措置とされる。具体的には「学校法人運営調査における経営指導の充実について」（2018年７月30日付30文科高第318号高等教育局長通知）における「経営指導強化指標」２つ、および「直近３カ年において連続して、在籍する学生数が各校の収容定員の８割を割っている場合」、合わせて３つの条件に該当する場合には、無償化の対象機関として認めないというものである。

　当然ながら、このような構想が「新たなパッケージ」前後に無かった訳ではない。すでに2017年９月25日経済財政諮問会議において、有識者議員が大学改革に関連させる形で私立大学の再編や転換に向けた政策を求めており、さらに2017年10月27日第２回人生100年時代構想会議では、麻生副総理兼財務大臣が

高等教育の負担軽減策を経営状態の厳しい私立大学への単なる支援策にしないように、とのより明確な指摘をしている。「新たなパッケージ」発表後もこのような指摘は続き、「高等教育無償化会議」の第1回会議（2018年1月30日）や第3回会議（2018年4月11日）にも委員による同趣旨の発言を確認することができる。高等教育無償化と直接的な関連はないが、2018年4月24日経済財政諮問会議では、私立大学の公立化に伴う公費負担の増大について有識者議員による懸念が示され、林文部科学大臣が私学助成のあり方も含めて検討を行う必要がある旨を回答している。ただし、「人づくり革命基本構想」や2018年6月14日発表の「高等教育無償化会議」最終報告（以下、「高等教育の負担軽減の具体的方策について」）において、経営状態の要件化はなお検討事項とするに止まっており、「骨太方針2018」もこの問題に言及していない。

最終的に、審議会等資料で経営状態の要件化が明示されたのは、2018年11月12日経済財政諮問会議に参加した柴山文部科学大臣の提出資料であった。要件の内容それ自体は「人づくり革命基本構想」や「高等教育の負担軽減の具体的方策について」が検討案としていたものをほぼ踏襲する形になっており、目新しいものではない。ただし、一点書き加えておくとすれば、「高等教育無償化専門家会議」では、経営状態が悪い大学の扱いについて、財務情報と教育内容いずれによって無償化の対象範囲を決めるべきかという論点が提起されていた。「2018年末方針」では教育内容の要件化に踏み込んでいないが、たとえば2018年11月12日経済財政諮問会議では、有識者議員や柴山文部科学大臣が成果指標の導入をもとにした私学助成の配分についての構想を示しており、無償化をめぐる論点が異なる課題に引き継がれうる点に注意したい。

強調するまでもないことだが、経営状態の要件化は特に経営状態の苦しい私立学校に大きな影響を与えることが想定される（無償化政策全体の高等教育への影響については、山本（2018）を参照されたい）。幼児教育無償化における認可外保育施設等の場合は、国の定めた基準を満たしていない場合も無償化の対象とする経過期間が設けられているのに対して、高等教育無償化における経営に課題のある法人の場合は、このような経過措置も設けられておらず、無償化を契機に急激な変化が生じる可能性がある。無償化が開始される2020年4月以降も含めて、課題の精査が引き続き必要となるだろう。

5．おわりに

　本稿では、およそ「新たなパッケージ」から「2018年末方針」までの、幼児教育・高等教育の無償化をめぐる議論を追ってきた。筆者自身、無償化によって家計負担の軽減が図られることを望ましいと考える一方で、付随する問題の検討が今後あらためて必要であることは本論に記したとおりである。

　関連する問題の一つとして、2つの無償化が消費税増税に依拠していることも書き加えておきたい。この財源確保のあり方については「2018年末方針」に至るまで繰り返し確認がなされている。しかし、家計負担の軽減を趣旨とする無償化がむしろ家計負担の増大によって成立するとなれば本末転倒も甚だしい。もはや教育政策の吟味という域を超える課題提起のようにも思われるが、無償化の意義と課題を見定めるにはなお多くの作業が必要であろう。

参照資料
- 人生100年時代構想会議（2017a）「第2回人生100年時代構想会議議事録」
  （2017b）「第4回人生100年時代構想会議議事録」
  （2018a）「第8回人生100年時代構想会議議事録」
  （2018b）「人づくり革命　基本構想」
- 経済財政諮問会議（2017）「平成29年第13回経済財政諮問会議議事要旨」
  （2018a）「平成30年第5回経済財政諮問会議議事要旨」
  （2018b）「平成30年第13回経済財政諮問会議　資料4　経済・財政一体改革における教育・科学技術分野の取り組みについて（柴山臨時議員提出資料）」
- 高等教育段階における負担軽減方策に関する専門家会議（2018a）「高等教育段階における負担軽減方策に関する専門家会議（第1回）議事要旨」
  （2018b）「高等教育段階における負担軽減方策に関する専門家会議（第3回）議事要旨」
  （2018c）「高等教育の負担軽減の具体的方策について（報告）」
- 文部科学省（2018）「学校法人運営調査における経営指導の充実について（通知）」
- 内閣府（2017）「新しい経済政策パッケージ」
  （2018a）「経済財政運営と改革の基本方針2018」
  （2018b）「幼児教育の無償化に関する協議の場の開催について」
  （2018c）「幼児教育・高等教育無償化の制度の具体化に向けた方針」
- 谷口知弘（2017）「政府・文部科学省・中央諸団体の教育政策動向」『日本教育政策学会年報』第24号、pp.171-177。
- 山本清（2018）「高等教育無償化政策と大学再編の可能性」『日本労働研究雑誌』No.694、pp.39-47。

・幼稚園、保育所、認定子ども園以外の無償化措置の対象範囲等に関する検討会（2018a）「第4回幼稚園、保育所、認定子ども園以外の無償化措置の対象範囲等に関する検討会議事要旨」
（2018b）「幼稚園、保育所、認定子ども園以外の無償化措置の対象範囲等に関する検討会報告書」

（鹿児島大学）

[内外の教育政策動向 2018]
地方自治体の教育政策動向

山沢　智樹

はじめに

　本稿では、2018年における地方自治体による教育政策の動向を概観する。とくに、①教員の「働き方改革」および不足している状況に関するもの、②学校運営や教育実践におけるICT機器の活用に関するもの、③全国学力・学習状況調査の結果や自治体独自の調査結果の利用に関するもの、④相次ぐ地震や「酷暑」を受けての安全対策、⑤奨学金や教育費に関するものを中心的に扱う。これらの課題は教育界全体として慎重な検討が必要とされる。課題によって国レベルの教育政策や個別学校等の教育現場においてもその対処について問われるものである。そのなかで、地方自治体としての動きが見られた点について以下取り上げていく。なお、本稿の執筆にあたって具体的に例示した自治体名などについては主に『内外教育』(時事通信社)の2018年分の記事を参照している。

1．教員の「働き方改革」および教員の確保

　いわゆる教員の「働き方改革」は、2017年7月から文部科学省の中央教育審議会内に特別分科会が設置される形で議論が始められた。各地方自治体段階においてはより具体的に、(1)学校の閉庁日の設定、(2)部活動指導の時間数を抑制することを目指したガイドラインの策定等が進められている。またより直接的に(3)出退勤時間を管理することを目的とするICカードやタイムカードの導入や「働き方改革」に関する独自の計画の策定に取り組む例も見られる。

(1) 学校閉庁日の設定

　学校閉庁日については、これまでのお盆休みや年末年始の際の学校休業期間

中に数日間の閉庁日を設定する地方自治体が相次いだ。

閉庁日は日直担当の教員も不在となり、公立学校の場合は各教育委員会が問い合わせ窓口となるとされている。多くの自治体では、お盆休み（8月13日～16日ごろ）や年末年始の付近を閉庁日の期間として設定された（青森県三沢市、秋田県、茨城県、栃木県小山市、横浜市、神奈川県小田原市、福井県大野市、長野県、石川県、京都市、京都府丹波市、大阪府、広島市など）。なかには、2週間以上の16日にもおよぶ自治体（岐阜市：8月4日～19日の16日連続）も見られた。

ただし、教育委員会が窓口として対応するとしても、具体的なことでは夏季期間中のプールの水質管理など、検討すべき課題は残されているだろう。また、教員の業務の量や負担の問題はまた別に残るものである。一律の施策を導入していくことで対処する問題とそれだけでは拾いきれない問題との両面からこの動向について引き続き注視していく必要がある。

（2）部活動のあり方についての見直し

部活動のあり方に関しては、活動内容や指導のあり方、「勝利至上主義」に偏り過ぎてしまわないかといった、教育課程外ではありながら、教育活動としての側面からも問われるべき課題も少なくない。しかし、ここであつかう動向としては教員が部活動指導に当たる時間に関するものである。

たとえば、都道府県単位で指導のあり方にかんするガイドラインが策定されるなかで、時間数を抑制しようとしたものが見られる（群馬県、滋賀県、京都府など）。その他により具体的な動向としては、1週間に2日以上の休養日を確保すること（横浜市、富山県など）や、「朝練」の禁止（茨城県、埼玉県戸田市、静岡県浜松市、神戸市など）に打って出た自治体も見られる。また、活動量の抑制としては夏休みの部活自体についての中止（新潟県加茂市）が検討された例も見られた。

他方で、必ずしも活動量の抑制ではなく、休日部活動指導手当の見直し（宮城県）、教員ではない指導員の導入（名古屋市、宇都宮市、京都市など）が予定、検討される例も見られる。

本稿執筆にあたって補足情報を集める際に幾度となく目にしたのが、部活動指導の日数や時間を限定することは不可能で、上限を超えた活動は無くならないという旨の言説である。炎天下での夏の高校野球も含めて、部活動での経験

をきっかけとして教員になることを希望する学生も少なくない。そのようななかで教育政策、教育行政としてどう切り込むかが問われている。

（3）出退勤時間の管理・働き方改革に関するプランの策定に関して

より具体的に教員の労働実態を管理することをめざし、出退勤時間の管理のためにタイムカードやICカードを導入する自治体が見られる（さいたま市、高松市、福岡県、大分県、熊本県、那覇市、など）。「おかしな管理」に陥らず、有効な労働実態を把握していくことへつながっていくことが期待される。調査結果を踏まえた今後の動向を注視していかなければならない。

また、自治体ごとに「働き方」に関するプランや手引きの策定、目標設定にも取り組まれている（山形県、埼玉県、横浜市、浜松市、石川県、堺市など）。試行的な施策が同時期に全国的に展開される中で先駆け的にまとめられている点において社会的なインパクトを有している。その一方で、各地の経験を拾い上げた施策のアップデートは引き続き必要となるだろう。

（4）教員の不足

教員の採用に関しては採用試験の受験年齢制限の引き上げ（宮崎県：59歳以下）や、受験内容の見直し（鳥取県）、補欠枠の新設（鹿児島県）や、採用に際して離島の特定地域枠を設ける（長崎県）などの取り組みが行われている。

教員確保に向けた苦肉の策が見られるように、現場での教員の数不足が明らかになっている。他方で、多くの常勤・非常勤講師が学校現場を支えている現実があることからも目を逸らしてはならない。

2．学校運営や教育実践におけるICT機器の導入に関して

学校運営や教育実践において利用することをねらったネットワークシステムやICT機器の導入に関する動向も多くの自治体で見られる。大まかに拾ってみる限りにおいても、校務支援システムの導入（長野県、京都府京丹後市、山口県など）や、そのシステムの活用に向けた産学官による「連携」への取り組み（埼玉県宮代町、静岡県藤枝市、岐阜市、金沢市など）などである。

より具体的な学校運営や教育実践の方法にも影響を与えることも予測される、タブレット端末の導入に踏み切った自治体も見られる（神奈川県平塚市、新潟県妙高市、大阪府箕面市、沖縄県与那国町など）。

以前、筆者が見学したとある公立小学校では、従前までのコンピューター教室の機器の入れ替えに併せてタブレット端末導入されていた。しかし、携帯することを想定した小型端末は本来、個人での利用が想定されている。それを学校教育でどのように活用できるのか等検討課題は残されている。
　その他にも、学校への無線LANの整備、学習状況をAIで可視化しようとする試み、利用者数が増えているSNSを相談窓口へアクセスするためのツールとして位置づけるなど動向も見られる。

3．全国学力・学習状況調査に関して
　全国学力・学習状況調査に関する取り組みも見られる。
　2018年においては、兵庫県尼崎市で小学校1年生から中学校2年生までの子どもを対象とする独自の学力調査および生活調査の実施を決めた。
　また、調査の結果を受けて、学力調査対策が首長から提案（大津市）されたり、結果を教員給与や学校予算と連動させる首長発言（大阪市）があった。
　「状況調査」として始められながらも、その当初から危惧されていたように点数結果に着目した調査対策の実施の要請や学校間ならびに自治体間の競争を呼び起こすような状況が生じている。2015年から施行されている地方教育行政の組織及び運営に関する法律の改正により、各自治体における総合教育会議を招集する立場となった首長からの提案や発言と自治体における教育行政や教育政策との関係も併せて着目していく必要がある。

4．相次ぐ自然災害や「酷暑」を受けての安全対策
　2018年はとりわけ、自然災害の多い1年でもあった。大きなものに絞って列挙してみても、6月18日の大阪北部地震、岡山県を中心とする6月末から7月はじめにかけての平成30年7月豪雨、9月6日の北海道胆振東部地震などである。そのほかにも近年、年毎にその厳しさが増している猛暑の影響もあり、7月には愛知県豊田市で小学校1年生の子どもが熱中症によって死亡するという痛ましい事故も起きている。まさに、待ったなしの対策が必要な状況である。
　関連する各自治体での取り組みとしては、エアコン設置を実施もしくは検討が数多く見られる（埼玉県杉戸町、神奈川県平塚市、静岡県静岡市、浜松市、掛川市、愛知県豊橋市、岡崎市、半田市、長久手市、兵庫県穴栗市など）。そのほかには、名古屋市は熱中症に関する通知を出し、静岡県掛川市では夏休み

を前倒しして実施するなどされた。

　また、大阪北部地震の際には学校の塀が倒れて子どもが下敷きになって亡くなるという痛ましい事態も起こり、北海道での大地震もうけて、学校の塀の強度や安全性についての調査や見直しも行われている（埼玉県行田市、福島県など）。

　このほかに、2011年3月11日の東日本大震災の際の大川小学校の子どもの安全確保のあり方が問われた裁判では、2016年の一審判決に続いて石巻市と宮城県の事前防災の不備を認める二審判決が出された（4月26日）。本件については、石巻市と宮城県側の上告により最高裁による判断へと持ち込まれている。

5．地方自治体による奨学金、教育費支援制度

　奨学金制度の創設や拡充また今後の検討を行う地方自治体も多く見受けられた。

　新たな制度の創設については、高校生を対象としたものや卒業後の地元への就職を条件としたもの、もしくは特定の進学ルートに対する支給など様々な形式のものが見られる（青森県十和田市：高校生を対象に、仙台市、栃木県：県内製造業への就職を条件に、新潟県、愛知県：養護施設からの大学進学、土佐町：嶺北高校からの大学進学に対して、熊本県菊池市など）。

　また、日本の奨学金制度はその多くが貸与型であり、有利子の形態であるなかで、給付型の奨学金制度を創設する例も見られる（宮城県東松山市：高校生向け、滋賀県米原市：卒業後の定住が条件など）。奨学金制度の抱える課題としてその返還における困難さもあるなかで、返還支援を打ち出す自治体も登場している（山形県寒河江市：返還支援対象の拡充、香川県：返還免除要件の緩和など）。

　地方自治体による奨学金制度としてはその他に、地方創生事業とのかかわりから、定住やUターンを条件とした返還の補助（愛媛県上島：Uターン、鹿児島県大隅市：定住など）。また、卒業後の定住を条件とする奨学金制度（福島県会津美里町、茨城県稲敷市：卒業後5年以上の住民登録で一部返還免除など）も創設されている。

　奨学金制度が充実させられてきているとも捉えられる一方で、自治体としてはフリーハンドでの制度を創設することは困難であるなどの限界もあり、とりわけ大学授業料を中心とする学費問題については継続的な取り組みが不可欠で

ある。

　奨学金制度の他にも、入学、進学準備にかかわって制服購入費への支援（静岡県磐田市：2019年度から商品券でなど）、準備金の前倒し支給（富山県砺波市、那覇市：2019年度からなど）も実現されてきている。その他には、市内の大学へ通う学生に対する市営住宅の入居募集（札幌市）などにも取り組まれている。

6．その他
　ここまでに取り上げることができなかったが、教育と福祉との連携に関しては、スクール・ソーシャルワーカーの配置も広がりを見せている（茨城県阿見町など）。千葉市では、関係機関同士および家庭との連携を進める役職として子どもナビゲーターの設置を決めている。

　その他に、以下3件の動向について挙げておきたい。第1に、3月に東京都足立区の中学校での性に関する授業に対して都議会議員が批判し、東京都教育委員会も足立区教育委員会に対する指導を行うに至った件である。この件に関して足立区教育委員会は授業の必要性を主張した[1]。

　第2に、8月の教育科学研究会の集会に対する川崎市が一度認めた後援をあとになって取り消した件である。報道によれば、後援を承諾して以降に抗議が寄せられ、「政治的中立性を損なうと判断されるもの」は後援しないと結論づけたというものである[2]。この点、さいたま市の九条俳句の公民館報への掲載拒否を契機に争われた裁判で12月20日に最高裁において原告側の主張が認められたことと併せて考える必要があるだろう。同判決では、「政治的」なことがらについて「公平・中立」を論拠に排除できないと確認された。

　第3に、筆者の在籍する首都大学東京が2020年度から東京都立大学へ改称となる件についてである[3]。7月12日の小池百合子都知事の発言を発端に、関係者からの意見聴取も踏まえて8月24日には改称が決定されたとしているが、その経過は極めて不透明なものと言わざるを得ない。

　ここで取り上げた3件の動向は、これまで永らく問われてきた教育と教育行政ならびに政治との関係を考えるうえにおいても大きなインパクトを与える出来事であった。

おわりに

　ここまで、非常に大雑把ではあるが、2018年に、地方自治体による教育政策並びに、教育に関連する施策を概観してきた。

　そのなかで、教員の労働条件や子どもの安全など、慎重な対応が求められる一方で即時に対応しなくてはいけない課題が多く見受けられる。こういった事態においてはとくに、「決断力」や「スピード感」が求められがちである。しかし、行政に対してその対応を「丸投げ」で任せるのではなく、主権者としてその動向を注視していくことこそが必要となるだろう。また、ICT機器の導入については、社会的にも一定広まってきた技術を教育へ導入するにあたっては設備の整備と併せて、現場の教師と子どもその活用方法について慎重な扱いが求められる。奨学金や教育費支援について本稿では、その施策を取上げるにとどまらざるを得なかった。教育とお金に関しては別の視角からすれば、批判すべき点はいまだ多く残されているだろう。その中でも現状、地方自治体としての施策の充実はより後押ししていけるような議論と世論が必要である。

　学テの結果公表や最後に取り上げた3つの出来事は、2015年4月以降の地教行法下の政治と地方自治体教育行政との関係のなかで今後も生じるであろう現象が示された。教育政策研究としても改めて向き合わなければならない課題である。

　　注
（1）田代美江子「学校でこそ包括的性教育を：足立区の実践をあたりまえに」『教育』2018年11月号、5-14頁。
（2）https://www.kanaloco.jp/article/entry-34588.html より：最終アクセス日2019年2月27日。
（3）大学側からの経緯説明についてはweb上に若干の資料が公開されている。https://www.tmu.ac.jp/news/topics/about_rename.html：最終アクセス日2019年2月27日。

（首都大学東京・大学院生）

VII

書評・図書紹介

書評

久保　冨三夫著
『教員自主研修法制の展開と改革への展望
──行政解釈・学説・判例・運動の対立・交錯の歴史からの考察』

樋口　修資

　本書は、1949年制定の教育公務員特例法における研修条項をめぐって、教員の自主的研修機会をどのように拡大し、それを児童生徒の学習する権利保障、さらに言えば「子どもの最善の利益」への接近に、どのように結合させていくかという観点から、従来の行政解釈・学説・判例・運動の対立・交錯の歴史を緻密に検証しつつ、教員の自主研修法制の在り方について考察した労作である。
　今日、教員研修の在り方については、行政研修（職務研修）が肥大化し、教員の自主的な研修が統制されていく中で、改めて、教育公務員特例法の立法者意思である教員の自主的・主体的な研修を尊重するという趣旨に立ち返って、教育法制史の視点から検証する必要がある。筆者は、教員の自主的・主体的な研修機会をどのように保障し、確保するかに焦点を当て、戦後の教員研修法制の導入・展開の歴史を辿る中で、教員の自主的研修法制の改革を構想しつつ、実践的な問題提起を試みていることは、管見の限り、これまでの先行研究にはない独自の研究業績といえよう。
　本書は、序章　問題の所在と研究目的・構成、第1章　教職員組合の研修保障要求運動とその特質、第2章　研修条項に関する行政解釈の変遷、第3章　教育法学説に見る研修条項解釈、第4章　判例に見る研修条項解釈、第5章　教員研修にかかわる教育法学説の検討課題、第6章　自主研修法制の実態と課題、終章　自主研修法制の改革構想により構成されている。
　序章では、教員の自主的・主体的な研修を保障する法制度の在り方を考察することを研究目的として措定している。研修条項にかかわる行政解釈、教育法学説、判例の変遷過程の事実を把握することを通じて、1960年代後半から顕著となった行政解釈や判例の立法者意思からの乖離の過程を明らかにするとともに、教育法学説の検討課題を把握し、その精緻化のための理論構築を考察することをねらいとしている。
　第1章では、日本教職員組合の研修要求運動を考察し、教職員組合の研修条

件保障要求の運動が間接的に教育公務員特例法研修条項の形成に役割を果たしたと総括する一方、研修条項の積極的側面と限界性や矛盾、あるいは研修の権利性と義務制の関係について丁寧な検討が行われてこなかったと批判する。

第2章では、1960年代以降、文部省の行政解釈において、教育公務員特例法の研修条項における教員の自主的・主体的研修の尊重の趣旨が没却され、教育行政当局が主張する「研修3分類説」に基づき、「職務としての研修」を狭く「職務命令による研修」と位置付け、職務命令研修が教員研修の中心に据えられたとしている。一方で、「勤務時間内校外自主研修」は、職務に専念する義務を免除した研修と捉えられ、研修の「職務性」の否定と研修の自主性・主体性のはく奪が行われるに至っていることを実証的な分析により明らかにしている。

第3章では、教育法学の通説は、子どもの教育を受ける権利をより良く実現していくためには、教師の十分な教育研究と人間的修養が不可欠であり、研修は本質的に教師の自主性を要請していると論述している。したがって、通説によれば、教員の研修は「教育条理」としての一種の服務の確認であり、教育行政当局が命じる研修を受ける義務を負うという意味ではないとされる。筆者としては、このような「教育条理法原則」からの解釈に依拠するだけでは問題の解決は望むべくもなく、教員研修の権利性が広く社会的承認を得られるように、研修権をその目的性や学校の教育責任の観点から捉えなおし、開かれた研修権として構築していくことの必要性を力説している。

第4章では、「研修関係裁判」の判例動向を紹介している。研修裁判では、「勤務時間内校外研修」の校長不承認に関するものと職務命令研修の適否に関するものに大別し、職務命令研修以外の研修については、「職務行為」と解されないこと、したがって、教員の校外自主研修の校長承認に当たっては、「授業に支障がない限り」から、「校務運営」や「研修内容」、さらには「緊急性」も判断要素として付加され、校長に承認に際しての広範な裁量権が付与されるとする判例が相次いでいると明らかにしている。筆者は、こうした判例動向により、「研修関係裁判」から教育法学研究者等の関心が遠のき、教職員組合の研修機会保障要求運動の衰退と相俟って、教員の自主的な研修行為を極力制度保障の枠外に置く法解釈と運用実態をつくり出すことを間接的に助長したと指摘する。

第5章から第6章にかけては、教員研修に関わる教育法学説の検討課題を整

理し、自主研修法制の実態と課題を明らかにしている。終章では、「一定勤務年数での長期研修機会付与制度」の創設、教育公務員特例法改正の提言、自主研修法制を支える基礎的教育条件の改善を提言している。

以上のように本書では戦後日本の教員自主研修法制の展開と課題を踏まえて、自主研修法制拡充のためになすべき課題を提示し、教育公務員特例法の研修条項が、教員の自主的研修の機会を保障するための規定であることを再確認するとともに、研修条項に基づく適切な運用が必須課題であることを多角的かつ総合的な視点から明らかにしている。

本書は、400頁を超える大部の著作であることから、詳細な書評は容易ではないので、評者としては、2点に絞って述べることとする。

第1に、教員の研修は、「権利」であるか「義務」であるかの研修の法的性質をめぐる議論については、つまるところ、「教職の専門性」を不断に高めることはだれの利益のために行われる営みなのかという問題に帰着する。高度な専門職であるべき「教職」についての職能成長を図るという教師の職務上の責務は、研修を通じて、研修の成果を子どもたちの教育指導に還元するためにこそ行われるべきものであり、その意味で、教員の研修は、子どもたちに対する職務上の責務であり、その責務に伴う当然の制約を受けた「義務的権利」の性質を有するものといえる。ただ、教育行政当局主張の「研修3分類説」では、研修の努力義務の立場に立って、教員研修の中心には、あくまで任命権者が実施する「職務研修」が置かれている。1990年代以降の教員研修政策では、任命権者による「初任者研修」、「10年経験者研修」の義務付けや「指導改善研修」の制度化など、行政研修の肥大化が益々進行する中で、教員の自主的・主体的研修がいよいよ圧迫されている。これにより、子どもの学びの質の向上に還元すべき教員研修の質的劣化を招くおそれがある。さらに、2016年の教育公務員特例法改正により、新たに、任命権者による「教員育成指標」や「教員研修計画」の策定が義務付けられたことは、職務研修を通じて教員の職能成長を図ろうとする研修政策の方向を一層鮮明にするものである。研修は自主的・主体的なものであって、教員に単に受動的に「研修を受けさせる」ということだけでは、研修の実が上がらないことは明らかである。筆者が主張するように教員の自主的・主体的研修抜きに教員の職能成長を図ることはできないのである。

第2に、「勤務時間内校外自主研修」についてである。この研修は、教育公務員特例法上、「職務専念義務免除研修」と呼ばれるものであり、教員は、授

業に支障がない限り、校長の承認を受けて、勤務場所を離れて研修を行うことができるというものである。行政解釈としては、この研修は職務の一環として行われるものではなく、勤務時間中の職務専念義務を免除して行われるものと位置付けられている。2002年の学校週5日制実施を契機に抑制され、授業期間中はもとより、授業のない長期休業期間中の校外自主研修についてもほとんど認められていない問題状況にある。筆者は、「勤務時間内校外自主研修」について、教員研修の自主的本質からして、「職務性」のあるものであって、広く教員の自主的研修の機会が保障されるべきとの立場に立っている。しかし、「研修の自由性」に依拠する教育法学の通説的立場とは異なり、こうした研修が社会的承認を得られるようにするためには、研修に際し、事前の研修計画書や事後の研修報告書の提出、研修成果の児童生徒や保護者への公開などが求められるとしている。評者としても、勤務時間内の校外研修が適切に行われるためには、こうした仕組みの下に、研修の機会を教員にできうる限り認めることが重要と考える。なお、「授業に支障がない限り」校外自主研修を認めるとする現行規定について、教育法学の通説は、校長承認の要件を狭く捉えているが、筆者は、研修機会の保障と学校の円滑な運営を統一的に捉え、児童生徒や保護者に支持されるものであるためには、「授業その他の教育活動および校務に明白な支障がない限り」と解釈することが適切としているが、全く同感である。

　ただ、評者としては、この研修が「教員の職務」であることに執着する筆者の考えには、必ずしも同意できない。教育公務員特例法第21条第1項は、「教育公務員は、その職責を遂行するために、絶えず研究と修養に努めなければならない」と定めているが、この規定はあくまでも理念的・職業倫理的な規定にとどまると解さざるをえない。教員の自主的研修について勤務時間外にわたるまで「職務」として義務付けることは、「無定量の勤務」を強要することにもなりかねず、労働基準法第32条に定める法定労働時間の原則に反するものであり、教員の勤務時間管理上も到底容認できない。また、勤務時間内の教員の職務遂行は、上司である校長の指揮命令下に置かれるものと評価することができるか否かにより客観的に定まるものであって、勤務時間内の校外自主研修を「職務」の一環として位置付けることには無理がある。教育公務員特例法上の勤務時間内校外研修は、教員の職務の特殊性から勤務時間中の職務専念義務を免除する特例を定めていると解することが妥当であろう。勤務時間内校外研修は、教員の自主的研修の重要性を踏まえて、職務専念義務の免除により、でき

うる限りの便宜が図られ、自主的・主体的な校外研修が保障されるようにすることこそが求められているといえよう。

　おわりに、本書は、戦後教員研修法制史について運動・行政解釈・判例・教育法学説など多角的な視点から総合的に分析検証し、教員研修のあるべき姿と改革の方向性を提示しており、教員研修に関心を寄せる方々には、是非一読を薦めたい。

　〔風間書房、2017年11月発行・本体価格11,500円〕　　　　　　　（明星大学）

書評

谷川　至孝著
『英国労働党の教育政策「第三の道」――教育と福祉の連携』

安宅　仁人

　児童虐待事件と、その行政的な対応の不備に関連した報道が目立つ。最近では東京都目黒区や千葉県野田市で起こった少女の死をめぐり、学校をはじめとする教育機関や児童相談所等の関連組織において少女を救うチャンスが複数回あったにもかかわらず、結果として最悪の事態を招いてしまったことが報道されている。これら一連の報道の中では、「組織間の連携の重要性」や「情報の共有」、「職員の専門性」、「人員不足」等をめぐる言説が幾度となく繰り返されている。こうした現在の国内の状況は、すべての子どもたちの十全な成長と発達を保障していくための総合的な政策と、それを具体化した現場レベルでの切れ目のない支援策についての再検討が求められていることを示す一つの証左でもある。

　翻って本書は、英国で起こったある少女の虐待死事件を契機として、教育、児童福祉、母子保健、小児医療、少年司法、警察などの子ども関連組織の連携と協働の在り方を大幅に見直した先の労働党（以下、「ニュー・レイバー」という）政権下での壮大なチャレンジ――挑戦と課題――に焦点をあてた一冊である。子どもの虐待防止をめぐる議論に関心を持つ日本の研究者や実践家に種々の示唆を与えてくれる本書は、まさに時宜にかなったものといえよう。

本書の構成と概要
　序章と終章を含めた全14章で構成される本書は、著者の博士論文をベースとした労作である。本書が主眼に置くのは、「第三の道」を標榜して1997年から2010年まで政権を担ったニュー・レイバーによって推し進められた教育や児童福祉等の子ども関連政策の形成過程とその理論的な背景、ならびに政策文書『Every Child Matters（すべての子どもを大切に）』（以下、「ECM」という）の理念の下での公的機関とボランタリー・セクター等の関連組織との協働の枠組みの変遷と実態である。

序章では問題の所在として、ポスト福祉国家が要請される背景に着目しつつ、前保守党政権とニュー・レイバー政権との連続性と断続性をめぐる先行研究が俎上に載せられる。そのうえで、本書の研究仮説である「労働党の教育政策はその政権終了まで『第三の道』の要素を強く持ち続けた」ことを証明するために、「①貧困や格差の是正、包括的社会を目指してのコミュニティ重視、②それに基づくジョインド・アップ政府という制度構想、③そしてそこでのボランタリー・セクターの活用、つまり、政府機関、営利、非営利の民間機関が協力し活動する多機関協働（Multi-Agency Working）」の「三つの基盤方策」が本書を貫くキー概念として位置づけられる（本書、pp.40-41）。

　本書の第Ⅰ部「『第三の道』を構成する要素」では、内外の先行研究に依拠しながら、「第三の道」がEU諸国で展開した背景には物質主義から脱物質主義——ポスト福祉社会——への転換があることが見出される。さらに、熟議民主主義、アソシエーティブ・デモクラシーさらにはラディカル・デモクラシーと「第三の道」の理念との架橋が図られ、福祉多元主義をめぐる議論へと展開していく。

　続く第Ⅱ部「『第三の道』のキーアクター——ボランタリー・セクターについて——」では、「市民社会の政治化・民主化」や「福祉多元主義」のなかでのボランタリー組織が果たす意義と役割に焦点があてられるとともに、ボランタリー・セクターを取り巻く環境が、サッチャー政権下での「契約文化」からニュー・レイバー政権下での「パートナーシップ文化」へと変容していく過程がなぞられる。

　また、本書の本丸ともいえる第Ⅲ部「EAZとECMにみるポスト福祉国家像」では、初期のニュー・レイバー政権下で法制化されたEAZ（教育改善推進地域）に焦点があてられ、同施策に対する各方面からの評価とその課題が確認される。その上で、政策資料等を通じたECMの理念の分析と、著者による子どもセンターや拡張学校に関する現地インタビュー調査等によって、ECMが「三つの基盤方策」の要素を引き継いでいることの証明が図られていく。

　そして終章では、「第三の道」がインクルージョン（社会的包摂）の側面と国際競争の担い手を育てる側面の両面を有していることが剔抉されるとともに、「第三の道」の理念的な支柱でもある「民主主義の民主化」とは「自立した個人」を前提とし、個人がコミュニティ単位でつながりあって生きていく社会の構築を意味するとの結論が導き出される。

本書が持つ価値

　本書の学術的な価値として、主に以下の二点を挙げたい。

　まず本書最大の価値は、ボランタリー・セクターに焦点をあててニュー・レイバー政権下における教育と福祉との連携に関する政策を研究の俎上に載せただけでなく、「三つの基盤方策」に着目することによって同政権下での政策的な一貫性の実証を図ったという研究の独創性にあるのではなかろうか。英国における教育政策や児童福祉政策に着目した研究や、サッチャー・メージャー政権とブレア・ブラウン政権の政策的な連続性や断続性に着目した研究は少なくない。しかしながら、本書のようにニュー・レイバー政権下での教育と福祉の連携をめぐる政策や理念の一貫性を、理論的かつ実証的に明らかにしようとした国内の研究は希少であろう。

　二つ目は、本書内では英国のNAO（英国会計検査院）やOfsted（教育水準局）等の各種専門機関によるEAZやECMに対する評価資料が丹念に引用・分析され、この時期の英国の子ども関連政策の実態を理解するための有益な材料を我々に提供してくれる点にある。また、政府資料だけでなく、理論と実践両面にわたる膨大な内外の関連文献に依拠して本書が執筆されている点も特筆すべきであろう。それは本書の巻末に掲げられた引用・参考文献や関連資料が計286件に上っていることにも示されている。

　ニュー・レイバー政権下における教育と福祉との連携をめぐる理論と実際を丁寧に考究した本書は、この時期の英国の教育および児童福祉政策に興味・関心を持つ研究者にとって必読の一冊として位置づけられよう。

若干の所感

　本書を通読したうえで、評者としては以下の点に興味と関心を抱かずにはいられなかった。

　その一つ目は、著者による研究の今後の発展とその方向性についてである。著者自身が終章で認めているように、本書の射程の限界や今後の研究課題として、「三つの政策基盤」をめぐる2010年の英国での政権交代後の変化や、日本にひきつけての分析の必要性が挙げられている。これらの課題についての更なる研究の展開が切に期待されるところである。

　二つ目は、一つ目とも一部が重なってしまうが、一連の子ども関連組織の再編が子どもたちのウェルビーイングの向上にどれほど寄与したかのかという点

である。本書の中では、子どもたちのウェルビーイングの向上を目標としたECMをめぐる評価について多角的に検討されている。ただ、本書での分析に用いられたECMへの評価の多くはニュー・レイバー政権下でなされたものであり、いわば道半ばでの評価であったともいえる。また、それら評価は組織運営上の問題に焦点を絞ったものが多いようにも見受けられた。政権交代を挟んでの評価には難しさもあろうが、ECMの公表から約15年を経た今、ニュー・レイバーの一連の挑戦によって今の子どもや若者たちのウェルビーイングが実質的にどの程度改善したのか（あるいはしなかったのか）は気になるところである。

　三つ目は、著者が終章で示した「自立した個人」に関するものである。この点について本書は、「国家は投資し、コミュニティはコミュニティのリソースを駆使して、ボランタリー組織をはじめとして多様な機関が協力して、このような自立した個人を育てていかなければならない。（中略）ECMを象徴とする労働党の教育政策は、こうした「第三の道」の国家・社会の構築を目指し、国家の支援を受けたコミュニティを基盤として、コミュニティを自己統治し、民主主義を民主化する個人を育てる」（本書、pp.294-295）と結論付けている。

　自立した個人の育成やコミュニティさらには民主主義社会の担い手の育成を教育の目的に求めることは、評者も大いに同意するところである。しかしながら、実際の社会には自立に至ることのできない「弱い個人」や、非合理的な選択をせざるを得ない個人が一定数存在することもまた事実である。こうした人々にたいして「第三の道」が十分かつ有効な処方箋を持ち得ていたのかというと、理念の面でも実践の面でも限界があったと考えざるを得ない。

　もっとも、以上のような「第三の道」が内包していた限界は、著者が本書内で援用したムフがいうところの「共通善を『消失点』」（本書：p.74）として不断に追い求めていくことによって克服可能なのかもしれない。それゆえに、「第三の道」が内包する限界について、著者がそうした一連のデモクラシー論をいかに回収しつつ評価するのか、いま少し詳細に知りたいという欲を評者は掻き立てられるのである。

　いずれにしても、こうした興味がひき起こされるのは、著者の研究への継続的かつ真摯な取り組みによって生み出された本書の学術的な到達があってこそである。本書を上梓された著者の情熱に心からの敬意を表したい。

　［世織書房、2018年2月発行・本体価格3,900円］　　　　（小樽商科大学）

書評

楊　川著
『女性教員のキャリア形成
——女性学校管理職はどうすれば増えるのか？』

町支　大祐

はじめに

　我が国では、20世紀の後半から男女共同参画社会がうたわれ、国・自治体レベルともに関連する施策が様々に執り行われているものの、その実現に至っているとは言い難い。男女共同参画のポイントの一つは指導的立場にいる女性の割合を高めることであるが、教職員の世界における指導的立場、つまり、学校管理職の性別割合の差は顕著である。具体的にいうと、管理職試験の受験対象の年代における女性教員の割合が61.6％であるのに対して、女性校長の割合は19.1％にとどまる（1頁・小学校データ）。

　本書は、このような歪な状態にあることについて問題意識を持ち、なぜこのような状況が生じているのか、その要因に迫るものである。『女性教員の学校管理職へのキャリア形成の実態を明らかにし、どうすれば女性学校管理職が増えるのか、という問いに答えていく』（3頁）ことを目的としている。

　本書では、この問いに応えるため、制度と個人の両者を射程に入れ、その関係性を分析するというアプローチをとっている。これまでの女性管理職に関する研究は、管理職の任用に関する制度に着目したものと、個々の教員のキャリアに関する研究とが別個に存在しており、その関係を問うことは十分には行われてこなかった。しかし、例えば、学年主任や教務主任などの立場を担うことは、女性教員が管理職キャリアを意識する上で重要なきっかけになる（キャリアファクター）が、そういった実績が任用制度としても評価される自治体とそうでない自治体（制度的ファクター）とでは、昇任の様相に違いが生じる可能性がある。このような例から考えても、両者の関係を明らかにしなければ、「どうすれば女性学校管理職が増えるのか」を考えていくことは難しいことがわかる。この点に踏み込んだことが本書の最大の特徴である。

　また、本書では「システム内在的差別（河上1990）」の概念を用いている。システム内在的差別とは、『組織や団体、システム内の手続きや基準、行動様

式の中に組み込まれ、浸透していて、特定の集団を排除する結果をもたらす作用による差別』（3頁）である。教育委員会に対するアンケートやインタビュー調査、そして、中堅教員・管理職に対するインタビュー調査を通じて、制度の運用実態やキャリア形成の実態について把握し、その両者の関係を分析することを通じて、任用のシステムに埋め込まれたシステム内在的差別の存在を明らかにすることが試みられている。

本書の構成と概要

　本書は、任用制度や研修の制度に関する全国調査の結果を分析した第1章と、その結果に応じてピックアップされた4つ（補章も合わせれば5つ）の自治体について、任用制度の実際や女性管理職のキャリア実態について分析した第2章～第5章（＋補章）に大きく分けられる。

　第1章では、まず、文科省の管理職登用状況調査を通じて女性管理職の登用状況について分析している。次に、各自治体の管理職選考制度や男女共同参画基本計画などについて調査を行い、女性管理職登用に関する任用政策や登用促進政策の差異に焦点をあてている。それらの結果、登用状況には、4類型（女性管理職の割合が低いまま、高い割合を維持、伸びが低調、伸びが著しい）存在していることや、制度や計画に明文化された内容だけでは性別差の要因に迫ることができない、といったことが明らかになった。

　第2章以後の研究方法は基本的に共通しており、教育委員会の担当者と、女性管理職に対するインタビューから、制度やキャリアの実態に迫っている。2章では、女性管理職任用の促進政策があり、かつ、女性管理職の割合がここ15年前後を通じてあがっているA自治体を取り上げている。同様に、3章では、登用促進制度が存在しないながらも女性管理職の割合が一貫して高いB自治体、4章では促進制度が存在せず、割合も低いC自治体、5章では促進制度があっても女性管理職率が下がっているD自治体を対象にした分析を行っている。また、補章では特殊な事例として、1990年代から女性管理職率が大幅に上昇したものの、2007・8年ごろの制度改革を経て減少に転じた自治体としてE自治体を取り上げている。

　それらの結果明らかになったことの一つは、選考試験制度において女性の登用を重視すると明記することや、校長の推薦を要しないなど資格要件の緩和を行なってもそれだけでは大きな効果は望めないことである。そのような候補に

なる以前から、様々な形で阻害要因が存在するからである。例えば、キャリアを重ねる中でへき地校経験が評価される場合には、偶然にも家族のサポートを得られた一部の女性教員にしか実質的には門戸は開かれなくなる。また、教務主任などの経験は、管理職へと連なるキャリアを本人が意識するうえでも、また、学校経営の力量形成を行ううえでも重要だが、その経験が得られるかは、在籍校の校長のジェンダー意識に大きく左右されることになる。それらをふまえ、終章では、より長いスパンでのキャリアの支援や、力量形成の機会が必要になることなどが提言されている。

本書の意義と課題

　本書が、管理職任用制度に埋め込まれたシステム内在的差別の存在を明らかにした意義は、言うまでもなく大きい。人事異動や校務分掌という、誰もが逃れられない仕組みの中にそういった要因があることは、これまで経験的には語られつつも、実証的に示されては来なかった。女性管理職を増やすには、長いスパンでの施策が必要との提言は社会的な意義も大きい。そして、それらが可能になったのは、本書が、複数の自治体にまたがって調査を行い、かつ、各個人の語りのなかから制度の運用実態に迫ったからに他ならない。

　また、本書は、人事研究の新たな可能性を開いたとも言える。任用制度と個々のキャリアの「実態」との関係について分析を行うことが、人事制度の分析において有効であることを示した点に意義がある。女性管理職登用制度もそうであるが、人事に関する制度には、明文化されていても実態のない仕組みや、明文化されていなくても影響力の大きい仕組みが数多く存在している。その背景には、人事に関する取り組みが表にはでづらく、ブラックボックス化しやすいことがある。本書によって、個々のキャリアの実態に迫ることを通じて制度の内実を明らかにすることが、そのブラックボックスの中を明らかにする手法として有効であることが示されたと言える。なお、このような研究が不足しているのは、女性管理職研究に限った話ではない。近い研究として、教職員の異動ルート等の傾向を分析し、制度の内実に迫った研究はあるものの、そこで分析対象になっているのは、どのような学校に勤務したか、どのように動いたかという「配置」に関する情報に限られる。本書のように、個々人のライフコースも踏まえた詳細なキャリアの実態との関係を分析することは、十分には行われてこなかった。

一方で、本書はいくつかの課題も有しているように思われる。一つは、サンプリングに関するものである。前述した４つの分類は、女性管理職の登用の状況を整理するうえで重要だと思われる。しかし、それぞれの分類の中で、事例となった自治体がどれだけの代表性を持つかは明らかでない。著者自身も事例の網羅性の問題については言及している（156頁）。しかし、網羅していないまでも、他の情報を加えることでそれぞれの自治体の各分類の中での立ち位置はもう少し示されうるのではないだろうか。また、ないものねだりであることは承知しつつも、促進施策の有無と女性管理職率の上限という軸だけでは、まだ「網の目」が大きいように評者には感じられた。具体的な施策の共通性など、もう少し細かい分類が必要ではないか。本研究はそういった研究に連なる始原的段階にあると考えられる。今後さらなる研究が行われていくと期待したい。

また、阻害要因を探るうえでは、管理職に「ならない」キャリアを選択した者の発話と統合するなどの方向性も、今後考えられるのではないか（５章など一部では行われている）。例えば、女性管理職会への調査において『女性校長たちは管理職に適する人材であれば性別は関係ないという認識』（57頁）を持っていること、女性教員が女性研修会によって排除される可能性（124頁）もあることなどからもわかる通り、すでに管理職になっている人材は現状の仕組みに適応して選ばれている存在であり、そのことが認識に影響を与えている可能性は否定できないのではないか。

最後に申し添えておきたいが、本書を読んで改めてシステム内在的差別と向き合うことの難しさを感じた。例えば、へき地校経験は単に平等を期すために行われるだけではない。広域人事を行うのは、様々な学校で勤務することによって経験の幅を広げて力量形成を期すという側面もある。また、管理職となれば、当該の学校を所掌するだけでなく、自治体全体の視野をもって動くことも求められる。その意味では、へき地校経験が評価されるのは、合理的でないとは言い切れない。このことと女性登用とがバッティングすることに難しさがある。筆者は『何かに代替できないか』（154頁）と述べているが、その『何か』とは何であろうか。今後の研究の蓄積に期待したい。

〔晃洋書房、2018年２月発行・本体価格5,500円〕　　　　　　　（帝京大学）

書評

ウェンディ・ブラウン著／中井　亜左子訳
『いかにして民主主義は失われていくのか
——新自由主義の見えざる攻撃』

佐貫　浩

　（1）この著に込められたブラウンの意図は、①フーコーの着想と方法に依拠しつつ——その中核にホモ・エコノミクス化という把握がある——、今日のグローバル化し、金融資本化した新自由主義の基本的特質を明らかにするとともに、②フーコーが意識的に拒否してきた新自由主義の権力の「経済的合理性」だけには収まらない政治的性格をあらためて解明すること、③そしてフーコーが（ある意味で意識的に）解明しなかったホモ・ポリティクスの意味と可能性の解明、その復活——経済の方法と対抗する政治の方法の復活——真の市民性の復活——を構想することにある。④そしてそのなかで、グローバル経済の規範によって再解釈され、その本来の意味を剥奪され、人々の人権と生存と安全の主体的回復の方法としての性格と力を奪いつくされようとしている「民主主義」の危機を告発し、その回復の論理を提示することにある。そして、⑤その作業をとおして、フーコーの鋭い新自由主義の本質把握の方法を、マルクス主義的なグローバル資本主義の把握の方法論とつなぎ、発展的に継承することであるということができる。ブラウンの立ち位置は、「フーコーとともに、フーコーに逆らって、またフーコーから離れて、彼が本当のところ関心をもたなかったか、異議を唱えていた主題、たとえば民主主義、市民性（シティズンシップ）、政治思想史といった主題について考えたいと思う」（84頁）と記しているところにある。

　（2）フーコーは、『生政治の誕生』（ミシェル・フーコー講義集成8、コレージュ・ド・フランス講義1978-1979年度、慎改康之訳、筑摩書房、2008年）で、経済的「自由主義」において、市場（経済世界）が、議会制度にたつ主権政治に対する審級者としての位置を獲得し、「国家が市場によって定義され管理されるべき」（66頁）ものとなると把握する。その下で政治は「経済的合理性」に従い、市場の規範——新自由主義の中核の規範である競争の論理——を社会に埋め込む統治技術としての「新自由主義政治」へと転換されていくと捉

える。そして、人間のすべての「生」に対して、資本の利潤を最大化する「規範」（経済的合理性）をあてがうように環境を整備し、そのことによって人々は、より多くの利潤を生み出す人的資本として自己の価値を高める競争主体としての「ホモ・エコノミクス」へと改造されるとした。ブラウンは、このフーコーの新自由主義的統治の核心を継承し、「わたしはミシェル・フーコーらとともに、新自由主義を規範的理性の命令であると考える。その命令が優勢になるとき、それは経済的価値、実践、方法に特有の定式を人間の生のすべての次元に拡大する、統治合理性の形をとる」（26頁）と述べる。そして、「新自由主義的合理性による主体の『経済化』としての」（29頁）「ホモ・エコノミクス」の肥大化において、どんな社会と民主主義の変化が起こるのかを展開する。

　「人間を人的資本と見なすことは、多くの波及効果をもっている」（34頁）。その結果、ホモエコノミクス化により、①人的資本として役立たない人間は、「（政治による）社会契約的な約束」によって救済されること（人権、生存権保障）がなくなり、失業や窮乏などの「極度の損失可能状態を甘受」（246頁）させられ、②「不平等が標準となり、規範的」になり、「勝者と敗者の存在を特徴と」（36頁）するようになり、③「すべてが資本となるとき、労働はカテゴリーとして消滅し、その集合的な形態である階級もまた消滅して、疎外、搾取、労働者間の連帯を分析する基盤もなくなり」労働組合も消失し（36頁）、④「ホモ・エコノミクスしかいなくなったとき、市民性（シティズンシップ）の基盤が消失し」、「集合的な政治的主権を主張する市民、すなわちデモスという概念そのものも消滅」（37頁）し、「民主主義的制度が不在であるような状況」（38頁）が生まれる。

　ここに論理的に導出されたホモ・エコノミクスの行動様式は、今日において競争でのサバイバルを強いられる人々の行動様式を的確に言い当てているではないか。

　しかしフーコーの『生政治の誕生』が、限界と制約をともなっていることをもブラウンは指摘する。その中心は、フーコーが「新自由主義による新たな不平等と富の集中の形成、人々の根こぎと貧困、公共と社会的連帯の解体に対しては、彼は比較的無関心」（55頁）であり、「マルクス主義にたいする深い敵対心のせいでもある」が、「資本の世界形成の力」（81頁）が位置づけられていないこと、また経済に規定された言語が「意図的に反政治的な言語」（83頁）として「国家、企業、学校、非営利団体の共通言語（リンガ・フランカ）となり……あらゆる公的、私

的企業の言語となるとき、経済は統治の科学となる」（この経済的規範を組み込んだ言語によって、それらのシステムに組み込まれた価値が改変され統治し直される——筆者注）(83頁)ことが捉えられていないこと、さらに、人間が自らを「資本」として認識することで、「政治的市民性の空間と意味が縮小してしまう」(83頁) ことの重大性を捉えきれなかったことなどである。

これらの批判を踏まえて、ブラウンがこの著による最も中心的な論点として押しだすのは、民主主義とホモ・ポリティクスについてのとらえ方である。

（3）ブラウンは、民主主義の本質的性格を新自由主義の論理で「置換」し、その本質を剥奪する企てが、①「ガバナンス」概念の広がり、②「ベンチマーク」や「ベストプラクティス」という経済的合理性に依拠した規範による公的な営みに対する評価の拡大、③巨大資本が金の力で言論市場を支配することを市民の知る権利への妨害として禁止する従来の憲法解釈を、「政府が言論市場へ介入すると、市民の知る権利が縮小され」(188頁) るという論理で、完全に逆転させる」ような「法による政治の経済化」(187頁)、④さらには高等教育が「人的資本の価値を高めることに専念し」(211頁) てきたために、「（市民性を担保する）学部の教養教育とは決別するよう迫られている」(209頁) 事態などとして進展している事態を告発する。

これらの分析と批判をつうじ、ブラウンは、社会の諸規範、価値、法が、新自由主義の「経済的合理性」に照らして審級され、再解釈されるたびに、人類の長い政治的闘い、ホモ・ポリティクスの苦闘によってその中に組み込まれてきた民主主義が、その意味を再解釈され、本質を剥奪され、経済の論理、資本の追求する利潤の論理で置換され、ホモ・ポリティクスの方法としての民主主義が剥奪されていく事態に警告を発する。そして、フーコーの図式に「欠けているのは……私たちがホモ・ポリティクスと呼ぶ生き物である」(94頁) と批判し、むしろ「はじめに、ホモ・ポリティクスがあった」(96頁) のであり、ホモ・ポリティクスを歴史の文脈からも取り戻し、回復し、ホモ・エコノミクスと対抗させることの必要を展開する。そして「ホモ・ポリティクスの民主主義的な形態が、新自由主義の理性が統治の合理性として具現化したときにそれに対抗する主要な武器となり、別の主張や別の構想によってそれに反論するための資源となりうる」(95頁) と主張する。

(4)　その際、ブラウンは、新自由主義的政治権力は、自己の政策に抵抗するものから、反対の声をあげる民主主義を抑圧するという側面——自由に対する政治的抑圧という面からの民主主義への敵対——に止まらず、民主主義の規定そのものを「経済的合理性」の規範から改変し、人々の認識の中に入り込んでそれを改造することで、民主主義の価値を人々の頭脳の中から剥奪するという戦略をとっているという視点を提示したことをあらためて指摘しておきたい。新自由主義は、外からわれわれを攻撃するだけではなく、われわれの内部に入り込んで、われわれを改造することで、いまもその支配を拡大し続けているという様相がそこからは見えてくる。

　そのことを考えるならば、一方で主権者教育が、18歳選挙権と結びついて高校生の政治参加が推奨されているかに見えるにもかかわらず、高校生の頭脳のなかでは、市民性が日々剥奪され、主権者として生きるホモ・ポリティクスが駆逐されつつあるという矛盾した事態をどう克服するかという難問が突きつけられていることにあらためて気づく。高校生の意識からも、いや大学生や若者の意識からも政治の世界が、政治の方法によって自己を主体化するという生き方が消滅させられつつあるのである。

　フーコーの新自由主義把握においては、ブラウンも指摘するように、マルクスの資本論において展開されたような資本それ自体の経済的、政治的本質、そして新自由主義は新自由主義権力という政治的権力において、その資本の利益に適合した政治的支配をより強固に展開していくという側面は、ある意味で意識的に省かれている。ブラウンは、その意図的な「省略」ににたいして、ホモ・ポリティクスの営みとしての政治をフーコーの新自由主義把握の中に組み込むことで、今日の新自由主義の経済的かつ政治的な全体像の把握に挑戦しようとしたとみることができるだろう。

　その視角を明示したことで、ブラウンは、新自由主義に対抗する主体としてのホモ・ポリティクスの回復、蘇生という視点を明確に押しだすことに成功している。しかし必ずしも、対抗策、民主主義の本質の奪回のプロジェクトを提示しているわけではない。訳者は、「わたしたちは本書をつうじて、新自由主義がいかにわたしたち自身の内部に巣くい、わたしたち自身をつくりかえてしまったのかを知ることになる。おそらく、新自由主義とのほんとうの闘いは、この『知』を出発点とするのだろう」(269頁) と述べている。この書によって新自由主義の新たな理解を得ることが、わたしたちの新自由主義と民主主義に

対する新たな構えの協同的構築に、大きな力となるものと確信する。
　わたし自身の研究に即すると、フーコーの『生政治の誕生』に依拠して今日の新自由主義の把握を深めようとしてきた経過（佐貫浩「安倍内閣の教育改革の全体像と特質」『教育政策学会年報2017』参照）から、ほとんどブラウンの展開に同意してこの書を読み進めることとなった。今日の新自由主義の本質把握に必読の書であろう。フーコーの『生政治の誕生』を併せて読むことで、この本の位置と方法がより深く把握できるであろうことを付け加えておきたい。
　〔みすず書房、2017年5月発行・本体価格4,200円〕　　（法政大学名誉教授）

書評

神林　寿幸著
『公立小・中学校教員の業務負担』

波多江　俊介

　本書は発刊後、2019年3月時点で実に8つの雑誌媒体で書評が存在する。それだけ政策的関心が高いタイムリーな研究成果なのである。既刊の書評で指摘されている事項との重複部分は参照の旨を明記しつつ、書評していきたい。

本書の要点と興味深い点
　事務作業等の教員の周辺的業務が今日の負担を招いたという通説は、「子どもと向き合う時間の確保」等の言説につながる。本書は、この「教員の業務負担に関する通説モデル」の妥当性について、一般線形モデルやパネルデータ分析等の応用的手法を駆使して緻密に検証し、生徒指導等がもたらす教員の本来的業務こそがむしろ負担となっているという新たな見方を提示する（藤原2018）。評者の理解では、第1章でその新たな見方が提示されていると捉える。事務処理等の時間が増大したというイメージで語られがちだが、実際にはそういった周辺的な業務に費やす時間は高止まりであったことがグラフ等で明らかにされている。続く章はいずれも、通説を覆すというよりは、これまで多忙化に関して言われてきたことをデータにより裏付けたものという印象である。
　本書第3～5章は、階層的構造のデータに適した分析手法として、階層線形モデルを用いている。分析結果について特に興味深かったのは、週あたりの外部対応にかける時間（保護者・PTA、地域、行政・関係団体へ対応にあてる時間）を従属変数とした分析の結果（第3章の表3-9）である。評者の知る限りでは、学校−教員という入れ子構造のデータに対して階層線形モデルを用いた分析を行った場合、学校間分散は極めて小さく、級内相関が問題になる可能性が小さい（学校レベルではなく、ほとんどが学校内の教員間の分散で説明されてしまう状態）。そのため、解釈のしやすさ等を考慮すれば、階層線形モデルを積極的に活用する意義も弱まることとなる。しかし表3-9（pp.126-127）では、学校間分散がそこそこ大きな数値を示しており、外部対応にかける時間

には教員間のみならず、学校間においてもバラつきが存在するようである。外部対応をどのようにマネジメントしていくかについて、個々の教員に委ねるのみならず、学校組織レベルにおいての対応も重要であることがうかがえ興味深い。

筆者の研究スタンス

　評者が最も評価したいことは、筆者の調査研究スタンスである。教員や学校への調査は、その調査内容がどのようなものであれ、回答者に負担を強いることとなる。現に、2015年に公表された文部科学省『学校現場における業務改善のためのガイドライン』でも、小・中学校教諭の80％が「国や教育委員会からの調査やアンケートへの対応」に負担感を抱えていることが示されている。そのような中でさえ、実態把握を大義名分に、各所で勤務実態関連の調査が実施されるという愚行が繰り返されている。本書は、研究や執筆のため（だけ）に新たな調査を実施するという愚行を犯すことなく、既刊・公刊のデータを中心にそれらを活用し尽くすスタンスを貫く。これまでも関連調査の多くは「多忙化」言説の強化に費やされ、「なぜ多忙化したのか」といった踏み込んだ議論へつなげていくような十分な活用がなされてこなかった（川上 2018）。ゆえに本書が、既刊の調査を十二分に駆使して新たな知見を産出したことは大いに評価されるべきであり、"教育政策研究者かくあるべし"と評者は考える。

　反面、筆者に与えられた環境と同条件の環境が他研究者にも開かれているかどうかが問題となる。二次分析が可能な個票レベルでのデータが整備・公開され、研究者にとってアクセスしやすい状態でなければフェアではなく、研究の進展も見込まれず、上記の愚行が繰り返されることとなってしまう。

本書に対する疑問と批判

　以下、通読して評者が抱いた疑問や批判を記述していく。

　本書の主張は、周辺的業務よりも、むしろ本来的業務に関わる負担こそが増加しているというものである。本書は別雑誌において現職教員に書評されているが、そこでは学校現場が本来的業務の増加で疲弊してきた中に、周辺的業務の更なる増加が追い討ちをかけたという理解の方が現職の実感に近いとされている（児玉 2018）。筆者はその書評への応答で、通説における議論への反証提示を強調しすぎてしまったとしつつも、最新の文科省による勤務実態調査の結

果を挙げ、本来的業務の増加は確認された一方で、周辺的業務はやはり高止まりであることを述べている。ここに認識のズレが見られる。本書は多忙化の実態を、労働時間と負担の実感（心理的負担）とに分ける工夫を行うことで、労働時間の増加と負担の実感とがそれぞれどういった要素・要因によってもたらされるかを明らかにした。しかし上記の現職教員には、「『労働時間の増加』がどのようなものとして『実感』されてきたか」（児玉2018）という混在した理解をされてしまっていることからわかるとおり、なぜ多忙化してきたのかについての過程や経緯は十分解明されていない。ゆえに質的手法も併用しつつ追加的に教員の認識や、その過程に迫る必要があろう（川上2018）。

　合わせて、「教員の本来的業務は何で（どこまでで）あるべきなのか」という問いに、教育学は真剣に向き合う時期がきたものと考える。本書は本来的業務の中に生徒指導を含めているが、その包含関係における妥当性の具体的根拠が文科省の資料であり、学術的定義として洗練されていない。そもそも『生徒指導提要』の定義を見てもわかるように、あらゆる業務に生徒指導要素が関わるため、業務区分は容易ではない。本書では「本来的業務」という括りが、日本の実態を分析する上で有効に機能したが、諸外国が生徒指導等を本来的業務と捉えているかは検討されていない。第5章で各国間比較をするのであれば、比較の土台（前提）がどの程度そろっているかについて、丁寧に説明すべきである。例えば第5章が示すように、法定授業時数はアメリカグループの方が日本よりも多いという意外な事実が存在する一方で、業務上の負担感は日本の方が大きい。日本では、法定時数は必ず実行すべきものと認識されているために、行事の準備等に時数を割かねばならない一方で、授業でプリントやテストの消化を行う等、かえって負担を招く非効率な部分が存在する。これら法定時数の捉え方や規程の拘束力の差、更に「本来的業務はどこまでか」の捉え方の差がよりクリアになれば、各国間比較も一層意味を持ってくるだろう。

　負担感と強く関連するであろうクラスサイズ（「TALIS 2013」の問38）を統制変数に加えていないことも含め、筆者によるディフェンスが不足していたように思えたのもまた第5章である。筆者は「心理的負担」として同調査の問46の「全体としてみれば、この仕事に満足している」や「現在の学校での仕事を楽しんでいる」といった6項目を反転処理して従属変数としている（p.170）。これを用いた分析結果（表5-9・5-10・5-11）で、日本は解釈しやすい結果が出ているが、諸外国は解釈が難しい分析結果がいくつか出ている。特定の国の

ダミーが入っていない表5-10（p.186）が解釈にとって簡便だが、「週の会議・打ち合わせ（校内）時間」・「週の課外活動時間」は、心理的負担に対して負に有意な効果を示していた。これは、校内会議や課外活動に費やす時間が長いほど、むしろ心理的負担が小さいことを示しており、解釈が難しい。ゆえにこの６つの調査項目を「心理的負担」で括るのは強引ではないかと評者は考える。実際、同調査の日本語版では「仕事に対する満足度」という括り方がなされており、この６項目は教員の職務満足度と捉えるのが妥当と考える[1]。

　ただし、生徒指導にかける時間が多い場合、それに伴って心理的負担が増すと捉えようが、職務満足度が下がると捉えようが、日本の教員が他国に比べて生徒指導に対して（広義の）負担・負担感を抱いているという本書の結論には大きく影響しない。おそらく、慎重な筆者のことである。このことを理解したうえで、当該項目を「心理的負担」として用いているだろう。ゆえに、職務満足度の項目を心理的負担の尺度と捉え直したことについて、厚めの説明がなされておくべきであっただろう。

注
（１）仮に職務満足度と捉えたとしても、例えば表5-10の結果については、各学校の中で校内会議や課外活動に費やす時間が長いほど、むしろ職務満足度は高いという奇異な解釈のままとなる。ワーカーホリックの傾向かとも考えたが、おそらく逆因果であろう。つまり、職務満足度が高いほど、当該業務に費やす時間が長くなると解釈した方が、相対的に自然であり、個人の志向で（本人が好んで）その業務に時間を費やしている教員がいることを示す。

参考文献
・川上泰彦「書評 神林寿幸『公立小・中学校教員の業務負担』」『教育学研究』第85巻第３号、2018年、pp.75-77。
・児玉英靖「書評 神林寿幸［著］『公立小・中学校教員の業務負担』」『日本教育社会学会』第103集、2018年、pp.153-162（※書評への応答込み）。
・藤原文雄「BOOK REVIEW 神林寿幸［著］『公立小・中学校教員の業務負担』」『季刊教育法』No.199、2018年、pp.92-93。

〔大学教育出版、2017年12月発行・本体価格2,500円〕　　　（熊本学園大学）

図書紹介

前川　喜平著
『面従腹背』
前川　喜平／寺脇　研著
『これからの日本、これからの教育』

二宮　祐

　『面従腹背』、『これからの日本、これからの教育』ともに、文部科学省事務次官を務めた前川喜平が一人の官僚として1980年代から2010年代にかけて経験した仕事について回顧的に描いたものである。前者のうち前半では、たとえば直接的に関わった仕事として、ユネスコ憲章改正、教員免許更新制、八重山教科書問題、そして、教育基本法改正などを取り上げて、それらに関する当時の文部省・文部科学省、自由民主党、地方教育行政関係者の動向を確認しつつ、前川自身による賛否の主張を明確にしたうえで、その主張とは必ずしも常に重なるわけではない実際に施行された政策を紹介している。後半では文部科学省大臣官房審議官、文化庁文化部長などを務めた寺脇研、毎日新聞専門編集員倉重篤郎との座談会の内容を紹介して、加計学園問題に焦点を絞りつつ、文部科学官僚の自律性の不十分さを話題としている。そして、末尾には前川が本名を伏せた上で「右傾化を深く憂慮する一市民」という名前で2012年12月から公開していたTwitterのツイートのうち、その一部が転載されている。その特徴は自由民主党の政策を否定するものが多いことである。そのため、インターネット上のいわゆる「まとめサイト」やブログ記事を集積する言論サイトではこの名前によるツイートに対して、「裏アカウント」としての本音が隠されているとして、特に右派の立場から攻撃される対象になっている。
　後者はほぼ全編が寺脇との対談をまとめたものである。前者と同様に、直接的に関わった仕事として臨時教育審議会、義務教育費国庫負担金制度論、高校授業料無償化、その無償化に朝鮮高校を含めること、組織的な「天下り」再就職の斡旋問題、そして、教育委員会改革などについて、各関係者の意向、前川の主張、施行された政策が紹介されている。そのうえで、加計学園問題にも関連する構造改革特区などの規制緩和について、それが適切であるかどうか読者に対して問いを投げかけている。すなわち、たとえば政治家の意向を汲んで各

分野で規制緩和を進めることに腕前を発揮して出世していく官僚と、自由競争に対して規制をかけることによって信頼や安心を重視する生活の土台を守る官僚と、そのどちらが望ましいのかと問うのである。そして最後に、前川による「公務員である前に」、寺脇による「学びの自由のため」という二つの短いエッセイが掲載されている。

　両書に共通するのは、組織の中で働く個人がその想いとはまったく関係なく組織目標の達成を目指して働く際に抱える葛藤というテーマである。そのためたびたび繰り返されるのは、自由民主党の意向に沿うような政策が進むことへの違和感である。通常、明らかにされる機会は少ないはずの高官経験者の内面が率直に吐露されていることから、このようなテーマに共感を覚えつつ前川の境遇に対して想いを馳せる読者は少なくないだろう。しかしながら、組織で仕事を進める中で思うようにはいかないことや、不如意な結果を受け入れざるを得ない個人の悩みというのは一般書においてはありふれたテーマであるともいえる。

　評者が関心を持ったのは組織と個人の関係という問いではなく、詳細に描かれる政策形成過程の中で学術的な知識を参照したという記述がほとんどないことにある。本学会の「教育政策学」も紹介されることはない。自ら官僚達に対しては膨大な情報を持つシンクタンク集団という高い評価を与えている一方で、その情報を整理、発展させて知識とする学術、あるいは、情報という次元とは異なる学術的な理論から得られるものについての言及はない。このことに関して、確かに前川はこれまでの高官とは異なる資質、性格を持っていてさまざまな難問に対して積極的な行動を起こしていたのだとしても、政策形成過程において学術的な知識を重視しないよう見えるという点では、これまでの経緯を継承しているようにも捉えられるのである。

　最後に、上記の前川が読者に対して投げかけた問いに対して、仮に選挙によって選ばれる政治家の主導する功利的な政策の方が望ましく、官僚はその方針に仕えるべきであるという回答が多く得られる場合に、前川から、そして、本学会の会員からはどのような応答が可能であるのか、課題が残されていることを確認しておきたい。

〔毎日新聞出版、2018年6月発行・本体価格1,300円〕
〔筑摩書房、2017年11月発行・本体価格860円〕　　　　　　　　（群馬大学）

VIII
英文摘要

Annual Bulletin of JASEP NO.26 "Improper Control" and "Fair People's Will"

CONTENTS

Foreword by ARAI Fumiaki

I Special Papers 1 : "Improper Control" and "Fair People's Will"
Educational Issues in Kunitachi Problem under the Ishihara Metropolitan Government
　By UEHARA Hiroko
Democracy Including Children and School
　By MIYASHITA Satoshi
Educational Policy Research Issues on Education and Politics
　By ARAI Fumiaki

II Special Papers 2: Global Education Reform Model and Effect Verification Systems for Education: Ofsted's Experience and the Present Educational Policy in Japan
Improving Children's Education and the Role of Ofsted and its Future
　By Michael Wilshaw
Why 'Ofsted' was not Built in Japan?
　By MAEKAWA Kihei
Finding the Way towards the Evidence-Based School Evaluation: Learning from the Experiences in the UK
　By KIOKA Kazuaki
Evolution of The Role of the Ofsted in the UK: Towards an Intelligent Agency for Educational Administration
　By HIROSE Hiroko

III Special Papers3: Structural Reform and Realization of Educational Value in Local Government Policies
The Integrated Social Service for Children's Welfare and Education through Learning Support and Its Assessment Index
　By SAWADA Naoto
Can a School Serve as 'a Platform for Measures to Tackle Children's Poverty'?
　By KATSUNO Masaaki

IV Research Papers
The Impact of Project Evaluations in Quasi-markets: A Focus on the Regional Youth Support Stations Project
　By OYAMADA Kenta
The Current Status and Issues of the Lesson Standards Policy Carried out by Municipal Boards of Education
　By SAWADA Toshiya & KOBA Hiroki

V Study Notes
The History of Educational Policy about Juku in Japan
  By TAKASHIMA Masayuki

VI Education policy Trends and Research Trends within and outside Japan
⟨Trends in Education Policy Research in 2018⟩
Trends in Education Policy Research in Japan
  By MIYAZAWA Takako
Trends in Education Policy Research in Foreign Countries
  By OKABE Atsushi
⟨Trends in Education Policies in 2018⟩
Trends in Education Policies at the Level of the Japanese Government (Ministry of Education, Science, Sports, Culture and Technology), and Selected Central Organizations
  By HAMAOKI Kantaro
Trends in Education Policy at the Local Government Level
  By YAMAZAWA Tomoki

VII Book Reviews
KUBO Fumio, A View for the Development and Reform of Legal System of Teacher's Voluntary Training
  Reviewed by HIGUCHI Nobutomo
TANIGAWA Yoshitaka, British Labor Party's Educational Policy "The Third Way"
  Reviewed by ATAKU Kimihito
YANG Chuan, Career Formations of Female Teachers
  Reviewed by CHOSHI Daisuke
Wendy Brown, Undoing the Demos, Translation: NAKAI Asako
  Reviewed by SANUKI Hiroshi
KAMBAYASHI Toshiyuki, Burden of Teachers at Public Elementary and Junior High School
  Reviewed by HATAE Shunsuke
MEKAWA KIhei, Pretending to Obey but Secretly Betraying / MAEKAWA Kihei & TERAWAKI Ken, Future Japan, Future Education
  Reviewed by NINOMIYA Yu

VIII English Abstracts

IX Information on JASEP

Afterword by NAGASHIMA Hironori

Annual Bulletin of JASEP NO.26 "Improper Control" and "Fair People's Will"

I Special Papers 1: "Improper Control" and "Fair People's Will"

Educational Issues in Kunitachi Problem under the Ishihara Metropolitan Government
By UEHARA Hiroko

The improper control of Ishihara's Tokyo metropolitan government has completely destroyed democratic and independent education in the country. However, this means that the Board of Education's mission is the old Fundamental Law of Education, Article 10 "Education shall not be subject to improper control but it shall be directly responsible to the whole people". It is also a question of whether we were able to protect or not. Once, Kunitachi supported the decision of the board of education which chose the four town system at the time of 'Kinpyou'. There was a trusting relationship between the Board of Education and the public through an incessant dialogue. Ishihara's intervention has systematically divided the relationship by capturing the superintendent of education, dispatching the staff of the guidance section from the Metropolitan Education Commission, conducting short-term transfer personnel affairs of the teacher and the principal, vetoing the election of the education committee of the assembly, and conducting attacks using the media. By doing these things, the Board of Education and education itself were taken away from the local citizens. The only way to counter this is to foster the power of citizen autonomy through open education.

Keywords: improper control, direct responsibility, citizen autonomy, board of education, autonomy of education

Democracy Including Children and School
By MIYASHITA Satoshi

'Zero Tore' (i.e. zero tolerance) Standards are entering school sites like a boom. The standard determines not only the teaching content but also the teaching method uniformly, and creative educational practices made to correspond to the actual individual child are limited. And zero tolerance functions as something that goes beyond the standard without any questions. These can also be described as improper control over teachers who are in charge of education. How has the school changed over time? The words "consistent instruction" and "resolute instruction" were used 40 years ago, which was said to be the third delinquent peak. Is there a difference between that and the current 'Zero Tore' Standard? By examining the change of school (old basic education law enacted to realize the ideal of the Constitution, the ratification of the Convention on the Rights of the Child in 1994, revision of the Basic Education Law in 2006, etc.) in conjunction with one's own history, I considered "just, popular will" and "improper control" in education.

Keywords: fair people's will, improper control, role of teacher, object, subject

Educational Policy Research Issues on Education and Politics
By ARAI Fumiaki
In this paper, I considered the way of democracy that supports the autonomy required for the practice of education from the viewpoint of "improper control" and "fair people's will". In particular, I considered the ideal of the domain of political discretion that has also existed in the field of education (with conflict, the way of collective decision making over education). And I argued that the following three points are required for educational institutions that reflect "just, popular will". (1) The need for a more direct democracy, (2) the establishment of trust by public opinion, and (3) the need for a mechanism to prevent the discussions from becoming rigid. I argued that there is a need for a school management system in which "improper control" is excluded and "just, popular will" is reflected. To that end, I argued that the relationship between education and politics was questioned.

Keywords: educational politics, improper control, fair people's will, neutrality of education, direct democracy

---

II Special Papers 2: Global Education Reform Model and Effect Verification Systems for Education: Ofsted's Experience and the Present Educational Policy in Japan

Improving Children's Education and the Role of Ofsted and its Future
By Michael Wilshaw

Ofsted and much more transparent accountability systems came about in response to public alarm about rapidly declining education standards in the '70s and '80s.

The three decades of failure together with a litany of school scandals in the 1980s prompted the government to set up a national inspectorate which would inspect every school every few years. Inspection has been part of our education system over many years, but it is only since 1992 and the advent of Ofsted that schools have been subject to routine inspection.

Ofsted contributes to a performance culture, which certainly didn't exist in schools when I first became a teacher and headteacher. This has undoubtedly raised standards for all children.

However, the relentless pace of reform together with very demanding accountability measures, have placed an enormous burden on schools. It has meant a lot of pressure on leaders and teachers, resulting in claims of burnout and disenchantment amongst significant numbers in the profession. Teacher supply is only going to get worse. Call for change is mounting inexorably and more questions now being asked about the future of Ofsted.

The UK, therefore, needs to recalibrate. It mustn't "throw the baby out with the bath water" and scrap everything that has improved our system, but it must now consider whether it is time to put much greater time and effort into capacity rather than focus on school structures and high-level accountability.

Keywords: Ofsted, accountability, education reform, leadership, Mossbourne

Accademy

Why 'Ofsted' was not Built in Japan?
By MAEKAWA Kihei

In Japan there was no education decay equivalent to what took place in Britain. Japanese schools are not independent corporations like British schools. School choice is not allowed in Japanese compulsory education. These are the reasons why there is no Ofsted in Japan.

Keywords: Education decay, Independence, School choice

Finding the Way towards the Evidence-Based School Evaluation: Learning from the Experiences in the UK
By KIOKA Kazuaki

This paper reviews the transition of Ofsted style, depending on the achievements of the Japanese previous studies on the school evaluation and Ofsted. This review has an eye to clarify the lacking points in the Japanese school evaluation, by reference to the evaluation tools, the evaluation cycle, the cultivation of evaluators, and the accumulation of data in Ofsted style.

As a result, any school-self-evaluative frame focusing on the lesson and learning is essential in Japan too. And, as in order to develop an effective frame, prefectures shall construct the accumulation system of evaluative data. For the evidence-based educational administration, at the same time, developing a system of capable personnel with analytical capacity will be important.

So that, from the perspective of Japanese Structural Reform, prefectures shall build the evidenced-based school evaluation system by the experimental struggle to develop such frame, such accumulation system, and to nurture such personnel.

Though, the solution of those tasks is the responsibility of educational academia, and, peculiarly, a mission of this association.

This paper is summery of the speech at open symposium 2018 in Senshu University. Because of limited space, the details of that speech have been reduced.

Keywords: school evaluation, evidence-based, Ofsted, evaluation technique, standardization

Evolution of The Role of the Ofsted in the UK: Towards an Intelligent Agency for Educational Administration
By HIROSE Hiroko

This article demonstrates an idea, which composed the theme motifs for the Symposium 'Global Education Reform Movement and Effect Verification Systems for Education: Ofsted's Experience and the Present Educational Policy in Japan' held at the 25th Annual Conference.

It is important to grasp the Ofsted's historical events in a sequence, not as separate events. A quarter of a century of the Ofsted can be seen as a constant development of its role towards that of an 'intelligent agency' for educational administration; which effectively identifies failing schools to concentrate most of its resources to help those difficult cases. This scheme is available based on a huge real time database of education, which the nationwide Ofsted inspection system has generated. The database enables the Ofsted to have slimmed down inspections for outstanding and good schools and saves energy and then to concentrate into failing schools inspecting them intensively.

To get this view, it is crucial to rethink the nature of the Woodhead period, i.e. the second HMCI's period. This period is widely known as the harsh confrontation period against teachers' unions because of Woodhead's strict inspection policy. However, this period should rather be understood as the time when the basis of the later huge database was prepared together with the culture of accountability.

This unique system would not be able to be introduced straight into Japan because of the background differences.

Keywords: UK, Ofsted, intelligent agency for educational administration

III Special Papers 3: Structural Reform and Realization of Educational Value in Local Government Policies

The Integrated Social Service for Children's Welfare and Education through Learning Support and Its Assessment Index

By SAWADA Naoto

The learning support project for children, including the creation of the environment for children's comfortable living and development, is implemented as the welfare measures aimed at breaking the chain of poverty by the local governments. However, the national government provides administrative guidance to the local governments to assess this project using the high school entry rate as an assessment index. As a result, many local governments place importance on the high school entry rate as the purpose of this project, while they underestimate the environment for children's comfortable living and development. Based on the Constitution of Japan (Article 13, 25, 26) and the U.N. Convention on the Rights of the Child (Articles 6, 27, 29), the learning support project should be primarily intended to guarantee the child's right to development. And, by a combination of educational support and welfare assistance, it should be a social support project that encourages the child facing poverty. I will clarify the significance and advantage of the integrated social service project for children's welfare and education from the viewpoint that emphasizes the collaboration between the administrative bodies and NPO etc., and presents an alternative assessment index to the high school entry rate.

Keywords: Learning Support Project, Assessment Index, Child's Right to Development, Integrated Social Service Project for Child's Welfare and Education, Environment for Child's Comfortable Living and Development

Can a School Serve as 'a Platform for Measures to Tackle Children's Poverty'?

By KATSUNO Masaaki

The Fundamental Principles regarding Measures to Tackle Children's Poverty

(Kodomo no Hinkon Taisaku ni kansuru Taiko), adopted by the Cabinet on 26th August 2014, designated schools as a platform for those measures. In contemporary Japanese society, schools are required to ensure that children from impoverished families do well academically and to do so they need to build more collaborative relations with the concerned families and neighbouring communities. This is also the case in other countries where the role of the school is expanded to provide child welfare, family and community services in addition to instruction. This report reviews the rationale for the expansion of the school's function, its benefits and criticisms.

Most of the current policies and practices that advocate for more integration between education and welfare accept a neo-liberal project either intentionally or not, and within those boundaries take care of equality and expand the function of the school. However, it is naïve to assume that simply relocating child welfare, family and community services within or around the school will redress socio-structural inequality and exclusion. We need to discuss thoroughly how 'children's poverty' should be defined in the first instance and then what schools are expected to do; to help the children attain those skills that the labour market requires or to play a more significant role in transforming our society into a more equal and democratic one.

Keywords: children's poverty, expansion of the school function, integration between education and welfare

IV Research Papers

The Impact of Project Evaluations in Quasi-markets: A Focus on the Regional Youth Support Stations Project

By OYAMADA Kenta

This paper focuses on the Regional Youth Support Stations (RYSS) project as a public measure introducing the market principle, and clarifies the impact of the project evaluation in quasi-market by reviewing the quantitative data of the RYSS project. In addition, through this analysis, this paper extracts the implications of introducing the market principle to various educational policies.

The analysis shows that the RYSS project aims to provide reasonable and efficient business operations based on the specific viewpoint of the RYSS project evaluation. This result also demonstrates the binding force of project evaluations in quasi-markets. However, by sharpening the evaluation criteria, there is a possibility that the institutional features that were originally owned by the RYSS project would be trivialized.

From the above findings, there are two suggestions for introducing the market principle to various educational policies. Firstly, educational practices that cannot be standardized to a specific achievement viewpoint would be disregarded with the sharpening of evaluation criteria. Secondly, when setting the specific achievement viewpoints in various educational policies, it is necessary to continue to consider the validity of whether the viewpoints can examine clearly the educational value and outcomes that are expressed by each educational policy or practice.

Keywords: Quasi-market, Project evaluation, Market principle, Regional Youth Support Stations project, Measure for supporting young people

The Current Status and Issues of the Lesson Standards Policy Carried out by Municipal Boards of Education

By SAWADA Toshiya & KOBA Hiroki

The purpose of this paper is to examine the role, content, and trend of using "lesson standards" that are created by municipal school boards, focusing on whether or not the performance indicator of academic achievement test is set. Lesson standards are defined as a norm about the process of the lesson, instruction method, and learning discipline.

We clarified that there are two kinds of lesson standards: (1) lesson standards to be followed, which are compulsory, and (2) lesson standards as a reference, which teachers refer to when they create their own lesson plans. Lesson standards to be followed are a part of the academic achievement policies enacted by municipalities. Importance is put on the academic development of students in a lesson. On the other hand, lesson standards as a reference are not a tool for municipalities to achieve the performance indicator; they are not meant for academic development.

In order to stimulate teachers' growth as reflective practitioners or adaptive experts, municipal school boards, especially supervisors, should help schools and teachers by not imposing a particular lesson practice and enforcing blind adherence to it.

Keywords: Lesson standard, lesson standard to be followed, lesson standard as a reference

---

V Study Notes

The History of Educational Policy about Juku in Japan

By TAKASHIMA Masayuki

The purpose of this paper is to analyze and examine the change of educational policy about juku in Japan, and to clarify the historical process up to today. The historical process was divided into three stages, focusing on how juku changed from criticism to acceptance in the educational policy. The results are as follows.

First, from the late 1970s to the 1980s, the stage was set to expand the criticism of juku. The problems related to juku were emphasized, and various efforts not to attend juku have been implemented. In this stage, school and local government did not reach the idea of the acceptance of juku. Second, from the late 1980s to the early 2000s, was the stage of accepting but criticizing juku. The Ministry of Education tried to change the role of juku in accordance with the new idea of the educational policy, while taking consideration of the criticism of juku. Third, after the early 2000s, was the stage of accepting while suppressing the criticism of juku. The request of the role conversion did not look back, and the cooperation between juku and school or local government is progressing.

Keywords: juku, shadow education, cooperation with juku, criticism and acceptance of juku, the history of educational policy

IX

学会記事

第25回学会大会記事

大会テーマ：グローバル教育改革モデルと教育の効果検証システム
―英国 Ofsted の経験と日本の教育政策の路線―
日時：2018年7月7日（土）～8日（日）
会場：専修大学神田キャンパス

公開シンポジウム　テーマ：グローバル教育改革モデルと教育の効果検証システム―英国 Ofsted の経験と日本の教育政策の路線―
コーディネーター・司会　広瀬裕子（専修大学）
報告1　Michael Wilshaw（英国教育水準局（Ofsted）前主任勅任監察官）
　教育の質の向上と Ofsted の役割（体調不良により講演資料広瀬代読）
報告2　前川喜平（前文部科学事務次官）
　日本にはなぜ Ofsted がないのか
報告3　木岡一明（名城大学）
　エビデンス・ベースの「学校評価」への転換の模索―英国の経験に学ぶ―

課題研究　テーマ：教育と福祉の統一的保障をめぐる教育政策の課題と展望
コーディネーター　中嶋哲彦（名古屋大学）　勝野正章（東京大学）
報告1　沢田直人（愛知県社会福祉士）
　学習支援における教育・福祉の統合的支援とその評価指標について
報告2　勝野正章（東京大学）
　学校は「子供の貧困」対策のプラットフォームになりうるのか

自由研究発表　分科会1
司会　荻原克男（北海学園大学）　二宮　祐（群馬大学）
報告1　横関　理恵（北海道大学大学院生）
　多様な教育機会の確保の形成過程―東京都における夜間中学に着目して―
報告2　梅沢　収（静岡大学）
　ESD（Education for Sustainable Development）と教育政策の課題
報告3　広井　多鶴子（実践女子大学）

家庭教育支援法と親の第一義的責任
報告4　伊井直比呂（大阪府立大学）
学習権の限界性と再定義化
報告5　田原宏人（札幌大学）
福祉と教育の「協働」を語ることへの躊躇

自由研究発表　分科会2
司会　尾崎公子（兵庫県立大学）　武井哲郎（立命館大学）
報告1　青木茂雄（東京高法研／立正大学）
高等学校新学習指導要領の批判的考察
報告2　蔵原清人（工学院大学名誉教授）
「高大接続」と高校学習指導要領の改訂
報告3　永井栄俊（東京高法研／立正大学）
改訂学習指導要領を検証する―キャリア教育の視点を中心に―
報告4　佐貫　浩（法政大学名誉教授）
新学習指導要領の「資質・能力」概念の検討―学力と人格の関係の考察―

自由研究発表　分科会3
司会　佐藤修司（秋田大学）　大桃敏行（学習院女子大学）
報告1　高木加奈絵（東京大学大学院生）　小野まどか（新潟医療福祉大学）
臨時教育審議会の部会編成に関する一考察
報告2　中村恵祐（東京大学大学院生）
大学入試の共通テスト改革に関する公共政策学的分析
―第一次安倍内閣と第二次安倍内閣における改革状況の比較を通して―
報告3　イ　チャンヒ（University of Wisconsin-Madison）
No Child Left Behind Waiver and Student Achievement
報告4　井深雄二（大阪体育大学）
1952年義務教育費国庫負担法の成立過程分析

日本教育政策学会会則

（名称）
第1条　本学会は、日本教育政策学会（The Japan Academic Society for Educational Policy）という。
（目的）
第2条　本学会は、学問の自由を尊重し、教育に関する政策（以下、「教育政策」という。）の研究の発展に寄与することを目的とする。
（事業）
第3条　本学会は、前条の目的を達成するため、次の各号の事業を行う。
　一　教育政策に関する研究活動の推進
　二　研究集会等の開催
　三　研究委員会の設置
　四　国際研究交流
　五　他の学会等との研究交流
　六　学会誌、学会ニュース、その他の出版物の編集・刊行
　七　その他、本学会の目的を達成するために必要な事業
（会員）
第4条　本学会の会員は、本学会の目的に賛同し、教育政策又はこれに関係のある学問の研究に従事する者及び教育政策の研究に関心を有する者で、会員の推薦を受けた者とする。
　2　会員は、会費を納めなければならない。
（役員および職務）
第5条　本学会の事業を運営するために次の各号の役員をおく。
　一　会長
　二　理事　30名以内
　三　常任理事若干名
　四　監査2名
　2　会長は、本会を代表し、理事会を主宰する。会長に事故ある時は、理事会の推薦により常任理事の一人がその職務を代行する。
（役員の選挙及び任期）
第6条　会長及び理事は、会員の投票により会員から選出される。
　2　常任理事は、理事の互選により選出し、総会の承認を受ける。
　3　監査は、会長が会員より推薦し、総会の承認を受けて委嘱する。監査は、会計監査を行い、総会にその結果を報告するものとする。
　4　役員の任期は3年とする。

5　役員の再任は妨げない。ただし、会長は連続して3期を務めることはできない。
6　理事に欠員が生じた場合、対応する選挙区域における次点者をもって繰り上げる。この場合の任期は前任者の残任期間とし、1期と数える。
（事務局）
第7条　本学会に事務局をおく。
2　本学会の事務を遂行するため、事務局長1名、幹事及び書記各若干名をおく。
3　事務局長は、理事のなかから理事会が選任する。
4　幹事及び書記は、理事会が選任する。
（総会）
第8条　総会は会員をもって構成し、本学会の事業及び運営に関する重要事項を審議決定する。
2　定例総会は毎年1回開催し、会長が招集する。
（会計）
第9条　本学会の経費は会費、入会金、寄附金、その他の収入をもって充てる。
2　会費（学会誌講読費を含む）は年間8000円（学生・院生は5000円）とする。
3　入会金は2000円とする。
4　本学会の会計年度は4月1日から翌年3月31日までとする。
（会則の改正）
第10条　本会則の改正には総会において出席会員の3分の2以上の賛成を必要とする。
（規程の制定）
第11条　本会則の実施に必要な規程は理事会が定める。
附則
　1　本会則は1993年6月26日より施行する。
　2　第6条の規定にかかわらず、本学会創立時の役員は総会で選出する。
附則
　本会則は2000年7月1日から施行する。
附則
　本会則は2002年4月1日から施行する。
附則
　本会則は2014年4月1日から施行する。

日本教育政策学会会長及び理事選出規程

(目的)
第1条　本規程は、日本教育政策学会会則第6条に基づき、本学会の会長及び理事の選出方法について定める。
(会長及び理事の定数)
第2条　会長及び理事の定数は次の通りとする。
　　会長　　　　　　　1名
　　理事・全国区　　　4名
　　理事・地方区　　　16名
　　　北海道・東北2名、関東8名、甲信・東海・北陸2名、
　　　近畿2名、中国・四国・九州・沖縄2名
(会長及び理事の選出方法)
第3条　会長及び理事の選出は、会員の無記名郵便投票により行う。会長については1名を記入する。全国区理事については4名、所属地方区理事については定数名を連記する。ただし、定数以下の連記も有効とする。
　2　会長及び理事当選者は票数順とし、同順位の場合は選挙管理委員会の行う抽選により決定する。
　3　全国区と地方区の両方の当選者は、全国区の当選者とし、その場合、当該地方区の次点者を繰り上げ当選とする。
(理事の任期)
第4条　会長及び理事の任期は、会長及び理事選出直後の大会終了の翌日より3年後の大会終了日までとする。
(選挙管理委員会)
第5条　第3条に規定する会長及び理事選出事務を執行するため、会長は会員中より選挙管理委員会の委員3名を指名する。
　2　選挙管理委員会は互選により委員長1名を決定する。
(選挙権者及び被選挙権者の確定等)
第6条　事務局長は、常任理事会の承認を受けて、会長及び理事選出の選挙権者及び被選挙権者(ともに投票前年度までの会費を選挙管理委員会設置前日までに納めている者)の名簿を調製しなければならない。
　2　事務局長は、選挙管理委員会の承認を受けて、選挙説明書その他必要な文書を配布することができる。
(細則の委任)
第7条　本学会の会長及び理事選出に関する細則は、常任理事会の定めるところによる。

附則1
　この規程は、制定の日から施行する。
附則2
　この規程は、2001年7月2日より施行する。（2001年6月30日　第9回理事会決定）
附則3
　この規程は、2002年4月1日より施行する。（2002年3月26日　第44回常任理事会決定）
附則4
　この規程は、2005年4月1日より施行する。（2005年2月3日　第59回常任理事会決定）
附則5
　この規程は、2011年4月1日より施行する。ただし、第2条は、2011年4月に執行される会長及び理事選挙より適用する。（2010年7月10日　第18回理事会決定）

日本教育政策学会年報編集委員会規程

第1条　日本教育政策学会年報編集委員会（以下、「委員会」という。）は、学会誌『日本教育政策学会年報』の編集及び発行に関する事務を行う。
第2条　委員は、理事会が会員の中から選出する。
　2　委員の定数は10名以上12名以下とし、うち4名は理事から選出する。
　3　委員長は、理事会の理事の中から選出する。
　4　委員会の互選により委員長1名、副委員長1名及び常任委員若干名を選出する。
　5　委員長、副委員長及び常任委員は、常任編集委員会を構成し、常時、編集実務に当たる。
第3条　委員の任期は3年とし、交替時期は毎年度の総会時とする。
第4条　委員会は、毎年1回以上全員が出席する会議を開き、編集方針その他について協議するものとする。
第5条　編集に関する規定及び投稿に関する要領は別に定める。
第6条　編集及び頒布に関わる会計は、本学会事務局において処理し、理事会及び総会の承認を求めるものとする。
第7条　委員会は、その事務を担当する幹事若干名を置くことができる。幹事は、委員会の議を経て委員長が委嘱する。

第8条　委員会に事務局を置く。
附則
1　この規程は1993年6月26日より施行する。(1993年6月26日、第1回理事会決定)
2　1996年6月26日改正。
3　第3条第1項の規定にかかわらず、改正規程施行最初の委員については、その半数の委員の任期は2年とする。

日本教育政策学会年報編集規程

1　日本教育政策学会年報（以下、「年報」という）は、日本教育政策学会の機関紙であり、原則として年1回発行する。
2　年報は、本学会会員の研究論文、評論、書評、資料、学会記事、その他会員の研究活動に関する記事を編集・掲載する。
3　年報に論文等を投稿しようとする会員は、投稿・執筆要領に従い、その年度の編集委員会事務局に送付するものとする。
4　投稿原稿の採否は編集委員会の会議で決定する。その場合、編集委員会以外の会員に論文の審査を依頼することができる。
5　掲載予定の原稿について、編集委員会は若干の変更を行うことができる。ただし内容の変更の場合は執筆者との協議による。
6　編集委員会は、特定の個人又は団体に原稿を依頼することができる。
7　原稿は原則として返還しない。
8　写真・図版等で特定の費用を要する場合、執筆者の負担とすることがある。
9　その他執筆及び構成については執筆要領を確認する。
10　抜き刷りについては入稿時に50部を単位として編集委員会に申し出る。費用は個人負担とする。
　　　　　　　　　　　　　　　　　　　　　　　　　　　　　　以上

日本教育政策学会年報投稿・執筆要領

　　　　　　　　　　　　　　　　　　　　2017年3月4日編集委員会決定

1　投稿論文及び研究ノートの投稿資格
　　本学会会員であること。
2　論稿の種類

論稿は投稿論文及び研究ノートとする。論稿は、未発表のオリジナルのものに限る。二重投稿は認めない。ただし口頭発表及びその配付資料はこの限りではない。研究ノートは、投稿論文と並立するもので、（1）研究動向等を展望し研究上の提言をおこなったもの、（2）学術的価値のある資料紹介に重点をおきつつ考察を加えたもの、（3）その他の萌芽的研究を記すなど、提示された知見が挑戦的で新鮮さがある論述をさす。

3　投稿論文及び研究ノートの投稿手続き
（1）投稿論文及び研究ノートの投稿申し込み期限は9月30日必着とする。投稿申し込みの方法についてはその年度毎にWebおよび会報（News Letter）に掲載する。
（2）投稿論文及び研究ノートの原稿締め切りは11月30日とする。期限までにその年度の編集委員会事務局宛郵送する。遅延した場合は理由の如何を問わず掲載しない。
（3）論稿の送付にあたっては、次のものを全て同封する。サイズはA4版とする。投稿者は同封物のコピーを必ず保存する。
a）投稿者情報1枚
次の事項を記載する。①投稿者所属　②投稿者氏名　③投稿論文・研究ノートの別　④論稿題目　⑤連絡先住所　⑥電話番号　⑦FAX番号　⑧e-mailアドレス
b）論稿原稿
原稿4部。原稿には投稿者氏名その他投稿者が特定される情報は記さない。
c）和文アブストラクト1枚
論稿題目、アブストラクト（400字以内）、キーワード（5語以内）を記載する。投稿者氏名は記載しない。
d）英文アブストラクト1枚
投稿者氏名、論稿題目、アブストラクト（200語以内）、キーワード（5語以内）を記載する。
（4）投稿する論稿が既発表または投稿中の論文等のタイトルや内容と多く重複する場合は、そのコピーを1部添付する。
（5）第2次査読の対象になった投稿者は、指定された期日までに修正原稿を電子ファイルで送付する。
（6）掲載決定した投稿者は、速やかに最終原稿（A4版サイズ）及びテキスト形式の電子ファイルを提出する。

4　執筆の要領
（1）論稿の形式

a）投稿論文は、横書き35字×32行のフォーマットで14枚以内とする。
 b）研究ノートは、横書き35字×32行のフォーマットで10枚以内とする。
（2）執筆上の注意
 a）引用文献、注は、体裁を整えて文末に一括して並べる。脚注は用いない。
 b）図表は本文中に適切なスペースを確保して挿入、または挿入箇所を明示して添付する。
（3）注、引用文献等の記載に関する凡例
　引用文献の記載方法は、注方式、引用文献一覧方式のいずれでもよい。ただし、注方式の場合には、引用文献一覧を論文に付すこと。
 a）注方式
　文献等を引用あるいは参照した箇所に注番号を入れ、論稿の最後に対応する注番号をつけて文献等の書誌情報（著者名、『書名』、出版社、出版年、該当ページなど）を示す。なお、webサイトからの引用は、著者あるいは所有者名、タイトル、URLアドレス、確認日時を記す。
 b）引用文献一覧方式
　文献等を引用あるいは参照した箇所に、括弧でくくって著者名、発行年、参照ページなどを記し、引用、参照文献の書誌情報（著者名、発行年、『書名』、出版社など）は論稿の最後に著者名のアイウエオ順またはアルファベット順に一括して記す。
5　CiNii登載の承認
　年報はその全部をCiNii及びJ-STAGEに登載することを、執筆者は認めたものとする。
6　その他
（1）　著者校正は初稿のみとする。校正は最小限の字句の添削にとどめる。
（2）　抜刷を希望する場合は、校正時に直接出版社に申し出る。
（3）　執筆に関わる事項で不明の点はその年度の編集委員会事務局に問い合わせる。

日本教育政策学会申し合わせ事項

I　日本教育政策学会の会費納入に関する申し合わせ

　　　　　　　　　　　　　　　　　　　2000年7月　第8回理事会
　　　　　　　　　　　　　　2008年6月21日　第16回理事会　一部改正
　1　会員は、当該年度の大会開催時までに当該年度の会費を納入するものとする。

2　大会における自由研究発表及び課題研究発表等の発表者は、発表申し込み時までに、当該年度までの会費を完納していなければならない。
3　会長及び理事選挙における有権者または被選挙権者は、選挙前年度までの会費を前年度末までに完納している会員でなければならない。
4　会員が4月末日までに退会を申し出た場合には、理事会の承認により、前年度末をもって退会を認めるものとする。

Ⅱ　長期会費未納会員に関する申し合わせ
　　　　　　　　　　　　　　　　　　　　　2000年7月1日第8回理事会
1　会費未納者に対しては、その未納会費の年度に対応する年報が送られない。
2　会費が3年以上未納となっている会員は、次の手続により退会したものとみなす。
ⅰ）未納3年目の会計年度終了に先立つ相当な時期と学会事務局が認める時期において、当該会費未納会員に対し、相当の期間を定めて、会費未納状況を解消することを催告し、かつ期限内に納入されない場合には退会したものとして取り扱う。
ⅱ）学会事務局は、前項督促期間内に会費を納入しなかった会員の名簿を調製し、理事会の議を経て退会を決定する。

Ⅲ　（削除　2013年7月20日　第21回理事会）

Ⅳ　会長及び理事選挙における被選挙権辞退に関する申し合わせ
　　　　　　　　　　　　　　　　　　　　　2006年7月1日第14回理事会
1　会長及び理事選挙の行われる年度内に、満70歳を迎える会員、または70歳以上の会員は、被選挙権を辞退することができる。
2　連続2期以上理事をつとめた会員は、被選挙権を辞退することができる。

Ⅴ　常任理事が任期を残して退任した場合の取り扱いに関する申し合わせ
　　　　　　　　　　　　　　　　　　　　　2013年7月20日　第21回理事会
常任理事会は、常任理事が任期を残して退任し、その補充が必要と認められる場合には、理事会にその旨を提案することができる。この申し合わせは第8期常任理事から適用する。

日本教育政策学会第9期役員一覧（2017年大会〜2020年大会）

会長　広瀬裕子
理事◎大桃敏行（全国区）
　　　荻原克男（全国区）
　　◎勝野正章（全国区）
　　◎中嶋哲彦（全国区）
　　　姉崎洋一（北海道東北）
　　　横井敏郎（北海道東北）
　　◎荒井文昭（関東・年報編集委員長）
　　◎喜多明人（関東）
　　◎蔵原清人（関東）
　　◎貞広斎子（関東）
　　◎佐貫　浩（関東）
　　　澤野由紀子（関東）
　　◎広井多鶴子（関東・事務局長）
　　◎村上祐介（関東）
　　　坪井由実（甲信・東海・北陸）
　　　武者一弘（甲信・東海・北陸）
　　　浪本勝年（近畿）
　　　押田貴久（近畿）
　　　岡本　徹（中国・四国・九州・沖縄）
　　　柳林信彦（中国・四国・九州・沖縄）
　　　　　　　　　　　（◎常任理事）
監査　青木研作
　　　高橋　望

事務局幹事　町支大祐
事務局書記　荒井英治郎

年報編集委員会

委員長　◎荒井文昭（担当理事）
副委員長　◎貞広斎子（担当理事）
　　　　◎新井秀明
　　　　◎太田美幸

◎長島啓記
　　◎村上祐介（担当理事）
　　　押田貴久（担当理事）
　　　佐藤修司
　　　住友　剛
　　　谷川至孝
　　　柳林信彦（担当理事）
　　（◎常任委員）

英文校閲　Robert Aspinall
編集幹事　山沢智樹

編集後記

　2019年4月1日から改正入管法が施行され、4月17日には中教審に「新しい時代の初等中等教育の在り方について」諮問がなされました。これを書いているのはまだ4月で、平成から令和へ云々と何かと喧しいわけですが、この年報第26号が会員の皆さんのお手元に届くころにはそれも落ち着いているのでしょうか。

　さて、本号の特集1は「『不当な支配』と『公正な民意』」となっております。上原氏、宮下氏の切実な経験に基づく課題提起、「企画趣旨」にある「教育実践の自律性を支えることのできる民主主義のかたちとは何かが問われている」という文言を、この数か月間の何かもやもやとした感じと重ねて受け止めております。

　投稿論文ですが、当初、論文12件、研究ノート1件の計13件の申し込みがあり、実際に投稿されたのは論文10件、研究ノート1件でした。査読の結果、論文2件、研究ノート1件の掲載となりました。なお、掲載されている研究ノートは当初論文として投稿されたものでしたが、査読の過程で研究ノートとしての採択を決定したという経緯があります。

　近年、投稿論文には、数量データ分析の手法によるものが一定数あります。筆者はそうした手法を採るものではありませんが、データ処理そのもの、あるいはそれを巡って問題が指摘された論文がいくつかありました。投稿に当たって、改めての留意をお願いしたいと思います。

　本号をもって、編集委員長が交代します。第22号から本号まで担当された荒井文昭委員長は、特集テーマの設定、執筆者の選定などの編集業務に手腕を発揮されただけでなく、J-stageへの移行、年報出版社の変更などの案件の処理においてもご尽力されました。また、この間、松下丈宏さん、山沢智樹さんには編集幹事として多大なご協力をいただきました。編集委員一同、感謝申し上げます。

　最後になりますが、引き続き会員の皆さんからの多数の投稿を期待しております。

年報編集委員会　委員　長島　啓記

日本教育政策学会年報　第26号
「不当な支配」と「公正な民意」

発行日	2019年7月7日
編　集	日本教育政策学会年報編集委員会
発行者	日本教育政策学会 ©
	会長　広瀬　裕子
	学会事務局
	実践女子大学　人間社会学部　広井多鶴子研究室気付
	〒150-8538　東京都渋谷区東1-1-49
	TEL: 03-6450-6910
	MAIL: kyoikuseisaku@gmail.com
発売所	学事出版株式会社
	〒101-0021　東京都千代田区外神田2-2-3
	TEL 03-3255-5471 FAX 03-3255-0248
装　幀	精文堂印刷デザイン室　内炭篤詞
印刷所	精文堂印刷株式会社

ISBN978-4-7619-2566-6　C3037　　　　　　　2019　Printed in Japan